陕西省社会科学基金项目成果（2024E020）
西安市社会科学规划基金项目成果（24FZ76）
新时代法学教育与法学理论文库

刑事扣押制度研究

谭秀云　著

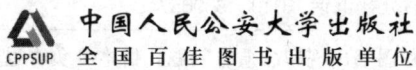

中国人民公安大学出版社
全国百佳图书出版单位

图书在版编目（CIP）数据

刑事扣押制度研究 ／ 谭秀云著. －－北京 ：中国人民公安大学出版社，2024.10. －－ ISBN 978-7-5653-4879-2

Ⅰ. D914.04

中国国家版本馆 CIP 数据核字第 2024LU1184 号

刑事扣押制度研究
谭秀云　著

责任编辑：杜向军
责任印制：周振东

出版发行：中国人民公安大学出版社
地　　址：北京市西城区木樨地南里
邮政编码：100038
经　　销：新华书店
印　　刷：涿州市新华印刷有限公司
版　　次：2024 年 10 月第 1 版
印　　次：2024 年 10 月第 1 次
印　　张：9.375
开　　本：880 毫米×1230 毫米　1/32
字　　数：253 千字
书　　号：ISBN 978-7-5653-4879-2
定　　价：42.00 元
网　　址：www.cppsup.com.cn　www.porclub.com.cn
电子邮箱：zbs@cppsup.com　zbs@cppsu.edu.cn

营销中心电话：010-83903991
读者服务部电话（门市）：010-83903257
警官读者俱乐部电话（网购、邮购）：010-83901775
法律图书分社电话：010-83905745

非常感谢西北政法大学"国内一流学科建设计划配套经费"的资助

目　录

绪　论 ………………………………………………………… 1

一、本书的意义 ……………………………………………… 2

二、刑事扣押的概念界定 ……………………………… 4

三、国内外研究现状 ……………………………………… 24

四、研究方法与研究思路 ……………………………… 41

五、本书的创新之处 ……………………………………… 42

第一章　刑事扣押的启动 …………………………… 44

第一节　刑事扣押决定权的归属 …………………… 44

一、刑事扣押的"侦查机关决定模式"及其行政体制 …… 46

二、刑事扣押的"检察机关决定模式"与公诉权的

　　角色冲突 ………………………………………… 53

三、刑事扣押的"法院决定模式"与中立裁判 ……… 61

四、我国实现刑事扣押决定权归法院的条件与思路 …… 67

第二节　刑事扣押的"相当理由"证明标准 ……… 73

一、我国刑事扣押证明标准的检讨 ………………… 74

二、刑事扣押证明标准的研究现状及"相当理由"

　　标准的提出 ……………………………………… 78

三、刑事扣押"相当理由"证明标准的理论选择 ……… 84

四、刑事扣押"相当理由"证明标准的规制路径 ……… 89

第二章　刑事扣押的客体范围 …………………………… 95

第一节　刑事扣押客体范围的认定与规制 …………………… 95
一、我国相关法律文件对刑事扣押客体范围的正面规定 … 95
二、对刑事扣押客体范围中"财物""财产"等相关
规定的评析 ………………………………………… 98
三、"财物""文件"推导向"可为证据之物"
"应当没收之物"的分析 ………………………… 105
第二节　刑事扣押客体范围限制性规则的构建 …………… 124
一、关于刑事扣押客体范围的限制性规定 ……………… 124
二、我国对刑事扣押客体范围的限制性规定 …………… 132
三、我国刑事扣押客体范围限制性规则的构建 ………… 137

第三章　刑事扣押的执行 ………………………………… 142

第一节　刑事扣押证 ………………………………………… 143
一、刑事扣押令状的特定性要求 ………………………… 144
二、我国刑事扣押证存在的问题 ………………………… 146
三、完善我国刑事扣押证的路径 ………………………… 152
第二节　刑事扣押见证程序 ……………………………… 154
一、刑事扣押见证程序中的法律规定 …………………… 155
二、刑事扣押见证程序中存在的问题 …………………… 157
三、保障见证人在场见证的路径 ………………………… 159
第三节　刑事扣押笔录、清单 …………………………… 161
一、刑事扣押笔录、清单的立法规定 …………………… 161
二、刑事扣押笔录、清单记载不规范、不全面 ………… 162
三、规范、全面地记载刑事扣押笔录、清单 …………… 166
第四节　违法扣押的解除 ………………………………… 168
一、违法扣押解除的实践运行状况——以 30 例
国家赔偿决定书为例 …………………………… 168

二、违法扣押解除存在的问题⋯⋯⋯⋯⋯⋯⋯⋯⋯⋯⋯ 174

三、完善扣押物解除的路径⋯⋯⋯⋯⋯⋯⋯⋯⋯⋯⋯⋯ 177

第四章　扣押物的保管与处理⋯⋯⋯⋯⋯⋯⋯⋯⋯⋯⋯ 179

第一节　扣押物的保管⋯⋯⋯⋯⋯⋯⋯⋯⋯⋯⋯⋯⋯⋯ 179

一、扣押物的保管机构⋯⋯⋯⋯⋯⋯⋯⋯⋯⋯⋯⋯⋯⋯ 182

二、扣押物的保管方法⋯⋯⋯⋯⋯⋯⋯⋯⋯⋯⋯⋯⋯⋯ 195

三、扣押物的包装、标签记录⋯⋯⋯⋯⋯⋯⋯⋯⋯⋯⋯ 201

第二节　扣押物的移送⋯⋯⋯⋯⋯⋯⋯⋯⋯⋯⋯⋯⋯⋯ 203

一、扣押物移送的法律规定⋯⋯⋯⋯⋯⋯⋯⋯⋯⋯⋯⋯ 203

二、扣押物移送中存在的问题⋯⋯⋯⋯⋯⋯⋯⋯⋯⋯⋯ 206

三、完善扣押物移送的路径⋯⋯⋯⋯⋯⋯⋯⋯⋯⋯⋯⋯ 207

第三节　扣押物的处理⋯⋯⋯⋯⋯⋯⋯⋯⋯⋯⋯⋯⋯⋯ 209

一、扣押物的返还⋯⋯⋯⋯⋯⋯⋯⋯⋯⋯⋯⋯⋯⋯⋯⋯ 212

二、扣押物的变卖、拍卖⋯⋯⋯⋯⋯⋯⋯⋯⋯⋯⋯⋯⋯ 223

第五章　刑事扣押的司法救济程序⋯⋯⋯⋯⋯⋯⋯⋯⋯ 227

第一节　案外人异议程序⋯⋯⋯⋯⋯⋯⋯⋯⋯⋯⋯⋯⋯ 227

一、我国有关案外人异议程序的规定⋯⋯⋯⋯⋯⋯⋯⋯ 228

二、我国案外人异议程序中存在的问题⋯⋯⋯⋯⋯⋯⋯ 229

三、我国案外人异议程序的重构与完善⋯⋯⋯⋯⋯⋯⋯ 230

第二节　刑事扣押中的非法实物证据排除规则⋯⋯⋯⋯⋯ 233

一、问题的提出⋯⋯⋯⋯⋯⋯⋯⋯⋯⋯⋯⋯⋯⋯⋯⋯⋯ 233

二、刑事扣押中非法证据与瑕疵证据的概念及
表现形式⋯⋯⋯⋯⋯⋯⋯⋯⋯⋯⋯⋯⋯⋯⋯⋯⋯⋯ 237

三、刑事扣押中非法实物证据的排除条件⋯⋯⋯⋯⋯⋯ 241

四、刑事扣押中非法实物证据的排除标准⋯⋯⋯⋯⋯⋯ 243

第三节　违法扣押的司法赔偿制度⋯⋯⋯⋯⋯⋯⋯⋯⋯⋯ 247

一、违法扣押的刑事司法赔偿范围⋯⋯⋯⋯⋯⋯⋯⋯⋯ 248

二、违法扣押的刑事司法赔偿标准……………………… 259
三、违法扣押的刑事司法赔偿程序……………………… 264

结　语………………………………………………… 268

参考文献……………………………………………… 271

致　谢………………………………………………… 289

绪 论

根据我国刑事诉讼法的规定，刑事扣押是一种侦查措施，目的是保障刑事诉讼的顺利进行，保护公民的合法权益。刑事扣押是指"为保全可为证据或得没收之物，而对其暂时占有之强制处分"。[①] 刑事扣押事关公民的财产权、隐私权与通信自由和通信秘密权。通过扣押收集、提取、保全的证据，是检察官作出逮捕、起诉决定的依据，是法官定罪量刑的基础。我国现阶段启动刑事扣押的证明标准有待进一步明确，刑事扣押的客体范围规定有待进一步明晰。当前，在司法实践中还存在一定违法扣押的情形，扣押物的保管、处置等程序也存在些许问题。这些问题内在于公权力与私权利之间的张力，集中于刑事扣押制度的研究。在立法层面，应完善刑事诉讼法对刑事扣押的规定，提高相关法律解释对刑事扣押的规制的可操作性。在实践层面，应严格规范刑事扣押的启动程序，最大化消除导致侦查机关扩大扣押范围、违反扣押程序的现象，进一步加强对扣押物的保管和处理。在理论层面，针对与刑事扣押相关的著作和论文数量较少的现状，应提高理论界对刑事扣押进行研究的重视程度，对刑事扣押的启动程序、客体范围、执行程序和救济程序等问题予以系统性研究。本书从刑事扣押制度规范化的角度出发，梳理刑事扣押制度中存在的问题，分析其产生的原因并提出完善我国刑事扣押制度的建议，

---

① 林钰雄：《刑事诉讼法（上）》，中国人民大学出版社 2005 年版，第313 页。

以期对完善相关立法、深化相关理论研究和指导司法实践有所裨益。

一、本书的意义

(一) 研究刑事扣押的理论意义

本书立足我国刑事扣押的立法和司法机关的实践，从刑事扣押制度规范化的角度出发，梳理现实问题、分析原因，提炼刑事扣押的正当性根据；系统研究刑事扣押的权力配置、刑事扣押的客体范围、刑事扣押的实施程序、扣押物的保管与处理程序以及刑事扣押司法救济程序。希冀以理论契入案例，并将其与域外的刑事立法和司法进行对比分析，创建符合我国现实需要的刑事扣押理论体系，实现刑事扣押程序的正当化和科学化。

第一，对刑事扣押的研究有利于拓展刑事扣押的理论深度和广度。理论界的研究涉及刑事扣押的启动程序、客体范围、实施程序、救济程序等方面的内容，但是仍有许多理论问题未能得到突破：在刑事扣押的启动程序上，侧重于刑事扣押司法审查的必要性研究，对刑事扣押决定权的归属、刑事扣押的证明标准等问题缺乏关注；对于刑事扣押的客体范围，重视对财物、文件等有形物的扣押，忽视对电子数据等无形物的扣押。在实施程序上，注重实践问题的反映，忽视理论的凝练概括。在研究方法上，重视对国内运行状况的研究，域外资料明显匮乏；注重对理论与文本的阐释，缺乏对实证运行机制的分析。刑事扣押研究分析了刑事扣押的内容、规律及其内在逻辑，可以澄清国内学界的一些模糊认识和分歧，从而提升刑事扣押的学术空间和水准。

第二，对刑事扣押的研究有助于优化学术方法。刑事扣押具有很强的实用性和可操作性，必须深入司法实践，对形成的材料进行统计和分析，以期发现我国刑事扣押中存在的问题、总结实践经验，并为规范分析与比较研究奠定现实基础。针对刑事扣押理论和立法现状，本书运用实证研究方法，以西安、重庆两地为例，到部分公安机关、检察院、法院和律师事务所调研，通过访谈相关部门的领导和具有丰富办案经验的工作人员以及问卷调查后，了解司法实践中刑事扣押制度的运行状况，梳理刑事扣押实施程序中存在的问题，为研究刑事扣押积累实务经验。

第三，对刑事扣押程序完善的研究有助于实现司法改革的目标。《中共中央关于全面推进依法治国若干重大问题的决定》强调规范查封、扣押、冻结处理涉案财物的司法程序，严格司法，实现司法公正。刑事扣押是刑事诉讼程序的基础性工作之一，科学、理性的刑事诉讼程序是围绕证据的发现、收集、审查和认定展开的，但是其取决于收集证据与认定证据的水平。如果刑事扣押程序设置不科学、运行不畅通，导致证据的运用和事实认定错误，显然违背司法公正的司法改革目标，降低实务部门的诉讼效率。

（二）研究刑事扣押的实践意义

鉴于侦查程序居于刑事诉讼构造的源头，审查起诉与审判易变为对侦查结论进行接力式审查和确认的现状，重新厘清现行刑事诉讼程序中的侦诉关系和诉审关系，需要坚持以审判为中心的诉讼理念，塑造公安机关、检察院和法院三者之间的定位。在中国现行司法实践中，违法扣押的现象依然在一定程度上存在。侦查人员自行启动扣押程序，容易导致扩大扣押范围，存在违法扣押问题；对案件证据的封闭式采集，对涉案财物的强制处分，缺乏相关司法机关的审查；收集、提取、保管、移送和处理扣押物的机制有待完善。

第一，研究刑事扣押有利于完善相关立法。刑事诉讼法及相关法律法规对刑事扣押的规定粗疏，已成为刑事诉讼程序中的薄弱环节，亟待补充与完善。我国刑事诉讼法对刑事扣押制度的规定较为简单，1979 年刑事诉讼法的"扣押物证、书证"一节仅有 4 个条文，1996 年刑事诉讼法和 2012 年刑事诉讼法的相关章节增加到 5 个条文，2018 年刑事诉讼法没有对其进行修改。刑事扣押的客体范围宽泛，刑事扣押的证明标准模糊，无令状扣押程序尚未建立，刑事扣押实施程序规定过于粗疏、不便操作，当事人救济困难等。这些使得规范刑事扣押程序、健全相关立法成为完善司法改革的迫切需要。

第二，研究刑事扣押有利于规范司法实践。研究刑事扣押取证程序有助于指导侦查机关正确行使扣押权，做到有章可循，提高刑事案件的办理质量。如果刑事扣押运用得当，对于收集证据、财产保全、社会防卫具有重要作用。侦查机关要严格遵守刑事诉讼法和相关法规的规定，强化证据的收集、固定、移送、保管工作，确保扣押的每一环节都符合程序规范化和司法公正的要求，从而保障证据的合法性与真实性，保护公民的财产权。

第三，研究刑事扣押有利于杜绝司法实践中的违法现象，防范冤假错案的产生。近年来媒体暴露了一批冤假错案，共同特点是侦查人员扣押的证据出现错误或者证据的审查认定出现问题。从杜培武案、李志平案、于润龙案到呼格吉勒图案，冤错均出在了证据的扣押与扣押物的处理方面。基于以侦查为中心的诉讼构造，侦查权的扩张制约了整个诉讼程序。完善刑事扣押程序有助于实务部门规范、科学地收集、扣押、保管证据，准确地查明案件事实，减少涉案财物处理程序中的纠纷，保障案件当事人或第三人的合法权益。刑事扣押的法律规制兼顾发现真实与人权保障，实现刑事诉讼的多元价值。

二、刑事扣押的概念界定

（一）刑事扣押的概念

扣押的宾词有人质、赃物双重对象。[①] 美国法中的扣押既包括对人的扣押，也包括对物的扣押。[②] 扣押的宾词为物时，古代称之为"拘撮"。《元典章·工部二·船只》曰："官司差人搬贩

---

① 中国社会科学院语言研究所词典编辑室编：《现代汉语词典（第7版）》，商务印书馆 2016 年版，第 752 页。

② ［美］罗纳尔多·V. 戴尔卡门：《美国刑事诉讼——法律和实践（第六版）》，张鸿巍等译，莫洪宪审校，武汉大学出版社 2006 年版，第 232页。Maruland v. Macon, 472 U. S. 463（1985）.

米面物斛，重载船只，指以雇讫船为名，强行剥卸拘撮，致使客旅不通。"又见与人相关者，称之为"拘系"（《汉书·成帝纪》）、"拘囚"（颜真卿《祭伯父豪州刺史文》）、"拘锁"（《宋史·刑法志二》）、"留系"（《宋史·梁鼎传》）、"拘提"、"拘禁"等。

《1911 年刑事诉讼律（草案）》中规定："足供证据之物及应没收之物，应即扣押。但有特别规定者，不在此限。"[1] 该概念吸收了日本立法例的成果，对扣押的客体进行了明确的规定。民国时期的刑事诉讼法及我国台湾地区学者黄东熊、吴景芳、刁荣华、林钰雄、林孟皇等坚持了这种概念的界定。与此不同的是，我国大陆的部分学者对刑事扣押客体的界定坚持了"物品、文件、财物""违禁品"的观点。[2] 出于刑事扣押具有证据保全、财产保全、社会防卫的目的，易延友教授则将财物的外延扩展至"股票、债券、基金份额、款项等"。[3] 扣押客体范围将是焦点论域之一，它将关涉刑事扣押"占有"的性质、扣押的执行以及扣押物的返还、没收等处理程序的规则。所谓"占有"，德国民法认为占有是人对物

---

[1]　吴宏耀、郭恒编校：《1911 年刑事诉讼律（草案）：法理由、判决例及解释例》，中国政法大学出版社 2011 年版，第 78 页。

[2]　徐惟诚总编辑：《中国百科大辞典（4）》，中国大百科全书出版社 1999 年版，第 3037 页；北京大学法学百科全书编委会：《北京大学法学百科全书——民事诉讼法学　刑事诉讼法学　行政诉讼法学　司法鉴定学　刑事侦查学》，北京大学出版社 2001 年版，第 259 页；徐静村主编：《刑事诉讼法学（上）（第三版）》，法律出版社 2004 年版，第 230-231 页；陈光中主编：《刑事诉讼法（第三版）》，北京大学出版社、高等教育与出版社 2009 年版，第 283 页。

[3]　易延友：《刑事诉讼法（第四版）》，法律出版社 2013 年版，第 171 页。

有事实上的管领力（Tatsächliche Gewalt über die Sache）。① 基于保
护私人权利和国家利益之间的博弈，占有具有"强制性"的定
位；② 同时，占有也具有"暂时性"的特点，这与刑事扣押具有
"暂时性"的特点相协调。③ "占有"较"留置和控制""扣留、提
取或封存""提取、留置和封存""查封、扣留或冻结""提取、
提出命令、收缴以及留置、冻结"④ 的表述更为全面。

那么，谁有权决定扣押呢？《大清刑事诉讼律》《布莱克法律
大词典》似乎存而不论。《元照英美法律词典》中 Seizure 的含义

① 王泽鉴：《民法物权（第 2 册）》，中国政法大学出版社 2001 年版，
第 141 页。

② ［日］松尾浩也：《日本刑事诉讼法（上卷）》，丁相顺译，金光旭校，
中国人民大学出版社 2005 年版，第 74 页；黄东熊、吴景芳：《刑事诉讼法论
（上）（第 7 版）》，三民书局 2010 年版，第 195 页；刁荣华主编：《刑事诉讼法
释论（上册）》，汉苑出版社 1976 年版，第 179 页；林钰雄：《刑事诉讼法
（上）》，中国人民大学出版社 2005 年版，第 313 页；林孟皇：《金融犯罪与刑
事审判》，元照出版有限公司 2010 年版，第 398 页。中国社会科学院法学研
究所法律辞典编委会：《法律辞典》，法律出版社 2003 年版，第 829 页。

③ 林钰雄：《刑事诉讼法（上）》，中国人民大学出版社 2005 年版，第
313 页。《联合国反腐败公约》第 2 条规定，参见陈光中主编：《21 世纪域外
刑事诉讼立法最新发展》，中国政法大学出版社 2004 年版，第 26 页。

④ 徐惟诚总编辑：《中国百科大辞典（4）》，中国大百科全书出版社
1999 年版，第 3037 页；谢佑平主编：《刑事诉讼法学》，复旦大学出版社
2002 年版，第 403 页；徐静村主编：《刑事诉讼法学（上）（第三版）》，法律
出版社 2004 年版，第 230-231 页；袁坦中：《试论我国刑事扣押的定义和类
型》，载《社会科学家》2008 年第 7 期，第 82 页；陈光中主编：《刑事诉讼
法（第三版）》，北京大学出版社、高等教育出版社 2009 年版，第 283 页；宋
英辉主编：《刑事诉讼法学》，北京师范大学出版社 2010 年版，第 273 页；王
国枢主编：《刑事诉讼法学（第五版）》，北京大学出版社 2013 年版，第 205
页；樊崇义主编：《刑事诉讼法学（第三版）》，中国政法大学出版社 2013 年
版，第 430 页；易延友：《刑事诉讼法（第四版）》，法律出版社 2013 年版，
第 171 页。

之一指向了"执法官员";① 法治发达国家和地区以及《联合国反腐败公约》第 2 条指出，法院、预审法官或侦查机关都有权决定扣押。② 我国学者普遍将刑事扣押的主体限定为侦查机关或侦查人员。③ 扣押决定权的疑义将转向对扣押的启动程序、扣押证、扣押的执行、扣押物的保管等的探索。

　　根据不同的标准，可以对刑事扣押进行多种分类。以扣押保全的目的为标准，可以将刑事扣押分为证据保全的扣押、财产保全的扣押和社会保全的扣押（孙长永、袁坦中）；以扣押时有无令状为标准，可以将刑事扣押分为有证扣押与无证扣押（张丽卿）；以扣押是否需要相对人自愿配合为标准，可以将刑事扣押分为强制扣押与任意扣押（林钰雄）；以扣押对象的方式为标准，可以将刑事扣押分为广义上的扣押与狭义上的扣押（刁荣华）；以扣押客体的自然属性为标准，可以将刑事扣押分为有形物的扣押与无形物的扣押（陈永生）。这些分类根本性地指向刑事扣押概念内核的厘定。

　　综合扣押主体、扣押客体、扣押目的、扣押的性质、扣押手段等要素分析，刑事扣押可以初步认定为国家机关对与案件有关的可

---

　　① *Black's Law Dictionary*，NewYork：Thomson Reuters 2009（8th ed.），p. 4238；薛波主编：《元照英美法律词典》，法律出版社 2003 年版，第 1239 页。

　　② ［日］田口守一：《刑事诉讼法（第五版）》，张凌、于秀峰译，中国政法大学出版社 2010 年版，第 67 页；［法］卡斯东·斯特法尼、乔治·勒瓦索、贝尔纳·布洛克：《法国刑事诉讼法精义（下册）》，罗结珍译，中国政法大学出版社 1998 年版，第 577 页；陈光中主编：《21 世纪域外刑事诉讼立法最新发展》，中国政法大学出版社 2004 年版，第 26 页。

　　③ 陈光中主编：《刑事诉讼法（第三版）》，北京大学出版社、高等教育出版社 2009 年版，第 283 页；王国枢主编：《刑事诉讼法学（第五版）》，北京大学出版社 2013 年版，第 205 页；樊崇义主编：《刑事诉讼法学（第三版）》，中国政法大学出版社 2013 年版，第 430 页。

为证据之物或得没收之物依法强行扣留、查封、冻结和提存，予以暂时强行占有的措施。下面将分述、辨析与扣押相关的系列概念。

（二）刑事扣押的特征

刑事扣押作为一种强制侦查行为，必然具备强制侦查行为的基本特征，但与其他强制侦查行为相比，刑事扣押又具有自身的特性。

1. 行为的强制性

首先，刑事扣押经常与搜查、拘留、逮捕等强制性措施连用。当犯罪嫌疑人的人身自由被限制后，侦查人员就可以扣押与案件有关的财物、文件，前者是获取证据的手段，后者是获取证据的目的。其次，刑事扣押的手段具有强制性。当侦查人员命令犯罪嫌疑人、持有人、所有权人交出财物、文件，而他们拒不交出时，侦查人员可以强行扣押。如我国《公安机关办理刑事案件程序规定》第 227 条第 2 款、《人民检察院刑事诉讼规则》第 210 条第 3 款规定了持有人拒绝交出应当查封、扣押的财物和文件的，可以强制查封、扣押。所谓的强制扣押，是指侦查人员可以使用暴力等方式扣押财物、文件。最后，刑事扣押的强制性还表现为占有财物、文件的强制性。从扣押财物、文件时起，至案件作出裁判时止，犯罪嫌疑人、被告人、持有人、所有权人的财物、文件都处于公检法机关的保全之下，他们不能自由支配扣押物。如果最终被判处财产刑，司法机关可能会对查封、扣押、冻结的财产进行变卖或拍卖，所得价款归于国库。

2. 时间的暂时性

刑事扣押属于一种暂时占有的强制处分，侦查人员通过扣留和提存的方式，暂时占有与案件有关的财物、文件或者违禁品，并使它们处于一种保全状态，而不是剥夺扣押财物、文件的使用、收益和处分权能。暂时性的特征是由扣押目的所决定的。扣押的目的：一是证据保全，防止证据灭失，作为侦查终结、审查起诉和审判的根据。证据保全是为防止与犯罪有关的证据被变造、伪造、转移、隐匿、毁灭或难于使用时，而对可为证据之物进行收集、提取和保管，它是刑事扣押最重要、最根本的目的。二是财产保全，保全刑事附带民事诉讼以及财产刑的执行。在法官作出裁判之前，公安机关、检察院和法院对扣押物仅仅具有"占有"的权力，无权处分。三是社会保全，同财产保全一样，在法官裁判之前，相关部门只能对违禁品进行保管，只有在法官作出裁判后才能处置或销毁违禁品。

3. 记载、保管的特定性

由于刑事扣押具有强制性，实施扣押可能会侵犯公民的财产、通信自由、隐私等权利。为了防止侦查人员随意扩大扣押范围，法治发达国家和地区都在立法中明确要求扣押必须特定。首先，在签发扣押令状时，要明确记载扣押事项，包括扣押物的数量、特征、大小、颜色、状态等。日本宪法第 35 条是令状原则的宪法依据，其规定："住居所、书类及持有物等有不受侵入、搜索及扣押之权利，非依正当理由核发且明示搜索场所及扣押物之令状，不得侵犯。"日本刑事诉讼法第 218 条第 1 款规定："检察官、检察事务官、司法警察职员认为有侦查犯罪必要时，得依法官签发之命令文件，实施搜索及扣押或勘验。"第 219 条第 1 款规定："前项命令应记载嫌疑人或被告人的姓名、罪名、应扣押的物件……"其次，在扣押笔录与扣押清单中详细记载扣押过程和扣押对象。在清单上应当写明财物、文件的名称、编号、数量、特征及其来源，对于文物、金银、珠宝、名贵字画等贵重财物，还应当拍照或录像。一方面，可以证明侦查人员收集证据的合法性，保证证据的真实性与合法性；另一方面，防止被扣押的财物、文件被私分、遗失、损毁等情况发生。再次，对于价值较高财物、文件的封存和保管还要录音、录像，防止混淆。最后，要派专门人员保管，对扣押物进行分袋、分件、分箱保管，采取一物一卡（码）措施，并在标签上注明名称、数量、编码，以保证扣押物的特定性，也便于管理，保证证据链条的完整性。

4. 程序的限制性

有关国家和地区的立法模式是既从正面规定刑事扣押的范围，又从反面对刑事扣押的范围作出限制或禁止性规定。对于限制或禁止方面，尽管范围有所不同，但主要有以下几种：一是对公务物件扣押之限制。德国刑事诉讼法典第97条规定了拒绝作证权人所保管的下列物品不得扣押：嫌疑人与依法享有拒绝作证权人之间的书面通信记录及其他事项；有关医院或咨询机构保管医护人员、毒品问题咨询人员的物品；定期刊物、无线电广播的准备、制作或发行人员保管的文书、录音载体、图片等资料。另外，联邦国会成员、州议会成员或下院成员在拒绝作证范围内的文件也不得扣押。二是对邮件电报扣押之限制。为了保障公民的通信自由权，各国和地区对邮政或电信机关或邮电工作人员所持有或保管的邮件、电报的扣押要求适用更严格的规则。我国台湾地区"刑事诉讼法"第135条采取了对邮件电报不得扣押为原则，以扣押为例外的立法模式。法国刑事诉讼法典第56-1条和第97条第3款规定以律师为收件人或寄件人的信件，原则上不得扣押。德国刑事诉讼法典第97条规定不得扣押嫌疑人与律师之间的通信记录。此外，对于扣押的方式也作出了限制性规定，即限制夜间扣押。为了保障公民夜间居住的安宁，禁止夜间对有人居住或看守的住宅或其他住所进行搜查或扣押。夜间指日出之前，日落之后这段时间。但是也存在例外情形：其一，得到住宅的居住人或看守人同意或遇有紧急情况时，可以进行夜间搜查、扣押；如果白天已经开始搜查、扣押的，至夜间仍可继续。其二，对于宾馆、KTV、娱乐场所等公众在夜间可以出入的场所，可以在夜间开展搜查、扣押。

5. 扣押的无偿性

公安机关、检察院和法院代表国家扣押与案件有关的财物、文件、邮件电报或违禁品时，不以支付相应的对价为前提，是一种无偿性的强制性措施。扣押是为了及时获取证明犯罪嫌疑人有罪或无罪的证据，不仅有利于防止犯罪嫌疑人转移、毁坏或隐藏财物、文件，使国家、公民少受损失，而且有利于及时准确地查明案件事实，核实证据，查获犯罪嫌疑人或否定犯罪，保障无辜的公民不受追究。收集、固定和保全证据有利于刑事诉讼的顺利进行。侦查机关可以凭搜查证、勘验证等证件扣押财物、文件。公权力机关及其工作人员代表国家行使职权，维护社会秩序。只有当司法人员实施了违法的职务行为时，才可能面临司法赔偿的问题。

6. 扣押主体的多元性

公检法机关都有权实施扣押行为。人民法院基于审判职权的需要，有权收集调查证据，所以刑事诉讼法第 196 条规定，在法庭审理过程中，可以对证据进行调查核实，调查核实方法包括查封、扣押、冻结等。之所以赋予法院扣押的权力，是因为我国奉行"实体真实"的观念。虽然法官有权扣押，但是其旨在实现调查核实控辩双方提出的证据能力与证明力的目的，不是代表控诉方行使控诉职能或辩护方行使辩护职能。因此，基于本书的研究范围，本书探讨的主要是侦查机关（部门）的扣押，对法院的扣押不做赘述。

（三）刑事扣押与相关概念

1. 扣押与搜查的关系

搜查是一种既可以对物又可以对人实施的强制性措施。理论界从搜查目的的角度对搜查的概念进行了界定。一种观点认为，搜查是为发现被告人、犯罪证据或得没收之物的一种强制处分。例如，林钰雄教授认为，搜查（Durchsuchung）是指"以发现被告（含犯罪嫌疑人）或犯罪证据或其他可得没收之物为目的，而搜查被告或第三人之身体、物件、电磁记录、住宅或其他处所之强制处分。"① 另外一种观点认为，搜查是为发现犯罪嫌疑人和犯罪证据的一种强制措施，如"搜查是指以发现犯罪证据和犯罪嫌疑人的

---

① 林钰雄：《刑事诉讼法（上）》，中国人民大学出版社 2005 年版，第 299 页。

人身为目的而开展的对一定场所、物品和人身实施的强制措施。"①
搜查是指"侦查人员为发现犯罪人和犯罪证据对有关的场所、物
品和人身进行搜索、检查的一种侦查行为。"② 还有观点认为,搜
查是为发现可以作为证据物品的一种强制性措施。这种观点以美国
为代表,因为美国将搜查分为对人的搜查与对物的搜查。对物的搜
查是指"为了发现政府可能在刑事诉讼中用作证据的物品而对个
人住所、房屋或者人身的探测或检查"。③ "搜查(Search)是指警
察在刑事诉讼过程中为了发现可以用作证据的物品而对个人的住
所、房屋或者人身实施的探测或者检查"。④

搜查与扣押是两个并行的强制侦查行为,由于搜查属于扣押的
先行行为,所以二者经常被相提并论。虽然搜查与扣押之间相互联
系,但是二者又有区别。

第一,搜查与扣押如影随形,相互联系,搜查是发现扣押物
的手段,扣押是搜查的目的。如果侦查人员通过外部观察难以发
现扣押物,他们需要对相关的人身、场所、物品实施搜查行为,
以取得扣押物。先有搜查后有扣押,作为常见形态,许多国家和
地区的法律对此都作了规定。德国刑事诉讼法典规定,如果可能
在人身上或其所有的相关物品中找到扣押物,那么将对其人身及
相关物品先搜查,再进行扣押。⑤ 俄罗斯联邦刑事诉讼法典第
182条规定,侦查人员有足够的材料认为在某一具体地点或某个

---

① 彭勃:《日本刑事诉讼法通论》,中国政法大学出版社2002年版,第
100页。

② 徐静村主编:《刑事诉讼法学(上)(第三版)》,法律出版社2004年
版,第230页。

③ [美]罗纳尔多·V.戴尔卡门:《美国刑事诉讼——法律和实践(第
六版)》,张鸿巍等译,莫洪宪审校,武汉大学出版社2006年,第232页。

④ 刘静坤:《美国侦查制度研究》,群众出版社2009年版,第334页。

⑤ [德]托马斯·魏根特:《德国刑事诉讼程序》,岳礼玲、温小洁
译,中国政法大学出版社2004年版,第106页。

人处可能存有与案件有关的物品、文件、犯罪工具时，先进行搜查，后扣押相关物品、文件。① 英国1984年警察与刑事证据法第1条规定，警察基于合理理由怀疑他将发现被盗或违禁物品时，可以对他人、车辆或车辆内的物品实施搜查行为，并对相关物品予以扣押。② 我国台湾地区"刑事诉讼法"第122条第2款规定，警察有相当理由认为第三人的身体、物件、电磁记录及住宅或其他处所有应扣押之物或电磁记录时，得搜索之。③ 意大利刑事诉讼法典第252条规定了搜查后的扣押。④ 美国没有独立的扣押令状，一般将扣押令状与搜查令状合并使用，警察也往往在搜查令状中记载应扣押之物。

第二，搜查与扣押虽然都是强制侦查行为，但是它们干预的对象与权利不同，产生的法律效果也不同。因此，搜查与扣押之间又有区别，主要表现在以下几个方面：

首先，干预的目的不同。搜查是证据取得的手段，针对的是证据取得的正当性，为了保证证据取得正当，应当适用令状原则；而扣押针对的是发现证据之物或者得没收之物，其目的在于证据保全、财产保全和社会保全。

其次，侵犯对象的侧重点不同。搜查是一种涉及公民人身、财产、隐私的强制侦查行为，其强制性程度较扣押更为严厉。搜查侵犯的是公民的人身权、住宅权、财产权与隐私权等基本权利，侧重于对物的"获取"，所以侵犯了公民的人身权和隐私权。扣押则主

---

① 《俄罗斯联邦刑事诉讼法典》，黄道秀译，中国人民公安大学出版社2006年版，第166页。

② 中国政法大学刑事法律研究中心组织编译：《英国刑事诉讼法（选编)》，中国政法大学出版社2001年版，第248-249页。

③ 张丽卿、林朝云：《刑事法典》，五南图书出版股份有限公司2013年版，第2-41页。

④ 《意大利刑事诉讼法典》，黄风译，中国政法大学出版社1994年版，第85页。

要侵犯了公民的财产权、通信自由权、隐私权等权利，但是扣押的根本目的在于取得物之"占有"，所以以侵犯财产权为主。

最后，搜查与扣押相互独立。搜查与扣押之间关系密切，一般情形下是先有搜查后有扣押，如通过搜查行为发现了应扣押之物。但也存在例外：一是先有扣押后有搜查的情形，如就扣押、提取电子数据或邮件电报而言，只有侦查人员先行扣押电子存储介质之后，才能从介质中搜查并发现与案件有关的信息。二是单独发生扣押活动，即一个案件中只有扣押，没有搜查。三是扣押与除搜查之外的其他侦查活动或强制措施相伴的情形，主要指在现场勘验、检查、拘留、逮捕等情形中扣押涉案财物、文件。

扣押是一个包括查封、扣领和提交命令在内的强制性、综合性概念，同时也是与搜查、羁押等产生交集的概念。搜查与扣押，就对象而言，搜查是对公民隐私权的侵犯，法律在于保护无形物，特别是人的隐私；扣押是对公民财产权的侵害，法律也在于保护有形物。扣押的私人文书，如日记、信件、商业文书等系隐私概念的核心，搜查—扣押证明标准保护的对象相互交叉。就其关联的作用而言，搜查是扣押的手段，搜查是扣押的先导，搜查的目的是扣押；但对人、汽车、电子数据等情形，可能是先扣押（从狭义上而言对人是羁押、截停，对物是扣押）再搜查。扩大扣押物的范围就等于扩大警察可以搜索的范围。

2. 扣押与追缴的关系

扣押属于一种刑事强制措施，当扣押的意思表示到达相对人，并将扣押物置于公权力机关支配下时，即完成扣押行为。[①] 追缴是指"将犯罪分子的违法所得强制收归国有"。在刑事诉讼中，关于扣押与追缴的关系主要有三种观点。

第一种观点是"包含说"，即刑事扣押包含追缴，追缴赃款赃

---

① 张丽卿、林朝云：《刑事法典》，五南图书出版股份有限公司 2013 年版，第 2-48 页。

物属于扣押财物的一部分，此说为主流观点。① 第二种观点是"并列说"，即追缴赃款赃物与扣押财物属于两个独立的措施。但是这种观点又存在分歧：有学者认为，追缴赃款赃物与刑事扣押都属于刑事强制性措施中的两种独立的措施。② 还有学者认为，从本质上看，刑事扣押属于一种刑事强制措施，追缴赃款赃物属于一种因犯罪行为所生之债的民事强制履行措施，二者在本质上截然不同。③第三种观点是"折中说"，即追缴赃款赃物的行为应当分成两个阶段进行论述：在侦查阶段，追缴属于一种新的刑事强制措施，而且没有必要与扣押、冻结相并列，因为扣押、冻结的目的可以包含追缴的目的，从而避免法条重合；在审判阶段，它属于一种权利救济措施，④ 是一种实体处理措施，而非程序处理措施。

在刑事诉讼程序中，相关立法及法律解释将追缴与扣押都作为强制性措施对待，都被认为是一种程序性措施，而非实体性措施。如1997年颁布的《扣押、追缴、没收物品估价管理办法》要求建立统一完善的扣押、追缴、没收物品估价制度。从对象与目的的角度可以看出扣押包含追缴。第一，对象重合。关于追缴的对象，刑法第64条规定追缴的对象为违法所得的一切财物。根据2010年通过并执行的《人民检察院扣押、冻结涉案款物工作规定》第2条第2款的解释，违法所得是指犯罪嫌疑人、被告人通过违法犯罪行为所获得的财物及其孳息。对于扣押的对象，2012年刑事诉讼法第139条将扣押对象中的"物品"修改为"各种财物、文件"，此

---

① 袁坦中、刘建：《论刑事诉讼法中追缴的性质》，载《中国刑事法杂志》2010年第4期，第62页。

② 周国均：《试论增补"追缴赃款赃物"作为侦查措施》，载《法学研究》1993年第4期，第65页。

③ 徐武生：《经济犯罪与经济纠纷》，法律出版社1998年版，第129页。

④ 程小白、曹云清、贾江滔：《追赃理论与实务》，中国人民公安大学出版社2003年版，第26—27页。

外还包括邮件、电报、电子数据和违禁品。从上述内容可以看出，扣押的范围包含了追缴的范围。第二，目的重合。追缴在司法实践中常常被作为一种财产保全措施，而非证据保全措施，其旨在实现将追缴的财物退赔给被害人或者上缴国库。而扣押不仅具有财产保全的目的，还具有证据保全和社会保全的目的。因此，扣押的目的也包含了追缴的目的。

通过上述分析，追缴具有程序性，扣押与追缴之间具有包含与被包含的关系。但是追缴也可能是一种实体性措施，与没收财产、罚金具有相同的实体性处分性质。例如，国家赔偿法第 36 条将追缴与罚金、罚款、没收财产、违法征收及征用财产、返还财产相并列。

3. 扣押与查封、冻结的关系

查封（Close down）是指"司法机关对依法应该没收或需要做其他处理的与案件相关的财产粘贴封条、就地封存的强制处分。"①查封在本质上是一种由司法机关取得对物进行占有的强制处分。1979 年和 1996 年刑事诉讼法没有规定查封措施，但是在相关法律解释中规定了对涉案物品的查封。例如，1998 年发布的最高人民法院《关于执行〈中华人民共和国刑事诉讼法〉若干问题的解释》第 293 条规定，要求依法移送查封、扣押的赃款、赃物，由法院在作出生效裁判后处理。1998 年颁布的最高人民法院、最高人民检察院、公安部、国家安全部、司法部、全国人大常委会法制工作委员会《关于刑事诉讼法实施中若干问题的规定》第 48 条第 3 款规定，侦查机关有权查封、扣押赃款赃物。2006 年施行的《公安机关办理经济犯罪案件的若干规定》第 28 条规定，公安机关可以进行查封。2001 年公安部发布的《关于公安机关在办理刑事案件中可否查封冻结不动产或投资权益问题的批复》中也指出，公安机

---

① 中国社会科学院法学研究所法律辞典编委会：《法律辞典》，法律出版社 2003 年版，第 127 页。

关有权依法查封、冻结犯罪嫌疑人以违法所得购买的不动产和股权。2012 年刑事诉讼法在第二编第二章第六节中将查封与扣押一并作为侦查行为进行规定。2019 年《人民检察院刑事诉讼规则》第 210、211、217 条和 2020 年《公安机关办理刑事案件程序规定》第 228-230、233、235 条中也都增加了"查封"。

第一，扣押与查封的适用对象不同。扣押的对象一般是动产，包括财物、文件、邮件、电报、电子邮件等。查封的对象一般是不动产以及不宜移动、搬运的动产，查封在本质上与扣押一样，是取得对物的占有。1998 年发布的最高人民法院《关于执行〈中华人民共和国刑事诉讼法〉若干问题的解释》第 291 条第 1 款规定"大宗的、不便搬运的物品，由扣押机关开列清单"，这里实际上指的就是查封。2012 年修订的《人民检察院刑事诉讼规则（试行）》第 237 条规定得更加明确，查封的对象是"不动产和置于该不动产上不宜移动的设施、家具和其他相关财物，以及涉案的车辆、船舶、航空器和大型机械、设备等财物"。2012 年《公安机关办理刑事案件程序规定》第 223 条第 2 款的查封对象为"土地、房屋等不动产，或者船舶、航空器以及其他不宜移动的大型机器、设备等特定动产"。

第二，扣押与查封的审批主体不同。扣押的审批主体分为两种：对于普通财物、文件的扣押，由办案部门负责人、现场指挥人员审批（如《公安机关办理刑事案件程序规定》第 228 条第 1 款）；对于价值较高或可能影响正常生产经营的财物、文件，以及邮件、电报的扣押，由县级以上公安机关负责人、检察长批准（《公安机关办理刑事案件程序规定》第 228 条第 1 款、第 232 条第 1 款；《人民检察院刑事诉讼规则》第 210 条）。相比之下，查封土地、房屋、船舶、航空器等，只能由县级以上公安机关负责人或者检察长审批（《公安机关办理刑事案件程序规定》第 228 条第 2 款；《人民检察院刑事诉讼规则》第 210 条第 1 款）。

冻结是指对债权或其他财产权利进行的禁止处分。冻结的对象一般是存款、汇款、债券、股票、基金份额等财产。但是冻结的对象被进一步扩大，已经包括对电子数据的扣押、冻结。2016 年 9 月 9 日最高人民法院、最高人民检察院、公安部联合发布的《关于办理刑事案件收集提取和审查判断电子数据若干问题的规定》第 11 条将冻结的对象扩大到了电子数据。该条规定经县级以上公安机关负责人或检察长批准，对数据量大而无法或不便提取的电子数据、提取时间长并可能造成被篡改或灭失的电子数据，通过网络应用可以更为直观地展示的电子数据等，可以通过封锁账号、计算电子数据的完整性校验值等方法予以冻结。

第一，扣押与冻结的审批主体不同。扣押的审批主体（参见扣押与查封的区别部分）。根据《公安机关办理刑事案件程序规定》第 228 条、《人民检察院刑事诉讼规则》第 212 条第 2 款的规定，冻结的主体仅仅由县级以上公安机关负责人或者检察长批准。

第二，扣押与冻结的适用期限不同。冻结有期限限制，根据办案需要，冻结的期限还可以延长。《公安机关办理刑事案件程序规定》第 243-244 条规定，冻结存款、汇款等财产的期限为 6 个月，每次续冻的期限最长不超过 6 个月；冻结债券、股票、基金份额等证券的期限为 2 年，每次续冻的期限不得超过 2 年。逾期不办理续冻手续，视为自动解除冻结。扣押则无具体期限限制，它的期限随着具体案情的变化而不同。

关于扣押和查封、冻结的关系，存在几种观点：有学者认为，查封、冻结属于广义上的扣押，扣押的对象为物证、书证、存款、汇款、电子信息、不动产等。[①] 也有的学者认为，"查封、扣押"与"查封、冻结"属于并列的侦查措施。[②] 这种观点与

---

① 万毅：《刑事诉讼中的扣押：规范分析与法律解释——以两个关键词为例》，载《法学》2008 年第 7 期，第 60 页。

② 陈光中主编：《刑事诉讼法（第 6 版）》，北京大学出版社、高等教育出版社 2016 年版，第 302-302 页。

《人民检察院刑事诉讼规则》《公安机关办理刑事案件程序规定》的编纂体例一致。还有学者认为，将扣押、查封、冻结作为并列的侦查行为。[①]

扣押、查封、冻结虽然在适用对象上有所区别，但在本质上都是由侦查机关暂时强行对"物"的占有，它们都是由侦查机关自行决定、自行实施的。因此，查封和冻结也属于广义上的扣押。在法治发达国家和地区，冻结往往被看作扣押的一种具体形态。如德国刑事诉讼法典第 111 条 c 第 3 项规定："扣押债权或者扣押不适用不动产强制执行规定的其他财产时，以冻结而扣押。"也有些地区虽未规定冻结措施，却设立了与之类似的措施。如我国台湾地区"刑事诉讼法"虽然没有规定冻结，但在"洗钱防制法"第 9 条规定了"金钱账户的禁止处分"，该措施也可被理解为一种广义上的扣押。

（四）刑事扣押的分类

基于不同的标准，从不同的角度对扣押进行分类，具有重要的理论价值与实践意义。在理论上有助于从各个角度揭示刑事扣押的特点，为立法和司法实践提供理论支撑；在实践上有助于司法实务部门的人员从不同角度掌握刑事扣押的要求，保障刑事扣押的顺利实施。需要强调的是，虽然划分的标准较多，但是各个种类之间并非相互独立，而是存在着一定的交叉和包含的关系。

1. 证据保全扣押、财产保全扣押和社会保全扣押

以扣押保全的目的为标准进行分类，有学者将扣押分为一般性扣押、保全性扣押和预防性扣押。[②] 但是也有学者主张分为"证据

---

① 徐静村：《中国刑事诉讼法（第二修正案）学者拟制稿及立法理由》，法律出版社 2005 年版，第 141 页。

② 孙长永：《侦查程序与人权——比较法考察》，中国方正出版社 2000 年版，第 125-126 页。

保全性扣押、财产保全性扣押和违禁品保全性扣押"。[①] 所谓证据保全，是指"预定供出调查之证据有泯灭、伪造、变造、藏匿或碍于使用之虞时，基于发现真实与保障被告防御及答辩权之目的，按诉讼程序进行之阶段，由告诉人、犯罪嫌疑人、被告人或辩护人向检察官，或由当事人、辩护人向法院提出声请，使检察官或法官为一定之保全处分"。[②] 财产保全就是为了保障财产刑的执行而对被扣押人的财产予以查封、扣押、冻结，防止其处分财产而进行的保全。社会保全的目的在于预防犯罪，主要针对违禁品、供犯罪预备的财物或犯罪工具。三种保全扣押的区别主要有：（1）扣押对象不同。证据保全扣押的对象是与案件有关的各种证据，与案件无关的不得扣押；属于限制甚至禁止的扣押对象，也不得被扣押。财产保全扣押的对象是财物，既包括犯罪嫌疑人、被告人的违法所得及其孳息，又包括供犯罪所用的本人财物，还包括刑事附带民事诉讼执行与应当没收的财物。社会保全扣押的对象是违禁品，如毒品、淫秽物品等，以及爆炸性、易燃性、放射性、毒害性、腐蚀性等危险品。（2）扣押的证明标准不同。社会保全扣押，只需达到合理怀疑的标准即可；其余两种扣押的标准较高，需达到相当理由（probable cause）的程度，令人相信的程度要高于合理怀疑的程度。

2. 有证扣押与无证扣押

以扣押时有无令状为标准进行分类，可分为有证扣押与无证扣押。有证扣押是指扣押需要扣押令状，也被称为要式扣押。许多法治发达国家和地区普遍采用司法审查制度，除了用语上的差异之外，共同特点是除了法律另有规定外，侦查机关采取的扣押措施应

---

① 袁坦中：《试论我国刑事扣押的定义和类型》，载《社会科学家》2008 年第 7 期，第 82 页。

② 张丽卿、林朝云：《刑事法典》，五南图书出版股份有限公司 2013 年版，第 2-127 页。

当经过法官批准，只有在法官批准后，侦查机关才能实施扣押行为。其理论根据在于以审判为中心的诉讼构造要求整个刑事诉讼程序以审判为中心，法院拥有完整的刑事裁判权，法官对审前程序进行司法控制。在侦查、起诉程序中，侦查机关和检察院对于犯罪嫌疑人罪责的认定仅具有程序上的意义，对外不产生有罪的法律效果。[①] 为了防止侦查机关、公诉机关滥用权力，还法院一个完整的裁判权，要加强法院对侦查程序和起诉程序的控制。在对侦查权的控制方面，法院主要采用事前授权和事后审查的方式，侦查机关是否发动侦查行为，一般由侦查机关向法院提出申请，法官经过审查后作出是否实施侦查行为的决定。在例外情况下，法院通过事后审查侦查行为的合法性制约侦查权。此外，扣押证要求扣押内容具体、特定，防止侦查人员随意扩大扣押范围，随意侵犯公民的财产权、通信自由权和隐私权。

无证扣押是指没有扣押令状而进行的扣押。无证扣押是为了防止扣押物面临随时被转移、毁灭的危险，或者扣押证上没有记载的财物、文件而应当扣押的，或者属于其他案件应当扣押之物，或者扣押物的所有人、持有人自愿主动将扣押物交付给侦查人员的。因此，无证扣押又可分为紧急扣押、附带扣押、另案扣押和同意扣押。所谓附带扣押，是指侦查人员在搜查过程中可能发现与本案有关的财物、文件，但是没有在搜查证上记载，对于意外发现的财物、文件而予以扣押。所谓另案扣押，是指侦查人员在搜查的过程中发现与本案无关的财物、文件而予以扣押。[②] 此外，需要注意的是，若紧接着有证搜查后进行扣押，而且这些被扣押的物品属于搜查证所记载的扣押物品，此时的扣押就属于有证扣押，扣押证就是这里所

[①] 孙长永：《审判中心主义及其对刑事程序的影响》，载《现代法学》1999年第4期，第93页。

[②] 张丽卿：《验证刑诉改革脉动》，五南图书出版股份有限公司2008年版，第110页。

说的搜查证。若无证搜查时发现有应当扣押的物品，此时为无证扣押。

3. 任意扣押与强制扣押

以扣押是否需要相对人自愿配合为标准进行分类，可以分为任意扣押与强制扣押。任意扣押是指侦查人员不采用强制手段，相对人自愿配合侦查人员的扣押。主要包括三种情形：一是命令交付，是指侦查人员命令扣押物的所有人、持有人或保管人交出扣押物。二是自愿提出或交付，是指扣押物的所有人、持有人或保管人自愿交出扣押物。必须是"自愿"，不可明示、暗示或者胁迫。三是遗留之物扣押，是指侦查人员扣押犯罪嫌疑人、被告人或第三人遗留在犯罪现场之物。后两种扣押类型在日本的刑事诉讼法中被称为"留存"。

强制扣押是指不以相对人自愿配合为条件，而是通过强制方法对相对人进行的扣押。这是最常见的扣押方式，扣押物的所有人、持有人或保管人无正当理由提出或交付或抗拒交出扣押物时，侦查人员使用强制力予以扣押。正因为扣押具有强制性，法治发达国家和地区对此都作出严格规定。侦查人员执行扣押时先让扣押物的所有人、持有人或者保管人交出扣押物，若其交出扣押物，就完成了扣押的目的；若其拒绝提出或交付扣押物，侦查人员用干预程度较重的强制力予以强制扣押。

德国刑事诉讼法典第94-95条规定，对应当提取保管或保全的证据或对侦查有意义的物品，扣押物的保管人负有出示、交出扣押物的义务。若他们拒绝交出时，该人员会被科处罚款与强制措施。第70条规定，若该人在没有合理理由的情况下拒绝，法官可以对他罚款或最长可以将其拘留6个月。[①] 俄罗斯联邦刑事诉讼法典第183条第5款规定，侦查人员在提取之前，应当建议持有人交出应扣押

_____

① 《德国刑事诉讼法典》，宗玉琨译，知识产权出版社2013年版，第36、50-51页。

之物，如果其拒绝交出，则侦查人员强制提取。① 我国台湾地区"刑事诉讼法"第 138 条规定了强制扣押，"应扣押物之所有人、持有人或保管人无正当理由拒绝提出或交付或抗拒扣押者，得用强制力扣押之。"② 日本刑事诉讼法第 99 条第 2 款规定，法官有权命令物品的所有人、持有人或者保管人提出应当扣押、查封的物品。③

4. 有形物的扣押与无形物的扣押

以扣押客体的自然属性为标准进行分类，可以分为有形物的扣押与无形物的扣押。有形物的扣押包括普通物的扣押与邮件、电报的扣押；无形物的扣押主要是指对电子数据的扣押、提取。（1）对于邮件、电报进行扣押的适用条件，法治发达国家和地区普遍采取更为严格的态度和要求。（2）由于电子数据具有四个典型特征："存储内容的海量性、形态的易变性、变动的可察觉性以及内容的难以直接觉知性"，④ 所以当侦查人员发现电子设备后，通常不可能当场完成对电子数据的扣押。因此，扣押、提取电子数据一般分为两个步骤：第一步是搜查、扣押电子设备，主要是在犯罪现场或与犯罪有关的地方进行，侵犯的主要是被扣押人的财产权。第二步是提取电子设备中的电子数据，主要是在侦查机关的实验室中完成的，侵犯的主要是被扣押人的隐私权。与之相对应的扣押、提取电子数据的令状也分为两个步骤：第一步是扣押电子设备的令状应当具有相当理由（probable cause）；第二步是搜查电子设备中的电子

---

① 《俄罗斯联邦刑事诉讼法典》，黄道秀译，中国人民公安大学出版社 2006 年版，第 168 页。

② 张丽卿、林朝云：《刑事法典》，五南图书出版股份有限公司 2013 年版，第 2-47 页。

③ "Code of Criminal Procedure 2006"，http：//www. japaneselawtranslation. go. jp/law/detail/？ft=2&re=02&dn=1&yo=code+of+criminal+procedure&x=40&y=16&ky=&page=1，最后访问日期：2015 年 12 月 10 日。

④ 陈永生：《电子数据搜查、扣押的法律规制》，载《现代法学》2014 年第 5 期，第 111 页。

数据也应当受到令状原则的约束，应当受到特定性要求的约束。[①]

三、国内外研究现状

国内学界对刑事扣押的研究，从"史"的角度而言，自李悝创作《法经》以来，递相增益，重会众律，总归于唐律，集厥大成；明清会要、律例或损或益，以协厥中。《断狱》之"勘验程序"，《贼盗》（或分称《盗律》《贼律》《窃盗律》等）之"羁押被告"，《关市令》之走私物品的"没官""充公"，《名例律》（总第32、33、392条等）之违禁品的"倍赃"、正赃的"退官、主"、畜产"偿所减价"似乎均触及"扣押制度"的探索。其中，在"罪从赃定"的思想中，唐明律"贼盗"诸卷（条）对扣押的客体防范甚详，节目甚简。强盗、窃盗、枉法、不枉法、受所监临及坐赃等六赃，[②] 固然以赃入罪[③]，但对六赃的定罪量刑，除六赃中"赃物"的明文规定外（《唐律疏议·名例三十三》、《大明律·名例律》"给没赃物"），还需提取"赃"的盗取情节、凶器等作案工具，考量失盗者的贫富等。如暴力强行的盗取称之"强盗"，潜形隐面而取的行为称之"窃盗"……"强盗""窃盗"的分辨需要侦查阶段的采证，这包括"赃"、作案工具、现场重建等证据的收集、扣押，以及继《周礼·秋官·朝士》《礼仪》《礼记》之后[④]涉案财物处理的系统研究。这是计赃论罪之法的必然环节，缺

---

① 美国在电子证据扣押方面位居世界前列，在2009年美国诉奥特罗（United States v. Otero）案的判决中，法官判决授权对电脑中任何信息进行搜查的令状，违背令状特定性的要求。参见陈永生：《电子数据搜查、扣押的法律规制》，载《现代法学》2014年第5期，第117页。

② 长孙无忌：《唐律疏议》，中华书局1983年版，第83页。

③ 以赃入罪，"是盗之生死，系于主之贫富也。"（《宋史·刑法志》）此失当已被曾布、朱熹、薛允升、杨洪烈等反对。

④ 周密先生认为，春秋（"没为官奴"）战国（魏国的"籍"）时代才有没收制度。参见周密：《中国法制史》，群众出版社1985年版，第445-446页。

少其中任一环节都会导致计赃论罪的失察。

侦查阶段的搜查、扣押、查封等是诉讼程序的前提，它们将成为检察官是否起诉、法官定罪量刑的基础。《唐律疏议·名例四十五》中有"二罪从重"等案例量刑的讨论，《唐律疏议·贼盗四十四》《唐律疏议·贼盗三十七》……已经注意到先强后盗、先盗后强等；与人药酒及食，使狂乱取财；拒捕；穿壁逾墙；烧人舍屋等情节，"以赃入罪"步入"计赃论罪"，这可能已导向于诉讼专业化的需要。《招解说》（嘉庆抄本）即在"盗案论"中认定"盗凭赃定"，且细分扣押物（"赃物"）。① 这是确定、保管证据的必要环节，然而扣押物如何取得，证明标准如何，决定者是谁，执行者是谁，扣押范围有哪些限定，保管程序如何，第三人财产的保障程序……司法程序的规范是"明刑弼教"走向公平司法的推进。《招解说》作为地方政务与司法的真实记录，具名口供的"清"与"明"，案情询问的"明"与"合"，赃物细分与归一等注意事项……以达"信案"。②

古代中国"有律学而无法学"，然"刑律为体，而刑诉为用，二者相为维系，固不容偏废也"。③ 1906 年沈家本、伍廷芳编订《刑事诉讼法》、1911 年冈田朝太郎奏进《刑事诉讼律（草案）》等均是近代编年的肇始。邵羲、朱采真、孙绍康、夏勤、蔡枢衡等人在刑事搜查、检证（对尸体）、勘验、扣押（对物）、羁押（对人）等立法例的拟制、解释方面已呈蓬勃之态。朱鸿达、丁元普、汪翰章等"刑事审判实务""诉讼实习""法律大辞典"的编纂已

---

① 《明清公牍秘本五种（第二版）》，郭成伟等点校，中国政法大学出版社 2012 年版，第 519 页。

② 《明清公牍秘本五种（第二版）》，郭成伟等点校，中国政法大学出版社 2012 年版，第 517-520 页。

③ 《沈家本等奏〈刑事诉讼律草案〉告成装册呈览折》，参见吴宏耀、郭恒编校：《1911 年刑事诉讼律（草案）：法理由、判决例及解释例》，中国政法大学出版社 2011 年版，第 469 页。

体现了民国时期司法实践的不断规范化。① 在扣押的定义方面可为证据之物和得没收之物已趋完备,② 在扣押客体的处分方面（是否为文书、动产还是不动产、固液态、被告人或第三方等）已呈条理之势。在扣押主体多元以及缺乏明确的扣押理由和证明标准的情况下，扣押令状的制作、扣押决定权的归属等在新中国成立初期疑云重重，表现为侦查机关的独断。在扣押决定权的归属方面，中华民国刑事诉讼法第 138、139、142 条规定，搜查、扣押在侦查中由检察官核定、审判中由法院或推事裁定。③ ……在比较法的视野下，扣押等司法从政治、伦理道德等范畴中独立担当是社会分工、利益权衡、价值考量的艰难历程。

从"论"的角度而言，自 1929 年中华民国《民事诉讼条例》《刑事诉讼条例》立法以来，1949 年新中国否定了中华民国以"六法全书"为代表的理论体系，借鉴苏联刑事诉讼法的理论建立属于自己的刑事诉讼法，标志着诉讼法理论体系和研究方法的转变。

---

① 朱鸿达:《刑事审判实务》，世界书局 1934 年版。丁元普:《刑事诉讼实习》，上海会文堂新记书局 1935 年版。汪翰章:《法律大辞典》，大东书局 1934 年版。另参见王宠惠:《杂俎:二十五年来中国之司法》，载《中华法学杂志》1930 年第 1 卷第 1 期，第 187-193 页。

② 邵羲:《刑事诉讼律释义》，中华书局 1917 年版，第 74 页；朱采真:《刑事诉讼法新论》，世界书局 1929 年版，第 170-171 页；戴修瓒:《新刑事诉讼法释义（上）（第六版）》，上海会文堂新记书局 1934 年版，第 159-160 页；孙绍康:《刑事诉讼法》，商务印书馆 1935 年版，第 111 页；陈瑾昆:《刑事诉讼法通义》，法学研究会 1937 年版，第 164 页；徐朝阳:《刑事诉讼法通义》，中国政法大学出版社 2012 年版，第 97 页。

③ 邵羲:《刑事诉讼律释义》，中华书局 1917 年版，第 83-84 页；戴修瓒:《新刑事诉讼法释义（上）（第六版）》，上海会文堂新记书局 1934 年版，第 168、172 页；陈瑾昆:《刑事诉讼法通义》，法学研究会 1937 年版，第 166 页。李殿阁:《警察与法律》，载《政建》1943 年第 2 卷第 2 期，第 62-65 页。此"司法互助"于 2001 年台湾地区"刑事诉讼法"第 128 条将令状审批权交给法院，"推事"改称法官。

20 世纪 60 年代以及"文化大革命"时期，刑事诉讼法处于停滞状态。新时期对刑事扣押的研究大致可分为两个阶段：第一个阶段是1979 年刑事诉讼法颁布后至 1996 年刑事诉讼法修订前的初创期。这一时期研究刑事扣押的教材和论文比较少，以 1980 年的《什么部门有权扣押被告人的邮件》和 1994 年的《关于侦查中实行扣押之研讨》两篇文章为代表，呈现出学者对刑事扣押相关规定的初步理解。第二个阶段是 1996 年刑事诉讼法修订以来的发展期。这个时期的论文和著作增多，出现了诸如林钰雄的《搜索扣押注释书》，袁坦中的《刑事扣押研究》，吴宏耀、苏凌的《刑事搜查扣押制度改革与完善》，朱拥政的《刑事诉讼中的财产权保障》，何帆的《刑事没收研究——国际法与比较法的视角》，向燕的《刑事经济性处分研究——以被追诉人财产权保障为视角》，李杰清的《没收犯罪所得程序法制与实务》等重要著作和大量的期刊论文。

　　在论文方面，立足"CNKI 中国知网数据库"（www.cnki.net/），以 1949-2017 年的时间框架为线索，以 5 年为一周期，通过"全文""主题"等检索项来检索"刑事扣押"的"对象化"频率。"CNKI 中国知网数据库"在"电子数据""刑事诉讼""侦查""强制措施""搜查""扣押""涉案财物处理""非法证据排除规则"等聚类中，关于"刑事扣押"的研究以 2000-2001 年和 2010 年为阶梯呈井喷式增长。本检索时间为 2017 年 7 月 31 日，故 2014-2017 年的计量数据并不完全，也与 5 年的周期并不对等，故此阶段的研究趋势还有待补充。

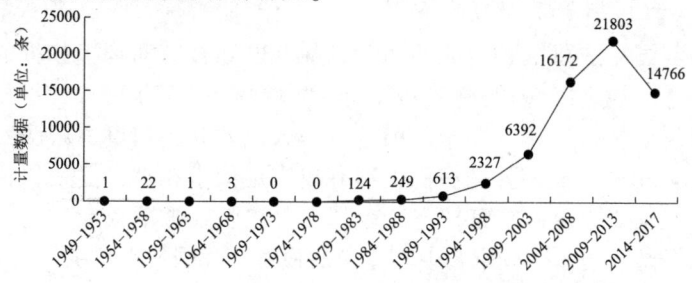

图 1　以"全文"为检索项检索"刑事扣押"的数据趋势

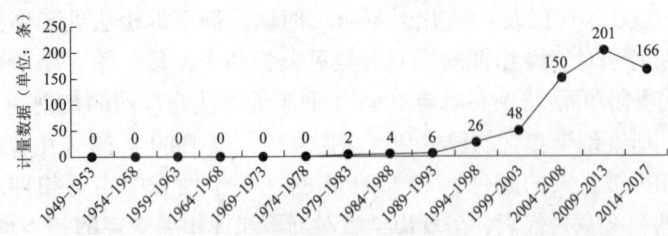

图 2 以"主题"为检索项检索"刑事扣押"的数据趋势

通过"全文""主题"等检索项的比较可知，在"刑事扣押研究"中，虽然社会普遍关注（以"全文"为检索项），但集中研究者（以"主题"为检索项）并不常见。二者的计量数据悬殊，第一，若将两曲线图合成一个曲线图，以"主题"为检索项检索"刑事扣押"的"对象化"频率将会被抹杀；第二，"全文""主题"等检索项计量的反差促使笔者更为关注刑事扣押的主体（决定权）、扣押的证明标准、扣押客体、实施程序、扣押物的保管与处理程序、司法救济程序等学界研究的问题和趋向。

刑事扣押的研究呈现多角度切入、多层面深入的格局，笔者将立足我国刑事扣押的规范与实证分析，通过文义解释、理论分析、比较研究的方法，仔细研读国内外刑事扣押的相关文献，以刑事扣押规范化为主线，将刑事扣押的启动程序、刑事扣押的客体范围、刑事扣押的实施程序、刑事扣押的救济程序作为基点，阐明刑事扣押的理论特质与实现路径。主要内容包含五个方面：

（一）刑事扣押的主体

我国宪法和 2012 年刑事诉讼法第 139 条没有对刑事扣押的审批权作出规定，《公安机关办理刑事案件程序规定》《人民检察院刑事诉讼规则》和《关于适用〈中华人民共和国刑事诉讼法〉的解释》中虽然规定公检法机关都有权决定刑事扣押，但是"搜查扣押在侦查中由检察官核定、审判中由法院或推事裁定"的设想并未分疏，也未得到审判中心主义的检讨。我国侦查机关（部门）行使扣押权的情形占了绝大多数，侦查机关（部门）有权自行启动扣押程序，自我授权、自我审批、单方面决定扣押，具有浓厚的行政色彩，缺乏有效的监督与制约。面对"侦查机关决定模式"的现实，理论界为了防止滥用扣押权，保护公民的合法权利，普遍主张对刑事扣押进行司法审查，通过事前审查和事后审查的方式制约侦查机关（部门）。刑事扣押决定权究竟归属于谁？主要存在三种模式：徐静村教授、龙宗智教授、柯耀程教授等坚持"检察院决定模式"①；孙长永教授、李昌林教授、曾正一教授等主张"法院决定模式"②；袁坦中老师、胡铭教授等人坚持"法检共同决定的折中模式"③。在刑事扣押司法审查制度的立法设想方面，实施刑事扣押司法审查应当具备哪些实质条件和形式条件？刑事扣押的证明标准需要达到何种程度？法院的哪个部门具体负责审查？如何完善刑事扣押令状？关于这些问题，理论界还需要深入研究。

---

①　徐静村：《侦查程序改革要论》，载《中国刑事法杂志》2010 年第 6 期，第 5-6 页；龙宗智：《强制侦查司法审查制度的完善》，载《中国法学》2011 年第 6 期，第 48、50 页；柯耀程：《刑事程序理念与重建》，元照出版有限公司 2009 年版，第 173-176 页。

②　李昌林：《从制度上保证审判独立——以刑事裁判权的归属为视角》，法律出版社 2006 年版，第 49 页；陈瑞华：《从"流水作业"走向"以裁判为中心"——对中国刑事司法改革的一种思考》，载《法学》2000 年第 3 期，第 24 页；《德国刑事诉讼法典》，李昌珂译，中国政法大学出版社 1995 年版，引言第 6 页；孙长永：《强制侦查的法律控制与司法审查》，载《现代法学》2005 年第 5 期，第 75 页；孙长永：《通过中立的司法权力制约侦查权力——建立侦查行为司法审查制度之管见》，载《环球法律评论》2006 年第 5 期，第 537 页；曾正一：《侦查法制专题研究》，台湾警察大学出版社 2006 年版，第 60-66 页；陈瑞华：《刑事诉讼的前沿问题（第三版）》，中国人民大学出版社 2011 年版，第 308 页。

③　袁坦中：《刑事扣押研究》，湖南大学出版社 2012 年版，第 80-81 页；马贵翔、胡铭：《正当程序与刑事诉讼的现代化》，中国检察出版社 2007 年版，第 92-94 页；胡铭：《刑事司法民主论》，中国人民公安大学出版社 2007 年版，第 399 页；高峰：《刑事侦查中的令状制度研究》，中国法制出版社 2008 年版，第 271 页。

（二）刑事扣押的客体

关于刑事扣押客体的研究成果较为分散、不系统，尚未形成可操作的规则。虽然 2012 年刑事诉讼法第 139 条对刑事扣押客体作出修改，将"物品和文件"替换为"财物、文件"，但是立法对刑事扣押客体范围的规定仍然过于宽泛、模糊，仅从正面规定了应当扣押的客体范围，缺乏对扣押客体范围的禁止性规定。过于宽泛的扣押范围导致司法实务部门很容易侵犯公民的财产权、通信自由权和隐私权。为了合理地限定扣押客体的范围，理论界（孙长永、林钰雄、袁坦中等）根据刑事扣押的目的，将刑事扣押的客体范围分为证据保全之物、财产保全之物和社会保全的可没收之物，并对这些分类之物进行了详细论证。然而，"作为证据之物"是否限于证明犯罪嫌疑人有罪的证据之物？如果证据在第三人（被追诉人亲友手中、邮局、律所等单位）时，能否扣押？不动产作为证据之物时不能扣押，但作为没收之物时能否扣押？因为民事或行政上的原因，已被扣押之物面临扣押竞合，在刑事诉讼中能否扣押？对于上述问题，长期以来我国立法规定都由侦查人员决定。

对邮件、电报、电子邮件等的扣押与宪法对通信自由权和通信秘密权的保护存在冲突，如何防止扣押侵犯公民的基本权利？《关于办理刑事案件收集提取和审查判断电子数据若干问题的规定》从人证、物证到电子数据的转变，即从证据"内容"到构成证据"方式"的变化，据此扣押客体的研究将经历从"实体内容"到扣押方式的转变。何家弘、李荣根、刘品新、张斌等人立足于电子数据的鉴真议题，对电子数据的"原件"等方面作出探讨，[①] 由此进入刑事扣押实施程序的研讨，这已甚于刑事扣押客体范围的规制。

---

① 刘品新：《电子证据的鉴真问题：基于快播案的反思》，载《中外法学》2017 年第 1 期；刘品新：《论电子证据的原件理论》，载《法律科学》2009 年第 5 期；刘品新主编：《电子取证的法律规制》，中国法制出版社 2010 年版。

（三）刑事扣押的实施程序

刑事诉讼法对刑事扣押实施程序规定得过于简单，虽然《公安机关办理刑事案件程序规定》和《人民检察院刑事诉讼规则》对其进行了补充，但是相关的法律规定仍然不完善，导致司法实践中存在扣押方法不科学，扣押笔录、清单记载不规范、不全面，刑事见证程序中违法现象突出等问题，甚至有些司法实务人员秉持"能扣则扣"的理念，随意扩大扣押范围。理论界对刑事扣押实施程序中实物证据的真实性、同一性和合法性等问题没有引起应有的关注，相关的著述较少，大部分只在谈及其他问题时附带提及。林喜芬从比较法的视角比较了中西扣押程序的立法构架、程序要件等内容；刘林呐等人主张扣押程序要公开、透明；李建明、雷小政建议完善扣押程序中的法律规制与法律监督……现有成果对扣押实施程序限于理论探讨，缺乏实证研究。① 为了适应侦查活动灵活性的需要，在坚持令状扣押原则的同时也要规定无令状扣押。理论界对令状扣押、附带搜查、同意搜查进行了理论探讨，② 但对于无令状扣押（附带扣押、同意扣押、紧急扣押）中的问题则鲜有关注，关于它们的理论基础、适用条件等问题，立法与理论都存在很大纰漏。

---

① 李建明：《强制性侦查措施的法律规制与法律监督》，载《法学研究》2011 年第 4 期，第 152-157 页；刘林呐、臧爱存：《扣押程序：公开与透明》，载《检察实践》2003 年第 6 期，第 47-48 页；林喜芬：《刑事侦查扣押程序的缺陷与制度重塑》，载《法治论丛》2008 年第 3 期，第 22-27 页；雷小政：《扣押程序的立法完善建议》，载《人民检察》2009 年第 23 期，第 63-64 页；王贞会：《刑事扣押中的法律问题研究》，载《石家庄学院学报》2010年第 4 期，第 70-73 页。

② 李瑞敏：《论强制处分之同意》，台湾政治大学法律学研究所 2002 年硕士论文，第 46 页；杨雄：《刑事同意搜查的正当化要件分析》，载《河南公安高等专科学校学报》2006 年第 1 期，第 10-14 页；万毅：《同意搜查若干法律问题研究》，载《法商研究》2009 年第 3 期，第 54-62 页。

虽然电子数据时代已经来临，但是刑事诉讼法及相关法律解释对电子数据扣押、提取的规制相对落后，致使司法实践中的侦查人员对电子数据的扣押不会用、不敢用、不能用。传统的扣押方式同样适用于电子数据扣押，但现有成果侧重对有形物扣押的研究，对于无形物（电话、通信、电子数据等）应当如何提取，相关著述较为滞后。学者对电子数据的扣押、提取侧重英美国家经验的介绍，缺乏对大陆法系国家理论和经验的研究，更缺乏对我国司法实践状况的挖掘。

（四）刑事扣押物的保管与处理程序

实物证据的保管是指针对实物证据进行的包装、保存、运输及管理的一种行为。1965 年最高人民法院、最高人民检察院、公安部、财政部联合发布的《关于没收和处理赃款赃物若干问题的暂行规定》对赃款赃物的保管作出了一些规定，但是规定的内容已经不适应社会发展。2012 年刑事诉讼法第 234 条规定，公安机关、人民检察院、法院应当妥善保管扣押的财物及其孳息，任何单位和个人不得挪用或自行处理。《公安机关办理刑事案件程序规定》第 235 条规定，公安机关应当妥善保管扣押的财物及其孳息、文件，不得使用、调换、损毁或者自行处理。总体来看，相关法律法规对扣押物的保管作了规定，但是这些规定的可操作性不强，对保管的部门、保管场所、保管方式、管理制度、监督方式未作出明确规定，不利于防止随意使用、毁损、调换、挪用扣押物等问题的发生。相对于发现、扣押、固定程序而言，扣押物的保管虽然被提及，但并没有引起理论界和司法界深入的探讨和应有的重视，内容单薄。① 还有一些论文虽然对证据保管有所提及，但都是在研究其

---

① 陈永生：《证据保管链条制度研究》，载《法学研究》2014 年第 5 期，第 184 页；杜国栋：《论证据的完整性》，中国政法大学出版社 2012 年版，第 172 页。

他问题的过程中附带提及。① 我国尚未确立基本的证据标签制度，立法及相关法律解释对证据保管方面的规定比较薄弱。

关于扣押物的处理，在隆礼重法的转型中国，刑事司法制度长期以来"重定罪、轻量刑""重人身自由、轻财产权利"。涉案财物的处理制度在立法、规范文件上前后四百余部，其半数以上现行有效，但也存在严重不足。② 在党的十八届四中全会召开之后已成为我国刑事诉讼程序中的重要课题。《刑事诉讼法》第 117、145、245 条，《人民检察院刑事诉讼规则》第 217、567 条，《公安机关办理刑事案件程序规定》第 233、246 条，《人民检察院刑事诉讼涉案财物管理规定》第 25 条第 1 款第 4 项等对扣押的没收、返还、追缴、救济等内容作出相应规定，刑法第 64 条主要规定了查封、扣押、冻结财物的处理措施与适用对象。但是相关法律规定的核心不明确，立法主体多样（财政部、中国人民银行、国家工商行政管理总局等），程序操作交叉、不统一；追缴、责令退赔、返还、没收等处理措施的语义模糊，适用对象重叠混乱，导致实践中存在诸多不规范的行为。在实务中，人民检察院、人民法院不能对公安机关扣押在案的涉案财物直接决定解除扣押、冻结，且在刑事没收

①　陈瑞华：《实物证据的鉴真问题》，载《法学研究》2011 年第 5 期，第 127 页；袁坦中：《论刑事扣押物品的保管规则》，载《求索》2008 年第 11 期，第 146-148 页；何家弘、刘晓丹：《论科学证据的采纳与采信》，载《中国司法鉴定》2002 年第 1 期，第 14 页。

②　胡学相：《我国赃款赃物处理中存在的问题、原因及处置原则初探》，载《学术研究》2011 年第 3 期。胡宝珍、林蕾：《刑事涉案财物处理的立法缺陷与完善》，载《福建警察学院学报》2013 年第 4 期，第 84-85 页。向艳的调研量化了我国刑事涉案财物扣押（处理）的弊端，但除中国裁判文书网的量化考察、分析之外，作者的数据统计，"如何对警察、法官进行问卷"则有待进一步地展示与阐明。参见向艳：《刑事涉案财物处置的实证考察》，载《江苏行政学院学报》2015 年第 6 期。

的遗漏判决和概括性判决等实务中，侦查机关怠于执行职权。[①] "懒追赃""难追赃""乱追赃""乱处赃"令扣押物的所有人、持有人或保管人难以要回被扣押的财物。理论界涉及扣押物的追缴、没收、返还、处理程序，内部监督，没收被告人以外第三人的程序法规等问题，[②] 但是现有成果大都是从规范层面进行研究，抽象思辨迫切需要实证考察的充实。为了建立对扣押物依法、科学管理的长效机制，需要进一步细化和规范扣押物的移送、没收、返还、解除等程序。

（五）刑事扣押的司法救济程序

如何保障扣押物的所有人、持有人、保管人及其他相关权利人的合法权益。理论界主要从非法证据排除规则、刑事司法赔偿以及民事诉讼程序等方面展开研究。

在实物证据排除规则方面，近几年的研究成果呈井喷式增长。2010年最高人民法院、最高人民检察院、公安部、国家安全部和司法部联合发布的《关于办理死刑案件审查判断证据若干问题的规定》和《关于办理刑事案件排除非法证据若干问题的规定》是在法律层面确立非法证据排除规则的标志。2012年刑事诉讼法将

---

① 参见向燕：《刑事涉案财物处置的实证考察》，载《江苏行政学院学报》2015年第6期。除中国裁判文书网的量化考察、分析之外，作者的数据统计，"如何对警察、法官进行问卷"则有待进一步的展示与阐明。

② 李长坤：《刑事涉案财物处理制度研究》，上海交通大学出版社2012年版，第52-219页；戴长林主编：《刑事案件涉案财物处理程序：以违法所得特别没收程序为重点的分析》，法律出版社2014年版，第191-192页；常玉海：《检察机关扣押冻结款物的内部监督》，载《人民检察》2009年第19期，第60页；李玉华：《论独立统一涉案财物管理中心的建立》，载《法制与社会发展》2016年第3期，第70-80页；吴光升：《案外第三人定罪没收参与模式：比较、反思与重构》，载《中国刑事法杂志》2015年第4期；李蓉、邹啸弘：《涉案财物异议人诉讼地位探析》，载《湖南社会科学》2016年第5期；李杰清：《没收犯罪所得程序法制与实务》，中国检察出版社2016年版。

非法证据排除规则纳入立法，第 54 条第 1 款明确规定了实物证据排除规则。从学术界而言，学者对非法实物证据排除规则的研究方向是如何排除，如非法证据的排除模式、排除范围、排除程序、排除的证明责任与证明标准等问题。① 证据排除规则的"宪法规范说""威慑违法说"② "司法廉正说/政府廉正说""成本分析"（cost-benefit balance analysis）方法③间的考量以及国家司法与公民权利间的博弈，导向证据的补正、补救议题。面对质疑，关于强制

---

① 陈光中主编：《非法证据排除规则实施问题研究》，北京大学出版社 2014 年版；郑旭：《非法证据排除规则》，中国法制出版社 2009 年版，第 122-154 页；林喜芬：《两个证据规定与证据排除规则》，中国人民大学出版社 2011 年版，第 119-306 页；陈光中主编：《非法证据排除规则实施问题研究》，北京大学出版社 2014 年版；王超：《排除非法证据的乌托邦》，法律出版社 2014 年版，第 16-236 页；高咏：《非法证据排除程序研究》，中国法制出版社 2014 年版；杨宇冠等：《非法证据排除规则在中国的实施问题研究》，中国检察出版社 2015 年版。

② 基于康德、费希特、黑格尔的报应观点，公正的惩罚内在于罪犯身上的人性，而不为外在的目的服务。只有罪犯该当时，才发动惩罚。参见［德］梅尔：《德国观念论与惩罚的概念》，考明凯维奇、梅尔、布朗英译，邱帅萍中译，知识产权出版社 2015 年版。［德］加尔·赫伯特：《康德论惩罚与道德存在的政治前提》，载吴彦编：《康德法哲学及其起源：德意志法哲学文选（一）》，汤沛丰、朱振等译，知识产权出版社 2015 年版。Byrd 尝试报应说和威慑说的结合（参见 B. Sharon Byrd, *Kant's Theory of Punishment: Deterrence in Its Threat, Retribution in Its Execution*, Law and Philosophy, 1989 (8)，pp. 151-200；［加］李普斯坦：《强力与自由：康德的法哲学与政治哲学》，毛安翼译，知识产权出版社 2016 年版，第 318-343 页），以实现人是目的与程序工具、道德与政治/法学的融合。

③ Joshua Dressler & George C. Thomas，Ⅲ，*Criminal Procedure: Investigating Crime* 472（West Group 2003）. 经济学是理性选择的理论，芝加哥法学经济学派的 F. A. 哈耶克、理查德·A. 波斯纳（《法律的经济分析》《正义经济学》）、W. M. 兰德斯等是其代表。这种"创新"同马克思政治经济学批判的道路（经济→制度）恰恰相反。

性的排除、自由裁量的排除、可补正的排除①的讨论在所难免。
"排除"如何裁量？中国的证据排除规则自诞生起就不具有美国等
国家宪法规范的"贵族血统"，中国的非法证据排除规则指向"裁
量排除"的研讨。陈瑞华教授等将瑕疵证据的补正、印证、合理
解释以及证据重作称为"证据的补正"。②牟绿叶将证据排除规则
称作"可补正的排除规则"。③纵博注意到"补正"一词于司法中
的不及。④王景龙等鉴于"补正"与"补救"的差别，以"证据
的补救"代替"证据的补正"，将"补救"的范围拓展到瑕疵证据
和非法证据。⑤对非法证据排除规则的研究侧重于对英美法系理论
的介绍，强调对证据排除的研究，中国实物证据排除规则的实践运
行状况及实物证据补救亟待加强。基于此，笔者对刑事扣押中的非
法实物证据补救规则、如何补救进行探讨，以期为完善司法提供有

---

① 陈瑞华：《非法证据排除规则的中国模式》，载《中国法学》2010 第
6 期，第 33-47 页；郭志媛：《刑事证据可采性研究》，中国人民公安大学出
版社 2004 年版，第 267 页。前两类也可分为自动排除和裁量排除，参见《人
民检察院刑事诉讼规则》第 265 条；MichaelZander, The PoliceandCriminalEvi-
denceAct1984, revisedseconddition, Sweet& Maxwell, 1990, p. 198.

② 陈瑞华：《非法证据排除规则的中国模式》，载《中国法学》2010 年
第 6 期，第 33-47 页；杨宇冠：《非法证据排除规则及其在中国确立问题研
究》，载《比较法研究》2010 年第 3 期，第 64-78 页；万毅：《解读"非法证
据"》，载《清华法学》2011 年第 2 期，第 24-32 页；万毅：《论瑕疵证
据——以"两个〈证据规定〉"为分析对象》，载《法商研究》2011 年第 5
期，第 118-125 页；陈瑞华：《论瑕疵证据补正规则》，载《法学家》2012 年
第 2 期，第 66-84 页；等等。

③ 牟绿叶：《论可补正的排除规则》，载《中国刑事法杂志》2011 年第
9 期，第 43-70 页。

④ 纵博：《刑事诉讼中瑕疵证据补正的若干操作问题研究》，载《现代
法学》2012 年第 2 期，第 124-129 页。

⑤ 李昌林、王景龙：《论可补救的排除规则》，载《现代法学》2013 年
第 6 期，第 123-124 页。

益的思路与方法。

在刑事司法赔偿方面，从 1994 年国家赔偿法的颁布到 2010 年和 2012 年的两次修正，立法对国家赔偿的范围、标准、程序等方面进行了逐步详尽的规范与完善，从立法上体现了法治的进步，在实践中也具有一定的积极意义。然而，国家赔偿法的规定模糊，致使实践运行不畅。实务中的刑事司法赔偿案件数量非常少，其中绝大部分涉及人身权损害的司法赔偿，少数案件是有关财产权的刑事司法赔偿，涉及因扣押导致的刑事司法赔偿更是少之又少。鉴于侦查程序回归公诉预备性质的旨向，有必要对刑事扣押的司法赔偿制度作出理论上的探讨与反思，对刑事司法赔偿的范围、标准、程序、追偿等问题结合司法实务进行理论上的分析与评价。

综观域外立法，搜查扣押制度的构建处在个人基本权利与追诉犯罪利益的价值权衡之间，英美法系国家一般把扣押与搜查规定在一起，搜查和扣押被视为一体的措施，扣押基本上来源于搜查权。大陆法系国家通常对扣押单独进行规定，对于扣押要求单独签发扣押令状或单独作出决定。

第一，刑事扣押的主体。扣押是对公民基本权利的干预，各国普遍要求遵守司法令状主义。原则上要求扣押事先由法官签发令状，旨在通过中立的司法权监督制约侦查权，确保强制性侦查行为发动的正当性，保障公民的基本权利。因此，各国以有证扣押为原则，以无证扣押为例外。同时，各国也对扣押令状的形式条件与实质条件作出要求。[①] 20 世纪 70 年代以来，大多数法官更加注重法律的执行，而不是对公民自由和隐私权的保护，因而法官放宽标

---

① 王兆鹏：《路检、盘查与人权》，元照出版有限公司 2003 年版，第 106 页；王兆鹏：《刑事诉讼讲义》，元照出版有限公司 2009 年版，第 231 页。

准，警察更容易为无证搜查、扣押找到相当理由。①

第二，刑事扣押的客体。法治发达国家和地区的扣押具有一般性扣押、保全性扣押和预防性扣押的目的，所以将扣押客体分为"可为证据之物"和"得没收之物"。此外，各国还对扣押范围作出禁止或限制性规定，从正反两方面规定了刑事扣押的客体范围。②

第三，刑事扣押的实施程序。拉法吾的《搜查与扣押》是美国宪法第四修正案程序理论中的权威。拉费弗、德雷斯勒、阿希尔的刑事诉讼法及其精解可谓关于扣押等程序的皇皇巨著，③ 它们对扣押的决定程序、执行程序和扣押物的保管、移送、处理程序作了详细的叙述。随着科学技术的发展，对电子数据的扣押、保管和认定成为重要的课题，各国也制定了相关的法律予以规制。如英国高级警察协会制定的《数据证据良好操作指南》（*ACPO Good Practice Guide for Digital Evidence*），美国法律职业人员法律教育行政办公室

---

① Thomas Y. Davies，"Recovering the Original Fourth Amendment，" *Michigan Law Review* 98，1999，pp. 547-750；Wayne R Lafave，*Search and Seizure: A Treatise on the Fourth Amendment* 3rd ed. ，1996；Jacob Landynski，*Search and Seizure and the Supreme Court*，1966；霍尔主编：《牛津美国联邦最高法院指南》，许明月、夏登峻译，北京大学出版社 2009 年版，第 334-337、832-833 页。

② Stephen A. Saltzburg & Daniel J. Capra，American Criminal Procedure: Cases and Commentary，Thomasan/west，2007 8th ed. ，p. 139；Harry Lee，Private Papers Now Subject to Reasonable Search and Seizure: Andresen v. Maryland，26 DePaul L. Rev. 848（1976-1977）；［美］丹尼尔·J. 凯普罗：《美国联邦宪法第四修正案：搜查与扣押》，吴宏耀、向燕、刘静、高翡译，中国人民公安大学出版社 2010 年版，第 200-231、264-298 页。

③ ［美］伟恩·R. 拉费弗、杰罗德·H. 伊斯雷尔、南西·J. 金：《刑事诉讼法》：卞建林、沙丽金等译，中国政法大学出版社 2003 年版；［美］约书亚·德雷斯勒、艾伦·C. 迈克尔斯：《美国刑事诉讼法精解》，魏晓娜译，北京大学出版社 2008 年版；［美］阿希尔·里德·阿马：《宪法与刑事诉讼：基本原理》，房保国译，中国政法大学出版社 2006 年版。

发布的《刑事侦查中搜查和扣押电脑以及获取电子证据》（*Searching and Seizing Computers and Obtaining Electronic Evidence in Criminal Investigations*），欧洲的《欧洲网络犯罪公约》（*Convention on Cybercrime of Council of Europe*）等。

第四，刑事扣押物的处理。英美法系国家规定了二元化的处理模式，即刑事没收制度与民事追缴、没收制度，并以民事没收为主轴。在立法模式上，英国《1986 年贩毒法》《1988 年刑事司法法》《2002 年犯罪收益追缴法》，美国《2000 年民事没收改革法》以及《2001 年爱国者法》① 等以单行法的方式解决扣押物的处理。《罗马规约》的信托基金制度、美国司法部的"资产没收基金"、英国的"扣押资产基金"等是对涉案财物管理机制的有益探索。大陆法系国家则以刑事没收为主轴，基于无罪推定原则、比例原则、明确性原则的限制与考量，在刑法与刑事诉讼法中对涉案财物处理的条件、适用对象、证据要求、程序设置等方面②作出详细规定。国际公约中对刑事扣押物的处理日趋完善。从 20 世纪 80 年代开始，1988 年《联合国禁止非法贩运麻醉药品和精神药物公约》、1999 年《制止向恐怖主义提供资助的国际公约》、2000 年《联合国打击跨国有组织犯罪公约》以及 2003 年《联合国反腐败公约》均对涉案财物的处理作出相应规定。

第五，刑事扣押的救济程序。对于违法扣押的救济存在多种途

① 黄风、梁文钧：《英国〈2002 年犯罪收益追缴法〉中的刑事没收制度》，载《中国司法》2007 年第 6 期，第 102-104 页；何帆：《刑事没收研究——国际法与比较法的视角》，法律出版社 2007 年版，第 192 页；黄风：《国际刑事司法合作的规则与实践》，北京大学出版社 2008 年版，第 171 页；黄风：《论对犯罪收益的民事没收》，载《法学家》2009 年第 4 期，第 89-97 页。

② [德] 汉斯·海因里希·耶塞克、托马斯·魏根特：《德国刑法教科书（总论）》，徐久生译，中国法制出版社 2001 年版，第 954-959 页；陈子平：《刑法总论（上）》，元照出版有限公司 2005 年版，第 302 页。

径。例如，对警察的纪律制裁、刑事指控、侵权民事诉讼；对法院或个别法官的裁定提起抗告；对检察官的命令或处分提起准抗告；对违法扣押的非法证据排除规则等，非法证据排除规则是最为重要的一种。英美法系国家与大陆法系国家对言词证据的排除容易达成共识，但是对违法搜查、扣押获得的实物证据的排除存在较大分歧。德国和英国确立了较为宽松的非法证据排除规则，对于严重违反搜查、扣押程序的实物证据才予以排除。① 美国和日本确立了严格的非法证据排除规则，但也容许存在例外，不是一律排除违法搜查、扣押所获得的实物证据。

综上所述，既有的学术研究在理论层面和立法层面对刑事扣押的启动程序、刑事扣押的客体、刑事扣押的实施程序、扣押物的保管与处理程序、刑事扣押的司法救济程序等内容进行了较为详尽的比较法考察，并在域外的经验上提出了相关的改革建议。但是既有的理论也存在一些不足之处，研究刑事扣押需着力从以下几个方面加强：一是刑事扣押司法审查制度的建立有待强化。学者侧重对刑事扣押司法审查制度必要性的研究，对其可行性以及具体立法设想的研究（证明标准、决定模式等）较为薄弱。二是刑事扣押的客体范围有待优化。对刑事扣押客体范围方面的研究总体处于较为分散、不系统的状态，未能形成较为合理的、可供操作的规则。三是电子数据扣押、提取的法律规制有待深化。对电子数据的复制、扣押、提取、保管存在对西方国家立法的过度移植和路径的依赖，且侧重对英美法系国家经验的介绍，缺乏对大陆法系国家理论和经验的研究，更缺乏对我国司法实践状况的挖掘。四是刑事扣押的研究方法有待完善。研究方法单一，抽象思辨多，实证考察少，其结果

---

① Caig M. Bradley, *Criminal Procedure：A Worldwide Study*, Durham NC：Carolina Academic Press, 2007, pp. 158, 250；[德] 托马斯·魏根特：《德国刑事诉讼程序》，岳礼玲、温小洁译，中国政法大学出版社 2004 年版，第 106-114 页。

是论述不够深入、全面，得出的结论在理论上不具有说服力、在实践中不具有可操作性，抽象思辨迫切需要中国司法的实证观察与验证。

四、研究方法与研究思路

（一）研究方法

1. 规范研究方法

以相关法律规范为分析样本，对刑事扣押所涉及的相关问题作出相应的理论阐释和体系梳理，辅之以文义解释、体系解释、逻辑归纳与演绎的方法。

2. 比较研究方法

该方法是以法律为对象、以比较为内容的思维方法。① 通过查询 Westlaw 数据库、LexisNexis 数据库、Heinonline 数据库和外文图书阅览室的资料，阅读外语专著、论文、判例和相关法典，比较域外对刑事扣押司法审查、扣押范围、扣押程序、扣押物的保管与处理等方面的规定，以期对完善我国相关制度有所裨益。

3. 实证研究方法

刑事扣押具有很强的实用性和可操作性，必须深入司法实践。本书统计分析了中国裁判文书网上有重大影响的刑事案件判决书，访谈公检法司部门的办案人员，了解司法实践中刑事扣押制度的运行状况，分析我国刑事扣押中存在的问题，总结实践经验，为规范分析与比较研究奠定现实基础。

（二）研究思路

在侦查中心主义向审判中心主义诉讼模式转变的背景下，本书围绕"刑事扣押制度研究"这一主题，以实证研究为基础，以理

---

① ［德］K. 茨威格特、H. 克茨：《比较法总论》，潘汉典等译，法律出版社 2003 年版，第 3 页。

论构建为支撑，以务求实效为目标，以程序正当化为视角，立足我国刑事扣押制度的立法与司法实践，运用规范研究、比较研究与实证研究相结合的方法，梳理刑事扣押制度运行中存在的问题，廓清学界关于刑事扣押决定权归属的异质性理论观点，规制刑事扣押的启动程序，限定刑事扣押的案件适用范围，强化刑事扣押的证明标准，完善刑事扣押的执行程序，落实扣押物的保管、移送、返还、救济等程序，保障实物证据的同一性和真实性，为实现刑事扣押程序的正当化提供裨益。

五、本书的创新之处

刑事扣押的法律规制顺应由侦查中心主义向审判中心主义转变的历史背景，运用规范研究与实证研究相结合的方法，反思我国侦查机关自我授权—决定扣押的行政体制，分疏刑事扣押客体导向可没收之物和可为证据之物的界定，探讨启动刑事扣押的证明标准、决定模式、司法审查等程序，完善刑事扣押实施程序中扣押物的保管与处理程序和违法扣押的司法救济程序。

在研究主旨上，将以侦查为中心的诉讼构造向以审判为中心的诉讼构造转变。在刑事扣押的启动程序、事后审查等方面，主张强制扣押采取司法审查制度，由侦查机关提出扣押请求，法院决定扣押，贯彻扣押的决定权与执行权相分离的原则，并系统研究"无令状扣押"的议题，还法院一个完整的刑事裁判权，加强法院对侦查权的控制，科学解决权力配置，保障刑事扣押启动程序的正当化。

在学术观点上，实现刑事扣押法律程序的正当化。从程序正当化的角度出发，廓清学界关于刑事扣押决定权归属的异质性理论观点，规制刑事扣押的审批程序，限定刑事扣押的适用条件和案件适用范围，明确刑事扣押"相当理由"的证明标准，完善监督与救济程序，实现刑事扣押程序的正当化。

在研究方法上，规范研究与实证研究相结合。一方面，本书在广泛收集、阅读外文典籍、论文的基础上，以中国的法律规定和司法实践中的问题为阐释本体，兼顾比较方法等内容的充实。另一方面，通过规范分析与实证研究相结合的方法，从个案中归纳总结出可供操作的法律规则，为刑事扣押制度的有效运行提供方案。

第一章　刑事扣押的启动

　　刑事扣押启动程序的正当化可以从源头上防止侦查机关不当启动扣押程序、随意扩大扣押范围。从审判中心主义的角度而言，原则上对强制扣押建立司法审查制度，既是分权制衡、保障权利的要求，也是司法最终裁判原则的题中应有之义。本章将通过规范研究方法与比较研究方法，对以下几个问题展开分析：刑事扣押决定权归属于谁？为什么建立刑事扣押司法审查制度？我国建立刑事扣押司法审查制度具备哪些条件？依据什么标准启动刑事扣押程序？

第一节　刑事扣押决定权的归属

　　刑事扣押是指为保全可为证据或得没收之物，由国家机关对其暂时占有之强制处分。① 根据是否需要相对人自愿配合，可以将刑事扣押分为强制扣押与任意扣押，本书研究范围仅限于强制扣押。中华民国刑事诉讼法第138、139、142条规定，搜查、扣押在侦查

---

　　① 邵羲：《刑事诉讼律释义》，中华书局1917年版，第74页；朱采真：《刑事诉讼法新论》，世界书局1929年版，第170-171页；戴修瓒：《新刑事诉讼法释义（上）（第六版）》，上海会文堂新记书局1934年版，第159-160页；孙绍康：《刑事诉讼法》，商务印书馆1935年版，第111页；陈瑾昆：《刑事诉讼法通义》，法学研究会1937年版，第164页；徐朝阳：《刑事诉讼法通义》，范仲瑾、张书铭点校，中国政法大学出版社2012年版，第97页；林钰雄：《刑事诉讼法（上）》，元照出版有限公司2013年版，第431页。

中由检察官核定、审判中由法院或推事裁定。① 但我国 2012 年刑事诉讼法第 139 条和 2018 年刑事诉讼法第 141 条没有对刑事扣押的审批权作出规定；《公安机关办理刑事案件程序规定》第 228 条第 1 款、第 232 条和《人民检察院刑事诉讼规则》第 210 条第 1 款规定，由县级以上公安机关负责人、现场指挥人员、检察长决定扣押。在刑事扣押决定权的运行机制上，侦查机关"自我授权、自我约束"，认为只要"可用以证明犯罪嫌疑人有罪或无罪"即可。刑事扣押决定权的运行不受外部监督与控制，无须经过法院司法审查，由其主观决定甚至臆断，具有浓厚的行政色彩。相关法律规定对刑事扣押启动程序的规制显得力不从心，致使司法实践中的违法扣押、随意扩大扣押范围的现象较为普遍，甚至造成冤假错案。② 现行刑事扣押决定权该如何规制？刑事扣押的决定权与执行权如何优化配置？理论界为了打破侦查机关垄断的局面，普遍主张对侦查权进行司法控制，但究竟由谁控制？学者主要对"侦查机关决定模式""检察院决定模式""法院决定模式"和"法检共同决定模式"进行了分析、比较，对刑事扣押决定权的归属问题展开探讨。本书以此为基础，尝试从刑事扣押程序正当化的角度，梳

---

① 邵羲：《刑事诉讼律释义》，中华书局 1917 年版，第 83-84 页；戴修瓒：《新刑事诉讼法释义（上）（第六版）》，上海会文堂新记书局 1934 年版，第 168、172 页；陈瑾昆：《刑事诉讼法通义》，法学研究会 1937 年版，第 166 页。此"司法互助"于 2001 年台湾地区"刑事诉讼法"第 128 条将令状审批权交给法院，"推事"改称法官。

② 《派出所长非法搜查不开单受贿、挪用样样全一审》，http://www.110.com/falv/zhianchufafa/zaglcffjd/wfzagl/qfrsql/2010/0720/145726.html，最后访问日期：2016 年 8 月 28 日；《吉林回应查扣 46 公斤黄金案：按当时价格赔 384 万》，http://news.sina.com.cn/c/2015-02-02/141431471938.shtml，最后访问日期：2016 年 10 月 25 日；《河北定州农民两次被错判死刑蒙冤 23 年未昭雪》，http://news.china.com/zh_cn/domestic/945/20060624/13425645.html，最后访问日期：2015 年 11 月 22 日。

理法治发达国家和地区对刑事扣押决定权的分配模式，分析我国刑事扣押决定权存在的问题，提出完善我国刑事扣押决定权归属的具体思路。

一、刑事扣押的"侦查机关决定模式"及其行政体制

法治发达国家和地区普遍对刑事扣押实行司法审查制度，刑事扣押的决定权原则上归法院。只有经过法官事前审查后，侦查机关才能实施刑事扣押行为；在紧急扣押、附带扣押、同意扣押等例外情况下，侦查机关无须司法机关事前授权，可以先实施刑事扣押行为；在实施扣押后的一定时限内，侦查机关及时上报法院进行事后审查，否则扣押行为无效①……即使在司法令状制度较为完备的国家，警察经常无须事先申请搜查票、作伪证等是公开的秘密。② 我国刑事扣押司法审查制度还未建立，侦查机关集刑事扣押的决定权与执行权于一身。侦查机关享有刑事扣押决定权的模式被称为"侦查机关决定模式"。

（一）我国侦查机关决定刑事扣押的原因及其社会转型

我国侦查机关之所以能够集刑事扣押的决定权与执行权于一身，法院之所以没有对刑事扣押进行司法审查，具体原因主要表现在以下几个方面：

第一，从司法传统上看，新中国形成了政法一家的传统。由于革命、战争观念的理政惯性，新中国废除了"封建"法治思想和

---

① 《德国刑事诉讼法典》，宗玉琨译，知识产权出版社 2013 年版，第 52-53、80-81 页。美国宪法第四修正案，参见 [美] 约书亚·德雷斯勒、艾伦·C. 迈克尔斯：《美国刑事诉讼法精解（第四版）》，吴宏耀译，北京大学出版社 2009 年版，第 119、165 页；王兆鹏：《美国刑事诉讼法（第二版）》，北京大学出版社 2014 年版，第 68 页。

② [美] 亚伦·德肖维茨：《合理的怀疑：从辛普森案批判美国司法体系》，高忠义、侯荷婷译，法律出版社 2010 年版，第 37-56 页。

国民党时期的法律、司法制度等法律文化,[1] 并且系统地批判了资产阶级的法治思想与理论,包括"三权分立""司法独立"等原则。[2] 新中国的法治从军人转业开始,"法庭与公安、检察甚至军队都没有实质性的区别,都是国家的暴力机关,因此都是相互配合的'兄弟单位'"[3]——这是司法的主体。从司法的运行而言,1951 年年底和 50 年代后期的两次"政法部门合署办公"虽然在特殊时期发挥了重要作用,但是开启了公检法机关之间"重合作、轻制约"的先河。大跃进时期,"一长代三长"和"一员顶三员"[4] 的做法实际上取消了公检法机关之间互相监督、互相制约的制度。受"分工负责、互相配合、互相制约"原则的影响,公检法机关之间的配合多于制约。法院长期以来也被认为是公安机关和检察院的战友。

第二,从立法职能上看,法院与公安机关的职能混淆。我国相关立法将司法机关的职能与行政机关的职能相混淆,公检法机关被认为是打击犯罪的同盟军。[5] 1983 年的人民检察院组织法第 4 条和2012 年人民警察法第 2 条一致规定,公安机关与人民检察院的职

---

① 如法制上的《废除国民党的六法全书与确立解放区的司法原则的指示》《废除国民党的六法全书及一切反动的法律的训令》等,以及治国行动上尝试砸碎国家机器(如公检法机关)的实验,让人民当家做主。

② 具体可参见蔡定剑:《历史与变革——新中国法制建设的历程》,中国政法大学出版社 1999 年版,第 2-3、33 页。

③ 强世功:《法制与治理——国家转型中的法律》,中国政法大学出版社 2003 年版,第 130 页。

④ 所谓"一长代三长"是指县(市)公安局局长、检察长、法院院长实行"分包干"的工作方式,一个地区的案件由其中一长负责,其除负责本职工作外,还代行其他两长的职权。"一员顶三员"是指公检法机关的预审员、检察员和审判员也彼此代行职权。

⑤ 在学理论证上主要是马克思主义之"刑法的阶级性质"说,参见高铭暄、马克昌主编:《刑法学(第五版)》,北京大学出版社 2011 年版,第 7-8 页;马克昌主编:《刑法》,高等教育出版社 2007 年版,第 2-3 页。

能就是打击犯罪，维护国家统一，维护无产阶级专政制度，维护国家安全，维护社会治安秩序。2006 年人民法院组织法第 3 条规定，法院的职能与公安机关和检察院的职能基本相同，即"以保卫无产阶级专政制度，维护社会主义法制和社会秩序，保护社会主义的全民所有的财产、劳动群众集体所有的财产"。从 1954 年、1979 年、1983 年、1986 年到 2006 年，人民法院组织法的历次修改中关于人民法院基本任务的规定和打击犯罪的功能从未改变。2004 年宪法首次增加"尊重和保障人权"，2012 年刑事诉讼法也将"尊重和保障人权"纳入立法，保护公民个人的财产权、通信自由权等基本权利，从"全民""群众""集体"中解脱出来，这是刑事决定权归属的现实力量。因"集体"而否定甚至压制"个体"是极权的代名词。① 主体权利是霍布斯、卢梭、洛克、孟德斯鸠等现代法学哲学家引领的民主潮流。在此现代性的进程中，把握"超政府"的全球治理和社会自我组织②的未来塑造，必然推动现代诉讼制度的民主化进程。

第三，从诉讼构造上看，侦查中心主义架空审判中心主义。我国的刑事诉讼构造从侦查、起诉到审判呈"流水作业的纵向诉讼构造"，侦查机关、起诉机关和审判机关分别处于流水线上的逻辑节点上，各自对自己的权力拥有裁判者的地位，推动着刑事诉讼程序的进程。首先，侦查程序在整个刑事诉讼程序中处于中心地位。侦查是刑事诉讼活动的起点，由它收集的案件事实和证据成为检察院提起公诉和法院作出裁判的基础。从侦查终结到审查起诉再到审

---

① ［英］哈耶克：《通往奴役之路》，王明毅等译，中国社会科学出版社 1997 年版，第 37-46 页。

② ［法］让-皮埃尔·戈丹：《何为治理》，社会科学文献出版社 2010 年版，第 45 页。Quentin Skinner & Bo Strath, edited. *States & Citizens：History Theory Prospects*, New York：Cambridge University Press, 2003. 俞可平：《治理与善治》，社会科学文献出版社 2000 年版，第 1-15 页。

判，整个程序依赖侦查卷宗。从某种程度上看，法院的裁判只是对侦查结论的审查和确认程序而已。其次，受"案卷笔录中心主义"审判方式的影响。在刑事法庭审判中，检察院通过向法庭移送侦查机关制作的案卷笔录，法官在庭前阅览侦查机关的案卷材料，并对相关证据予以审查和确认，从而使得整个庭审形式化。虽然已有部分证人、鉴定人、侦查人员出庭作证，直接言词原则得到逐步贯彻，但是法庭对案件事实的认定依然是通过庭前阅卷和当庭审查侦查案卷笔录的方式来完成。陈瑞华教授将这种形态称为"新间接审理主义"。①

刑事扣押侦查机关决定模式是由侦查权的行政性质所决定的。关于侦查权性质的争论，主要有行政权说、司法权说与行政权兼司法权说三种观点，而通说为行政权兼司法权说。② 根据该观点，侦查权的行政性表现为打击犯罪、收集犯罪证据、查获犯罪嫌疑人的刑事活动；且侦查机关对被追诉人的侦查程序呈单向关系③。一方面，侦查机关单方面行使职权。侦查机关在接到报案、控告、举报或自行发现案件后，只要认为有侦查必要的都可以主动地实施侦查活动，甚至故意放弃侦查，这种单方面的积极限制、干预公民基本权利的行为明显具有行政性，与法官的不告不理的司法性形成鲜明对比。另一方面，侦查机关采取一体化的管理体制。侦查机关的管

---

① 陈瑞华：《论侦查中心》，载《政法论坛》2017 年第 3 期，第 4 页。
② 孙绍康认为警察从任务角度可分为行政警察、司法警察。参见孙绍康：《警察与法律》，载《警高月刊》1935 年第 2 卷第 5 期，第 76 页；另参见 [美] 约翰·列维斯·齐林：《犯罪学及刑罚学》，查良鉴译，中国政法大学出版社 2003 年，第 751-752 页；孙长永：《侦查程序与人权——比较法考察》，中国方正出版社 2000 年版，第 4-9 页；谢佑平、万毅：《刑事侦查制度原理》，中国人民公安大学出版社 2003 年版，第 160-167 页；以及陈永生、但伟等人对侦查性质的研究。
③ 孙长永：《侦查程序与人权——比较法考察》，中国方正出版社 2000 年版，第 3 页。

理体制坚持"统一领导、分级管理、条块结合、以块为主"的原则，以便保障侦查活动的高效。在业务上，侦查机关要接受上级侦查机关的领导；在人事任免和财政保障上，侦查机关还要接受同级政府、同级党委的管理。侦查机关组织原则与管理体制的行政体制源于执政党自身。党政分开、从严治党，"党要管党"的理论尝试，① 坚持党的先进性建设②……是宏大战略布局的主动选择。这是坚持党的领导，全面依法治国，在司法领域内处理党和国、行政和法治张力的准心。

（二）我国刑事扣押"侦查机关决定模式"的弊端

在我国现行刑事扣押程序中，侦查机关采取"自我授权"和"自我审批"的方式决定刑事扣押。虽然"侦查机关决定模式"有利于提高侦查效率，抓住战机，及时收集与案件有关的财物、文件，但是侦查机关单方面启动扣押程序，不受法院的监督与制约，就会为侦查机关滥用扣押权、侵犯公民基本权利提供可乘之机。即使侦查机关作为接触刑事案件的第一反应机关，但其接受监督的自我责任不能弱化，由此导向对"检察机关决定模式""法院决定模式"的批判。具体而言，刑事扣押的侦查机关决定模式存在以下弊端：

第一，刑事扣押决定程序缺乏司法审查的监督。我国侦查机关集强制侦查行为的申请权与决定权于一体，整个决定程序处于封闭状态，检察院的监督虚置，法院无权介入；侦查机关自行决定刑事

① 参见《赵紫阳在中国共产党第十三次全国代表大会上的报告（一九八七年十月二十五日）》，http://cpc. people. com. cn/GB/64162/64168/64566/65447/4526368. html，最后访问日期：2017年5月1日。

② 2014年10月8日习近平总书记在党的群众路线教育实践活动总结大会上有关加强党的作风建设、全面推进从严治党的讲话与部署。中国共产党第十八届中央委员会第四次全体会议通过了《中共中央关于全面推进依法治国若干重大问题的决定》（2014年10月23日）。

扣押，源头上缺乏对侦查权力的监督与制衡。我国的扣押程序采取内部审批机制，由本部门的侦查机关负责人、县级以上公安机关负责人或者检察长签发《扣押决定书》，使得事前监督成为一种内部监督，监督者与被监督者存有共同的利益，这种内部监督作用有限，从而导致随意启动程序的弊端。

第二，刑事扣押启动程序具有易发性。按照刑事诉讼法第 141 条的规定，侦查机关有权单方面决定扣押，只要侦查人员认为"可用以证明犯罪嫌疑人有罪或者无罪的各种财物、文件"都可以扣押，是否实施扣押完全由侦查人员自由裁量。那么启动扣押程序需要具备哪些条件？扣押范围有多大？扣押的证明标准需达到什么程度？刑事诉讼法及其相关法律解释都缺乏具体规定，以致侦查机关启动刑事扣押程序具有随意性，而且还会导致侦查机关随意扩大扣押范围，将不应当扣押的财物、文件予以扣押。扣押程序的易发性为侦查机关滥用权力提供了可乘之机，不适当的扣押行为难以得到抑制，最终使扣押决定程序的规制流于形式。

第三，签发扣押申请程序形式化。首先，法律规定粗疏。2012 年《公安机关办理刑事案件程序规定》第 223 条新增以下条款：在侦查过程中需要扣押财物、文件的，应当经办案部门负责人批准；对于扣押财物、文件价值较高或者可能严重影响正常生产经营的，应当经县级以上公安机关负责人批准。对于扣押申请书、扣押主体、签发程序等规定较为粗疏，流于形式。《呈请扣押决定书》对于扣押的理由或案由、扣押的对象、《扣押决定书》的有效期限等内容规定得较为简单，甚至没有规定。审查主体也仅仅是象征性地进行形式审查，甚至是界面（interface）①审批，并没有实质性

---

① ［德］迈克尔·海姆：《从界面到网络空间：虚拟实在的形而上学》，金吾伦、刘钢译，上海科技教育出版社 2000 年版，第 115 页。多媒介对警察现象的现象学分析参见谭秀云、李河成：《警察形象与公共传播》，载《阴山学刊》2013 年第 2 期。

的审查扣押理由是否适当，客观上无法对侦查机关的扣押权作出实质性的限制。其次，签发程序形式化。我国将扣押作为取证的重要手段，在事实尚不清楚、证据尚不充分、立法缺乏具体审查标准的情况下，侦查机关内部的审查基本上是一种表面性审查。只要已经立案，对于侦查人员的扣押申请，审批主体基本上是来者不拒，很少审查扣押的理由、范围。在实践中，办案部门负责人、现场指挥人员、公安机关负责人往往是案件承办人，参与具体案件的侦破工作，申请者与审批者的角色混同，自己决定自己承办的案件，审批扣押、制约权力的目的难以实现。虽然《公安机关办理刑事案件程序规定》第 228 条和《人民检察院刑事诉讼规则》第 212 条要求原则上先签发《扣押决定书》，后实施扣押行为，但是实务中有些侦查人员在违背相关法律解释的情况下先实施扣押行为，再通过倒签的方式随时补充《扣押决定书》。由于只需将《扣押决定书》装入侦查卷宗即可，所以在侦查终结前的任何时候补充的《扣押决定书》都具备效力，从而使违法扣押具有合法化的形式。

第四，当事人的权利缺乏救济。在强大的侦查机关面前，被追诉方显得势单力薄，这种权力与权利不平衡的格局使被追诉方处于不利的地位。一旦立案，公民被认定为犯罪嫌疑人，由犯罪嫌疑人所有、持有或保管的财物、文件就可能被认定为扣押对象，从而使它们处于侦查机关的控制之下。如此一来，被扣押人及相关权利人对侦查机关财物处理的异议只能寄希望于事后的申诉与控告。刑事诉讼法第 117 条规定，当事人和辩护人、诉讼代理人、利害关系人对于司法机关及其工作人员应当解除扣押不解除、非法使用、私分扣押财物等行为，可以向该机构提出申诉或控告。但是该条也存在一定的缺陷：首先，当事人难以对违法扣押行为提出具有针对性的申请。《呈请扣押决定书》与《呈请调取证据通知书》一般存放在侦查内卷中，在侦查终结后，侦查机关没有将其放入诉讼卷一并移送给侦查机关。这不仅使扣押相对人无从知晓文书的内容，而且也使检察机关无从对扣押决定的依据进行审查。其次，受理申请的主体缺乏中立性。该条规定受理当事人申诉的主体仍然是原办案机关，自己处理自己办理的案件，改变处理结果的可能性比较小，公正性难免受到质疑，容易虚化被扣押人或相关权利人的救济权利。最后，立法机关未对申诉程序作出具体规定。当事人申请后在多长时间内可以作出决定？申请人对决定仍不服的是否可以继续申诉？受理机关是否应当举行听证，听取控辩双方的意见？立法对这些都没有规定。随着侦查技术的提高（技术）、辩护制度的完善（制度）、侦查人员素质的提高（执行主体）等，可能使该被动局面有所改观。

二、刑事扣押的"检察机关决定模式"与公诉权的角色冲突

（一）刑事扣押的"检察机关决定模式"

"检察机关决定模式"是指由检察院享有刑事扣押决定权的模式。在域外的刑事扣押司法审查制度中，立法也允许在附带扣押、紧急扣押等特殊情形中，由检察机关、侦查机关自行决定扣押，但要接受法院的事后审查。与事前审查相比，事后审查具有更强的针对性和真实性，若事后审查能判断侦查人员的扣押行为具有"相当理由"，那么扣押行为合法；若判断其不存在相当理由或扣押过程中存在违法行为，那么所获取的证据可能会被补正或排除，甚至可能使相关侦查人员受到相应的处罚。法治发达国家和地区对刑事扣押的事后审查主要表现如下：

在大陆法系国家和地区一般由检察官决定刑事扣押。例如，德国刑事诉讼法典第98条第1款规定，扣押只能由法院命令，迟延有危险时亦允许由检察院及其侦查人员命令。第3款规定，提起公诉后，检察院或侦查人员应当在3日以内向法院报告扣押之事，并向法院移交扣押标的。第100条规定，扣押邮件仅法院有权命令，迟延有危险时检察院亦有权命令。检察院作出的扣押令如果未在

3 个工作日以内取得法院确认,就失去效力。① 我国台湾地区 "刑事诉讼法" 第 137 条第 1 款规定:"检察官、检察事务官、司法警察官或司法警察执行搜索或扣押时,发现本案应扣押之物为搜索票所未记载者,亦得扣押之。"② 又如,法国刑事诉讼法典第 706-93 条第 2 款规定:"在对毒品交易进行夜间搜查时,如果发现所要搜查犯罪以外的犯罪,司法警官可以进行附带扣押。如果附带扣押没有使程序改变方向,即没有转向所要搜查犯罪以外的犯罪时,那么这一附带扣押即为合法的。"③ 再如,日本刑事诉讼法第 199 条规定,在逮捕犯罪嫌疑人或现行犯时,警察可以在逮捕的现场搜查或扣押等。第 220 条规定:"在拘留的时候,夺取犯罪嫌疑人的凶器、逃跑用具,以顺利实施拘留;在拘留现场往往存在证据物和应该没收的物品,所以有必要紧急收集保全这些物品。"④

在英美法系国家一般由警察决定刑事扣押。例如,英国 1984 年警察与刑事证据法第 19 条规定,警察在合法进入任何场所后,如果他有合理的理由相信他是因为实施某一犯罪而取得,或者与他正在侦查的某一犯罪或其他任何与犯罪有关的证据,并且为了防止它被隐匿、遗失、损坏、变造或毁灭,可以扣押场所内的任何物品。如果警察有合理理由相信存储于计算机中的任何信息是与他正在侦查的某一犯罪或其他任何犯罪有关的证据,并且是为防止它被隐匿、遗失、损坏、变造或毁灭所必需时,警察可以有形且可读、

---

① 《德国刑事诉讼法典》,宗玉琨译,知识产权出版社 2013 年版,第 55-56、52-53 页。

② 张丽卿、林朝云:《刑事法典》,五南图书出版股份有限公司 2013 年版,第 2-49 页。

③ 吴宏耀、苏凌:《刑事搜查扣押制度改革与完善》,中国人民公安大学出版社 2011 年版,第 87 页。

④ [日] 松尾浩也:《日本刑事诉讼法(上卷)》,丁相顺译,金光旭校,中国人民大学出版社 2005 年版,第 80 页。

能被带走的形式扣押。① 又如,1994年刑事审判与公共秩序法第60条第1款和第6款规定,如果警察局局长或以上级别的警官有充分理由相信在他的辖区内有可能发生涉及严重暴力的事件,在搜查过程中发现危险器具或物品,有充分理由怀疑是犯罪武器时,可以扣押。

法治发达国家和地区之所以在刑事扣押的事后审查中,检察官有权决定紧急扣押、附带扣押等情形,是因为各国的检警关系存在差异,所以导致刑事扣押决定权的归属存在不同之处。

大陆法系国家采取检警一体化制度,检察官享有法定的侦查权,司法警察只是辅助检察官实施侦查行为。法国刑事诉讼法典第41条规定,共和国检察官有权采取追查违法犯罪的行动,并有权指挥管辖范围内的司法警察。第75条规定,司法警察应当根据检察官的指令或依职权进行初步侦查;凡是查缉行动都应当受到检察长的监督。德国的检察官既有公诉权、自行侦查权,又有指挥侦查权(将案件交付警察机关侦查的权力)。德国刑事诉讼法典第161条规定,检察官可以进行各种侦查,或者交付警察机关及其他人员侦查。② 日本的检警关系较为特殊,侦查活动为公诉做准备,检察官也对司法警察的侦查活动进行监督、制约。日本刑事诉讼法第193-194条规定检察官可以就侦查对司法警察作出必要的指示、指挥,在司法警察无正当理由不服从检察官的指示或指挥时,检察官可以对除警察官以外的司法警察提出惩戒或罢免的追诉。③

在英美法系国家,基于弹劾式侦查方式,警察与检察官处于警

---

① 中国政法大学刑事法律研究中心组织编译:《英国刑事诉讼法(选编)》,中国政法大学出版社2001年版,第265-266页。

② 《德国刑事诉讼法典》,宗玉琨译,知识产权出版社2013年版,第160-161页。

③ "Code of Criminal Procedure 2009", http://www. japaneselawtranslation. go. jp/law/detail/? ft=2&re=02&dn=1&yo=code+of+criminal+procedure&x=40&y=16&ky=&page=1. 最后访问日期:2017年6月20日。

检分立的关系。侦查机关与犯罪嫌疑人是平等的当事人，法官作为第三者监督侦查活动，并行使扣押决定权。美国的警检系统较为分散，司法警察负责绝大多数案件的侦查，检察官负责提起公诉。虽然检察官有权参与侦查，但是其一般不亲自进行侦查，而是指导专业侦查人员。在人口稀少的乡镇，检察官一般亲自实施侦查；在一些大城市，检察官对暴力团体或地痞流氓牵涉的案件，或者警察不能公正侦查时，负责侦查。①

（二）我国理论界对刑事扣押"检察机关决定模式"的分析

考镜源流，大理刑部的诉讼属于纠问式诉讼，治狱断刑无审检之别。对于不良检察制度而言，检察机关权力越大，对人民自由权利危害就越重。1906 年清朝光绪年间颁布《大理院审判编制法》，设立检察局，负责刑诉案件的公诉，监督审判和监视执行；1907年颁布《高等以下各级审判厅试办章程》重申检察官的公诉职能。中华民国时期，朱鸿达在《检察制度论》中综述了检察制度预审不公平、不公开，临时讯问和侦查；及其连带的案卷增多、诉讼时间最长、不经济等弊端。② 中华民国时期关于检察制度之存废的研究有主废派、主存派、济急派。检察机关主废派，如董康代之以英美习惯法的陪审制度，朱鸿达代之以人民告发告诉，陈泽民代之以国家律师等，③ 皆在民众追诉的传统下探讨。现行检察制度的检讨

---

① 陈卫东：《转型与变革：中国检察的理论与实践》，中国人民大学出版社 2015 年版，第 259 页。

② 朱鸿达：《检察制度论》，载《法学季刊》（上海）1925 年第 2 卷第 3 期，第 146-147 页。

③ 张乐山：《检察制度之存废问题》，载《法律评论》1925 年第 79-81 期；饶重庆：《对于改革检察制度之我见》，载《法律评论》1924 年第 65 期，第 1-5 页；雷彬章：《论检察制度之应废》，载《法律评论》（北京）1924 年第 53 期，第 45-46 页；杜鸿藻：《检察制度刍议》，载《法律评论》（北京）1929 年第 6 卷第 18/19 期，第 21-25 页；朱鸿达：《检察制度论》，载《法学季刊》（上海）1925 年第 2 卷第 3 期，第 137-152 页。

脱胎于古代御史制，合并于民国的监察权，顺应于弹劾式诉讼构造的转向。刑事诉讼法由纠问式转变为弹劾式，是为民主趋势。国家追诉主义正处在纠问式和弹劾式之间，检察制度实行国家追诉，几近于行政。检察权是一种不断发展变化的权力。从历史起源看，检察权是行政权改良的产物，最初属于行政权而非司法权。检察机关上命下从、检察一体的组织机制使得检察权具有很强的行政色彩。检察权的行政性质应当逐渐向以司法为主的性质演变，即从国王代理人向公民权益代表转变。

我国宪法第 3 条规定了现行"一府两院"的平行设置；第 134、136 条赋予了检察院对侦查机关的法律监督权。徐静村教授认为，公安机关和国家安全机关采取强制侦查行为须经检察院同意；检察院采取的强制侦查行为则须报上一级检察院批准。

以审判为中心的诉讼制度要求改变以侦查为中心的诉讼构造，重新建立侦诉关系。公诉权在实体意义上是对犯罪的追诉权，在程序意义上是追诉犯罪的司法请求权。[①] 侦查是起诉活动的准备步骤，公诉机关实质性地监督侦查活动是否合法，确保起诉的事实、证据的真实性和合法性。公诉权较之侦查权属于上位的权力，公诉权包含了侦查权。将侦查权赋予检察院，实行"检警一体化"，这种立法设计符合我国"一府两院"的平行设置。行政机关、审判机关和检察机关的权力是由人民代表大会配置的，彼此之间地位平等，各自依法独立行使自己的职权，互不隶属。公安机关属于政府的一个部门，因此法院和检察院的地位高于公安机关。此外，理论界还有学者提出"检警一体化""侦检一体

[①] 徐静村：《侦查程序改革要论》，载《中国刑事法杂志》2010 年第 6 期，第 5-6 页；徐静村：《法检两院的宪法定位与司法改革》，载《法学》2017 年第 2 期，第 101 页；徐静村：《中国司法改革的动态、展望与挑战》，载《甘肃政法学院学报》2017 年第 1 期，第 33 页。

化"的改革思路。①

　　柯耀程教授也持相同观点。曾正一教授的法检两步决定模式认为，将刑事扣押决定权赋予检察院，一是符合检察监督原则；二是能取得与赋予法院相同的正当性；三是有利于成本降至最低。② 前两位教授分疏出检察院对强制侦查行为的决定权。不过，柯耀程教授站在适用对象的角度，认为在强制处分中，对人的强制性措施应由法官决定；对物的强制性措施，如搜索、扣押应当由检察机关决定。其主要基于以下几个方面的考虑：第一，从权利干预的正当性角度来看，对物的干预性不如对人身的干预性严重。第二，从程序形成与排除的相对关系角度来看，侦查在于查清犯罪事实，审判不在于取证。第三，从区分不同阶段角度来看，法院应当坚持"不告不理"原则，法官不应当介入侦查。③

　　从权力来源的角度来看，袁坦中等学者认为，由检察院负责对强制性侦查措施的审查易被人们接受，即与机构设置和人员配置、中国"一府两院"的体制相关联。在检察院自侦案件中，由本院审查本院强制侦查行为的合法性难以保持中立，应当交给法院审

---

　　① 陈兴良：《检警一体：诉讼构造的重塑与司法体制的改革》，载《中国律师》1998 年第 11 期，第 52-54 页；陈卫东、郝银钟：《侦、检一体化模式研究——兼论我国刑事司法体制改革的必要性》，载《法学研究》1999 年第 1 期，第 61-64 页；刘计划：《检警一体化模式再解读》，载《法学研究》2013 年第 6 期，第 155-164 页。

　　② 袁坦中：《刑事扣押研究》，湖南大学出版社 2012 年版，第 80-81 页；马贵翔、胡铭：《正当程序与刑事诉讼的现代化》，中国检察出版社 2007 年版，第 92-94 页。

　　③ 柯耀程：《刑事程序理念与重建》，元照出版有限公司 2009 年版，第 173-176 页。

查。① "检察机关决定模式"将由公诉权到强制性措施的适用对象、权力配置来源的分疏导向"法检共同决定刑事扣押的折中模式"之批判。从诉审关系而言，公诉权在实体意义上是对犯罪的侦查权，但是在程序意义上属于一种司法请求权。检察机关的公诉权不具有最终判决和处罚的终结性。公诉的实体要求只有通过法院的审判活动才能最终实现。扣押决定权接受法院的审批：检主迅速，审主慎重，检审分离，二者不生专横，又相互兼理。

也有学者指出，"检警一体化"模式基本不存在，法治发达国家和地区并未形成"一体化"。警察往往成为现实中侦查活动的主要力量，而且"检警一体化"可能破坏检警之间的合理"张力"，降低侦查效率，损害侦查能力，不利于实现侦查的专业化。应当坚持检警二元制侦查原则。②

即使将批准逮捕权交由检察机关行使是人治时代的错误，致使刑事诉讼结构扭曲，检察机关的侦查监督也是刑事扣押司法审查的有益补充。尤其在我国的法官在社会上还未树立起应有的权威之际，检察机关对侦查的监督在一定程度上可以弥补法官制约侦查权的不足。"检察机关决定模式"考虑到批捕决定权由检察院批准的现实，但其关于控审分离的考虑（陈光中等）没顾及检察院因而中立性不足的事实。

（三）我国刑事扣押"检察机关决定模式"的弊端

首先，检察院决定刑事扣押会导致检察院的角色冲突。宪法和刑事诉讼法第 8、88 条虽然赋予了检察院法律监督、批捕权等职能——由它决定公安机关的扣押申请，制约公安机关的扣押权，但

---

① 胡铭：《刑事司法民主论》，中国人民公安大学出版社 2007 年版，第399 页；高峰：《刑事侦查中的令状制度研究》，中国法制出版社 2008 年版，第 271 页。

② 龙宗智：《评"检警一体化"兼论我国的检警关系》，载《法学研究》2000 年第 2 期，第 54-62 页。

是检察院还承担了审查起诉、提起公诉等职能。如徐静村教授所言，侦查权属于公诉权的下位权力，公诉权包含了侦查权，检察院与公安机关共同作为刑事案件的大控方，具有共同的利益，检察机关决定模式难以保障检察院审查的中立性。如果检察官对自己的角色期待也定位在打击犯罪的业绩上，由其公正无私地审查、评价、追诉犯罪的行为，以及侦查行为的违法或存在不当，就会内在地导向角色冲突而难以使检察机关保持中立，由此而致使刑事诉讼结构的扭曲，将是错上加错。① 同时，如果一味地以现行法律的规定来阻止构建更符合法治的制度，其本身即为方法论上的错误。

其次，受检察一体机制影响，检察机关决定模式难保中立。我国检察院在"检察一盘棋"的思想下，实行"检察一体"机制，而非"检察工作一体化"。因为"检察一体"机制包含三个方面的内容："检察活动的一体化、检察组织的一体化和检务保障的一体化。"② 检察机关在我国享有部分侦查权、拘捕权，此"检察组织""检察活动"在检察长"一体化"的领导下，各部门之间加强协作配合，对检察长负责。在此种机制下，检察机关决定刑事扣押的模式是难以得到监督，也难保中立的。虽然"检察一体"机制有利于提高工作效率，发挥统一的检察效能，但是"一体化"却磨灭了不同检察部门之间相互监督、相互制约的作用，势必难以保障刑事扣押司法审查的检察官之相对独立性。因此，由不享有独立身份的扣押决定部门和检察官作出的扣押裁定将难保公允。

再次，检察规则粗疏，难以发挥制约作用。2012 年《人民检察院刑事诉讼规则（试行）》第 565 条新增的第 11 款规定，检察院有权对与案件无关的财物采取扣押措施，或者应当对解除扣押而

---

① 孙长永：《通过中立的司法权力制约侦查权力——建立侦查行为司法审查制度之管见》，载《环球法律评论》2006 年第 5 期，第 538 页。

② 龙宗智：《中国法语境中的检察官客观义务》，载《法学研究》2009年第 4 期，第 155 页。

不予解除的情形予以监督。第 566 条和第 573 条规定，对情节轻微的，采用口头方式向侦查人员或公安机关负责人、侦查部门提出纠正意见；对情节较重的，向公安机关发出书面的纠正违法通知书。《人民检察院刑事诉讼规则》第 567、569 条也规定，在侦查活动中有违法情形，应当提出纠正意见，但是司法解释并没有对"情节较轻"与"情节较重"作出区分，用语的模糊性为检察人员的监督留下了滥用裁量的空间。公安机关与检察机关之间存在"利益共同体""熟人社会"以及"分工负责、互相配合、互相制约"的原则，导致在三机关配合过多、制约过少的背景下，所谓的"严重违法行为"非但不能起到监督作用，反而放任了违法扣押行为。再者，当事人如何对违法扣押行为进行申诉，检察机关如何纠正意见，侦查机关或部门不履行纠正意见该如何处理，如何追究违法扣押执法人员的具体责任，都缺乏相应的程序性或实体性规定，使检察院对违法侦查行为的监督显得软弱无力。

最后，检察监督具有滞后性，监督失范。虽然检察院可以监督侦查活动，但属于一种事后监督。在批准逮捕程序中，检察院只审查犯罪嫌疑人是否符合逮捕条件，几乎不审查其他侦查活动的合法性；在审查起诉程序中，发现违法的专门调查活动可以提出"纠正违法意见"，也可以以"事实不清、证据不足"退回补充侦查，对非法扣押、任意扣押、扣押不遵循法定程序等现象还可以适用非法证据排除规则。但是，实践中通知纠正违法意见基本处于失范境地，"纠正违法意见"往往具有建议性，侦查机关可以采纳也可以拒绝，如果拒绝了，检察机关没有办法，非法证据排除规则的效果也不尽如人意。

三、刑事扣押的"法院决定模式"与中立裁判

（一）刑事扣押"法院决定模式"的潮流

法治发达国家和地区普遍采用刑事扣押司法审查制度，除了用语上的差异之外，共同特点是除了法律另有规定外，侦查机关采取的扣押行为应当经过法官批准。只有在法官批准后，侦查机关才能执

行扣押行为。由法院享有刑事扣押决定权的模式称为"法院决定模式",其反映了治国理政的法治潮流。

在英美法系国家,法官用司法权控制着检察机关和警察的强制侦查行为。美国宪法第四修正案为防止对公民人身、住宅、文件和财产的侵犯,在第14条中规定搜查令、扣押令都由联邦治安法官签发。《美国联邦刑事诉讼规则》第41条b款第1项规定,经联邦执法官或政府检察官的请求,该地区的治安法官可以签发扣押该地区的人身或财产的命令。① 英国《1984年警察与刑事证据法》第19-22条规定,除了紧急情况下的扣押,警察必须向治安法官提出扣押申请,并由其签发令状。

在大陆法系国家和地区法官同样用司法权控制着强制侦查行为。德国确立了法官保留原则,对被告人或其他人权利的侵犯须经过法官授权。德国刑事诉讼法典第98条第1款规定:"扣押只能由法院命令,迟延有危险时亦允许由检察院及其侦查人员命令。"该款对在编辑部、出版社、印刷厂或无线广播电台之处所的扣押,和第100条第1款、第101条对邮件、电报和可被没收驾照的扣押,仅由法院决定。② 在法国,预审法官有权扣押其认为有利于查明事实真相的物件或文件、材料、计算机文件。对属于第三人的物品或由其留置的物品,预审法官也可以扣押。如果律师与其顾客之间交换的信件足以构成该律师参与犯罪的证据或与辩护无关,预审法官也可以扣押这些信件。此外,预审法官还可以扣押现款。③ 俄罗斯

---

① "Federal Rules of Criminal Procedure 2015", http://international. west-law. com/Welcome/WorldJournals/default. wl? RS=imp1. 0&VR=2. 0&SP=swestu-pl-2000&FN=_ top&MT=WorldJournals&UTid=34&SV=Splitl. 最后访问日期:2015年12月20日。

② 《德国刑事诉讼法典》,宗玉琨译,知识产权出版社2013年版,第52、55、86页。亦可参见引言第6页赫尔曼教授对法院审查的肯定。

③ [法]贝尔纳·布洛克:《法国刑事诉讼法》,罗结珍译,中国政法大学出版社2009年版,第383页。

联邦刑事诉讼法典第 115 条第 1 款规定："检察长以及调查人员和侦查人员经检察长同意，可以向法院提出申请扣押犯罪嫌疑人、被告人或依法对其行为负有财产责任的人的财产。"[1] 意大利刑事诉讼法典第 253 条规定，司法机关可以签发扣押令，法官可以委托司法警察执行扣押。[2] 日本刑事诉讼法第 99-100 条规定，司法警察可以申请扣押、搜查令状，其方式是向法官提交记载规定事项的书面资料，同时提出扣押、搜查"理由"的资料。[3] 第 218-219 条规定，由法院控制司法警察、检察官实施的查封、扣押、搜查等强制侦查行为。我国台湾地区"刑事诉讼法"第 136 条第 1 款仅规定了扣押的执行机关，未明文规定决定扣押的主体。但是在有令状搜索或无令状紧急搜索或径行搜索的情形下，检察事务官及司法警察依"刑事诉讼法"第 137、152 条的规定，均可以实施附带扣押或另案扣押。因此，我国台湾地区"刑事诉讼法"中决定扣押的主体原则上为法官，紧急时为检察官，检察事务官及司法警察负责执行扣押。

在法官审查的过程中，法治发达国家普遍存在"法官很少拒绝侦查人员的令状申请，法官成为侦查官的'橡皮图章'"[4] 的现象，此为令状审查的实况。美国的实践运行效果显示，法官平均花费 2 分 48 秒的时间用于审查警方提供的材料，其中 10% 的申请用时不超过 1 分钟，警察提出的申请被核准率超过 90%。[5] ……这种

---

① 《俄罗斯联邦刑事诉讼法典》，黄道秀译，中国人民公安大学出版社 2006 年版，第 105 页。

② 《意大利刑事诉讼法典》，黄风译，中国政法大学出版社 1994 年版，第 85 页。

③ ［日］松尾浩也：《日本刑事诉讼法（上卷）》，丁相顺译，金光旭校，中国人民大学出版社 2005 年版，第 75 页。

④ 高峰：《刑事侦查中的令状制度研究》，中国法制出版社 2008 年版，第 203 页。

⑤ Charles H. Whitebread & Christopher Slobogin, *Criminal Procedure*, Foundation Press 1933, p. 138.

法官审查的形式化做法和匆忙表征难保对警察申请扣押的"相当理由"（probable cause）作出正确判断。[1] 这些可能是在中国实行刑事扣押法院决定模式需要克服的问题，而扣押令状的证明标准则成为研讨的核心议题。

（二）我国理论界对刑事扣押"法院决定模式"的探讨

在限权宪法的规制下，《联邦党人文集》（第78篇）所论之法官独立、法院决定的思想主要是监督、牵制立法权；而中国的司法独立则可能是限制行政权力，推动立法权和司法权的分权治理。同时对强制处分相当理由的审查旨在事先预防，而非事后救济。刑事扣押的"法院决定模式"成为中国诉讼构造的努力方向。陈瑞华教授认为，中国的诉讼构造要从流水作业向以裁判为中心的方向转变，由不履行追诉职能的司法机构对审判前和法庭审判阶段的活动进行裁判；涉及限制公民基本权利的强制性侦查措施都应当受到中立司法裁判机构的审查。[2] 李昌林教授提出"法院应当拥有对强行侦查措施的形式裁判权"。[3] 从此话语间性中可以初步窥见"法院决定模式"的性质源于法院作为司法裁判的中立性质。曾正一教授认为，限制或剥夺公民人身自由、隐私、财产、名誉等权利的强制处分行为，应由"中立且独立超然"的司法机关决定，而非侦查机关决定。[4] 若我们稍微深入地了解以上三位学者的研究缘起，

---

① Debra Livingston, "Police, Community Caretaking, and the Fourth Amendment," *U. Chi. Legal Forum*, *1998*, pp. 261, 271; William J. Stuntz, "Warrants and Fourth Amendment Remedies ," *77 Va. L. Rev. 1991*, pp. 888-889.

② 陈瑞华：《从"流水作业"走向"以裁判为中心"——对中国刑事司法改革的一种思考》，载《法学》2000年第3期，第24页；陈瑞华：《刑事诉讼的前沿问题（第三版)》，中国人民大学出版社2011年版，第308页。

③ 参见李昌林：《从制度上保证审判独立——以刑事裁判权的归属为视角》，法律出版社2006年版。

④ 曾正一：《侦查法制专题研究》，台湾警察大学出版社2006年版，第60-66页。

则刑事扣押的"法院决定模式"反对侦查机关行政体制的弊端是明显的。但若因此宣称"以法限权、以权制权"则可能陷入孟德斯鸠"三权分立"学说的权力制衡甚至争夺，① 这依然是行政权代法权的怪圈，此循环需要 power 向 right 转向的分辨。在现代司法史中，司法权在三权分配中是最弱的一方，② 自由与宪制至少来源于司法的坚定与独立。"法院决定模式"的中立体现在：第一，是法官及其同僚共同参与审判，法官只是全体法官的一员；③ 第二，势必恢复人民司法的监督本义。基于权利（right）的演变，司法机关的"位序"随之改变。"人民"获得权利（right），法院等司法机关则将由掌权者（power）下降到社会（滕尼斯《共同体与社会》）服务者的本位。政府由管理者角色变为治理者的角色，法院等司法机关的中立性应运而生。

　　法院事前审查扣押在一定程度上可以制约侦查权，完善诉讼构造。首先，事前审查可以起到筛选过滤的功能。事前审查作为法官控制强制性侦查行为的分段，将不符合扣押实体要件（如启动扣押程序的证明标准）或程序要件（如扣押令状）的申请过滤掉。

　　其次，事前审查可以防止检察官、法官形成对被扣押人不利的心证。针对能否实质性地审查扣押是否具备相当理由，在被扣押人无权参与的情况下，不实行刑事扣押司法审查，不利于保障被扣押人及相关权利人的权利。当侦查机关将案件移送到审查起诉、审判阶段时，侦查机关早已收集到对被扣押人不利的证据，检察官、法官通过阅卷的方式已经形成了对被扣押人的偏见。当检察官或法官

---

　　① 孙长永：《强制侦查的法律控制与司法审查》，载《现代法学》2005 年第 5 期，第 75 页；孙长永：《通过中立的司法权力制约侦查权力——建立侦查行为司法审查制度之管见》，载《环球法律评论》2006 年第 5 期，第 537 页。

　　② ［美］汉密尔顿、杰伊、麦迪逊：《联邦党人文集》，程逢如、在汉、舒逊译，商务印书馆 1980 年版，第 391 页。

　　③ 庞德：《合法的正义》，载《庞德法学文述》，雷宾南、张文伯译，刘晓雅勘校，中国政法大学出版社 2005 年版，第 317 页。

在审查是否应当扣押时，就等于在决定案件的结果（检察官与侦查机关作为公诉案件的大控方，因为扣押而不能起诉就等于打击犯罪不利；法官能否排除因违法扣押而获得的实物证据将直接影响案件结果）。因此，检察官、法官事后对扣押进行审查，能否客观、公正地作出对警察不利的裁定，着实令人怀疑，这在1964年美国的贝克诉俄亥俄州（Beck &. Ohio）案①中已经得到印证。

最后，事前审查可以防止警察说谎。如果警察承认扣押没有达到相当理由的标准，那么因扣押所获得的财物、文件将面临被非法证据排除规则所带来的风险，所以警察会有强烈的说谎动机去弥补自己的不足。相反，通过刑事扣押司法审查的机制，在侦查机关尚未实施扣押之前，法官先对扣押令状进行审查，警察就不确信能否一定会扣押到相关的财物、文件，那么警察就不会有强烈的说谎动机。

由法院对侦查程序进行控制是审判中心主义的内在要求，是司法审查的题中应有之义。审判中心主义要求整个刑事诉讼程序以法院为中心，核心在于法院要拥有完整的刑事裁判权。一是法院拥有定罪量刑的实体裁判权，"只有在审判阶段才能最终决定特定被告人的刑事责任，在侦查、起诉、预审等程序中主管机关对于犯罪嫌疑人罪责的认定仅具有程序内的意义，对外不产生有罪的法律效果"。② 二是法院拥有解决程序问题的形式裁判权，包括强制措施、强行侦查措施、起诉、不起诉以及法院受理案件后所涉及的裁判程序。③ "由法院审查"考虑到构建控辩审的诉讼格局，但没有顾及法院只享有部分刑事裁判权的中国现实；"法检共同决定模式"考虑到现实情况，但是没有顾及检察院审查只具有暂时性的特点，忽

---

① Beck &. Ohio, 379 U. S. 89, 96 (1964).

② 孙长永：《审判中心主义及其对刑事程序的影响》，载《现代法学》1999年第4期，第93页。

③ 李昌林：《论刑事诉讼中的权力制约——以赋予法院形式裁判权为核心》，载《甘肃社会科学》2007年第1期，第204页。

视了司法审查的核心要义。司法审查的核心要义在于收回被公安机关、检察院占据的原本属于法院的那部分裁判权，赋予法院完整的刑事裁判权。在刑事扣押程序中，法治发达国家和地区为了实现保障人权、惩罚犯罪、正当程序的目的，贯彻了法院决定扣押、追诉机关执行扣押的司法审查制度，法院通过事前审查或事后审查的方式及时发现并纠正违法扣押行为。

只有对强制性侦查行为建立司法审查制度，由法官对侦查行为予以程序性制裁，才能保障"控审分离"原则的全面落实，确保追诉权与裁判权的合理配置；只有从制度上树立法院在刑事诉讼程序中应有的权威，合理制约追诉权，才能保障公民的合法权益不被随意侵犯。若由公安机关、检察院自行掌握强制性侦查行为的批准权或决定权，那么法院的裁判权将会沦为侦查权、起诉权的附庸，法院对犯罪嫌疑人、被告人的保护将被虚化。

在对"法检共同决定模式"的批判中，与欧洲大陆实现控审分离的路径相反的是我国实现控审分离的路径是从侦查机关、检察机关手中剥离出属于法院的审判职权与裁判权，并非从法院手中剥离追诉职权。我国法院长期受到行政、党政、上级法院、舆论的干预，以及政治体制和司法传统的影响，法官尚未完全独立。公安机关却拥有无可比拟的"政治优势"，而检察机关难以保障对刑事扣押审查的中立性。实现法官的司法审查需具备相应的条件后方可"修成正果"。

四、我国实现刑事扣押决定权归法院的条件与思路

由侦查中心主义向审判中心主义的转变是司法改革发展的目标；由侦查机关单方面决定扣押的转变向法院决定扣押的转变是实现限制权力和保障人权的目标。我们将刑事扣押决定权赋予法院，侦查机关负责执行，把扣押的决定权与执行权相分离，实现尊重和保障公民权利的改革目标，需要实现控审分离、法官独立、树立法官权威。

在我国的司法实践中，法院不享有完整的形式裁判权，因为侦查机关有权自行决定强制性措施，检察院自行决定起诉或不起诉，法院的形式裁判权仅限于法院受理案件后对程序的运用，法院缺乏对审前程序的控制，致使公安机关和检察院变相拥有法院的部分形式裁判权。法院之所以没能实现司法最终裁判原则，与"侦查中心主义"诉讼模式及刑事诉讼程序追求打击犯罪而非保障人权或正当程序的目标有莫大关系，致使国家公权力过于强大而制约不足、公民的私权利弱小而保障不足。为了防止侦查机关滥用扣押权，理论界主张的刑事扣押司法审查势必成为通说观点。但是在实务界仍然存在反对意见，主张由侦查机关决定扣押，加之刑事诉讼法及相关法律解释对扣押程序的规定粗疏，司法体制深受侦查中心主义诉讼构造的影响，从而使他们对刑事扣押司法审查制度的构建有所疑虑。逮捕是一种比扣押更重要、更关涉公民基本权利的强制性措施，对公安机关提请的逮捕仍由检察院批准，而在未能实现法院审查决定的现状下由法院决定刑事扣押又何以可能？

（一）我国实现刑事扣押决定权归法院的条件

自清末变法修律至今，我国的刑事诉讼发展既混合了传统因素和现实因素，又混合了国外因素和国内因素。伴随着经济、政治、文化和社会的发展，我国刑事诉讼制度的现实基本形态、刑事诉讼的目的与价值都在不同程度地发生着变化。为了实现刑事扣押司法审查，我国就要逐步实现司法最终裁判原则，实现控审分离，保障法官独立，贯彻程序法定原则。

第一，逐步实现控审分离。随着司法独立的逐渐实现，控审分离已经成为法治发达国家和地区共同遵循的法则。控审分离是指"在整个刑事诉讼过程中，必须明确划分控诉职能与审判（裁判）职能的范围，并分别由不同的主体独立行使，不允许逾越各自的职能范围；在公诉案件中，控诉职能由检察机关与警察机构等承担，审判（裁判）职能由法官、陪审团（员）行使；凡是旨在限制与剥夺公民基本人权包括自由权、财产权与隐私权的强制处分与秘密侦查措施都属于裁判权的范畴，应由法官审查决定"。[①] 1979 年刑事诉讼法规定的免予起诉制度是检察院对实体定罪而不予追诉的处分，侵犯了法院的裁判权，所以在 1996 年时被废除。1996 年刑事诉讼法第 5 条使审判权理性回归，逐渐实现控审分离。2013 年废除劳动教养的规定取消了公安机关不经审判就可以剥夺公民人身自由的权力。2014 年党的十八届四中全会强调"优化司法职权配置"，健全公安机关、检察院、法院、司法部门各司其职。探索实行法院和检察院司法行政管理事务和审判权、检察权相分离，在侦查、起诉和审判阶段实现司法审查原则和司法令状主义，法官拥有对侦查活动与起诉活动进行司法控制的权威。控审分离原则的实质在于实现控诉与审判之间相互分工、明确职责，控诉机关不得行使法院的裁判权，法院要坚持"不告不理原则"，在起诉的范围内对事实和证据作出裁判，行使裁判或与裁判相关的职能，不得行使追诉犯罪的职能。

第二，建立法官独立的保障机制。法官独立是实现刑事扣押司法审查的重要基石。《人民法院五年改革纲要》的演变就是在体制上的逐步完善，《人民法院第三个五年改革纲要（2009-2013 年）》单独提出优化人民法院职权配置，法院以审判工作作为中心，健全权责明确、相互配合的审判管理工作机制。作为裁判主体，法官不仅具有中立性，既不属于侦查机关一方，也不属于被扣押人或相关权利人一方，而且适合独立自主地"以事实为根据，以法律为准绳"，客观公正地裁判案件。法官独立是司法独立中最关键、最核心的要素，它包括两个方面的内容：一方面是法官的实质独立，即法官在履行审判职能以及制作司法判决的过程中，只能服从法律的要求与其良心的命令。[②] 实质独立要求法官在裁判时免受来自法院内部的同事和上级法院法官的指示、干涉和影响。另一方面是法官

---

① 刘计划：《控审分离论》，法律出版社 2013 年版，第 4 页。
② 陈瑞华：《刑事审判原理论》，北京大学出版社 1997 年版，第 164 页。

的身份独立。所谓身份独立，是指法官执行审判职务的任期和条件应当得到充分的保障，以确保法官个人不受行政机关的控制。① 具体包括主审法官制以及法官的薪俸、晋升、调动、退休、处分等事项不受行政机关的控制，特别是"普通法官之任免、升迁、奖惩由人决定改为由事决定，实行定期增资、定期晋升的制度"。②

法官独立需要构建法官平等的合议机制。合议庭成员少则3人、多则7人，为了避免法官之间相互影响，应当完善合议庭评议机制。在评议机制中，法官既不能独断，也不能孤立，而应在于多元主体的协商，确立"公议性公共"③。此外，还要保障合议庭全体成员平等地对案件事实、法律适用问题发表意见，共同对案件负责。

第三，贯彻程序法定原则。若要实现侦查活动的司法审查，程序法定原则的落实与否对实现侦查活动法治化具有重要意义。程序法定原则至少包括两方面内容：一是立法方面，司法审查需要有完善的法律规范，以便法官根据相关的法律规定进行审查。为了追究犯罪和保障人权，国家应当通过立法明确规定刑事程序。二是执法和司法方面，即要求侦查、起诉和审判机关必须遵守法定程序，依法采取强制性措施以及给个人定罪判刑。程序法定原则对立法、执法、司法和违法制裁具有四个方面的要求：一是要求立法明确、科学、合理，保证法律体系一；二是要求法律解释单一化、法律解释内容具体化和法律解释对象个案化；三是要求国家专门机关及其工作人员严格执法、公正司法；四是要求建立严密的制裁机制。④在刑事扣押司法审查中，法治发达国家和地区的立法对刑事扣押规

① 陈瑞华：《刑事审判原理论》，北京大学出版社1997年版，第165页。

② 李昌林：《从制度上保证审判独立——以刑事裁判权的归属为视角》，法律出版社2006年版，第320页。

③ 李河成：《公利性公共与公议性公共："公共"话语研究的两个要点及其范式转型》，载《东岳论丛》2016年第10期，第94页。

④ 谭秀云：《公权力与私权利视域下的程序法定原则》，载《辽宁师范大学学报》（社会科学版）2016年第2期，第27-28页。

定了比较严格的适用条件，既规定了扣押的申请主体、审查主体，又规定了启动扣押程序的证明标准和扣押对象的范围，还规定了完备的非法证据排除规则等制裁机制。

首先，侦查人员要树立保障人权的观念。侦查人员应当清醒地认识到，打击犯罪不能以牺牲公民的合法权利为代价，尊重和保障人权才是法治社会追求的根本目标。他们应当把被扣押人当作诉讼主体，而不能让其沦为诉讼客体。此外，侦查人员要严格遵守刑事扣押的具体规定，严格收集、固定和提取通过扣押所获得的财物、文件、电子邮件、邮件、电报、电子数据等，保证案件质量经得起检验和推敲。

其次，完善刑事扣押的法律规定。要做到法官依法审查刑事扣押申请，就必须对启动刑事扣押的相关规范予以完善，包括：签发扣押令状时必须具备相当理由，达到一定的证明标准；明确扣押的范围，不仅从正面规定扣押的范围，还要从反面规定不得扣押的范围，对特殊利益形成保护；明确扣押物的保管、处理规则，保证扣押物的同一性和真实性。

最后，完善违法制裁机制。"程序法定原则要求，'有权力必有责'，权责统一、违法必究；'有权利必有救济'，依法保障公民的权利不受侵犯。"[①] 一方面，我们应当完善非法证据排除规则的规定，认真落实责任追究，迫使侦查人员严格遵守法定程序。另一方面，加强对被扣押人及相关权利人的救济途径。不仅细化当事人等主体申诉的具体程序，而且笔者还主张"侦查行为可诉性"，对侦查行为实现司法审查，拓宽公民的救济途径，增强救济的实效性。

（二）我国实现刑事扣押决定权归法院的具体思路

为了提高打击犯罪的效率和实现刑事扣押程序的正当化，笔者鉴于我国的实际情况，完善刑事扣押决定权的归属可以分两步走。

---

① 谭秀云：《公权力与私权利视域下的程序法定原则》，载《辽宁师范大学学报》（社会科学版）2016年第2期，第32页。

1. 近期思路：基本维持由侦查机关自行决定扣押的做法

鉴于实现刑事扣押司法审查的相关制度还不健全，由侦查机关内部审批扣押的方式可能还要持续相当长的一段时间。然而，随着科学技术的不断发展，犯罪趋向于职业化、专业化、复杂化、网络化和集团化等特点，侦查机关在收集和保全证据方面的能力面临更为复杂的情况。为了增强侦查机关自行决定扣押程序的公正性和科学性，需要对侦查机关的内部审批制度进行必要的改良。

其一，限制先扣押、后补办《扣押决定书》的情形。当存在附带扣押、紧急扣押、同意扣押等无令状扣押情形时，允许侦查人员先扣押、后补办《扣押决定书》；在侦查人员实施扣押后，要及时向审批主体汇报扣押情况，并补办扣押证。为了防止侦查人员随意扩大无证扣押的范围，要合理区分令状扣押与无令状扣押的适用条件，限制对一般扣押实行先扣押、后补办《扣押决定书》的情形。

其二，由形式审批转向实质审批。侦查人员认为需要扣押的，应当在扣押申请书上写明扣押的案由、扣押的对象或范围、扣押物的用途、扣押的有效期限等内容，连同获得的初步材料一并移送给审批主体。审批主体同意扣押的，应当签发《扣押决定书》，侦查人员依据刑事诉讼法的相关规定实施扣押；认为扣押错误或扣押存在不当之处而不同意扣押的，不予签发《扣押决定书》，并告知侦查人员。侦查人员认为不批准扣押存在错误的，有权申请复议或复核。

2. 长远思路：建立刑事扣押司法审查制度

从长远思路看，除了某些无令状扣押情形允许侦查机关自行决定外，原则上应当由法院行使刑事扣押决定权。侦查机关负责申请扣押，法院负责事前的批准权和事后的审查权。具体而言，侦查人员基于相当理由（probable cause）相信被扣押人在特定的时间、地点有与犯罪相关的财物、文件、违禁品、电子数据、邮件电报等证据，书面记载案件事实、扣押对象、扣押理由，附上相关证据，向管辖法院提出扣押的申请。法院在扣押申请的范围内结合案情、相关证据和法律规定，围绕"相当理由"进行审查，作出批准扣押与否的决定。法官认为扣押具有相当理由，符合扣押形式要件的，作出批准扣押的决定；认为不具有相当理由的，驳回侦查机关的申请。

当存在附带扣押、同意扣押、紧急扣押等例外情形时，侦查机关在实施无令状扣押后，要及时向法院报告，并由法院进行事后审查。若事后审查能判断侦查人员的扣押行为具有"相当理由"，那么扣押行为合法；若判断其不存在相当理由或在扣押过程中存在违法行为，那么所获证据可能会被补正或排除，甚至可能使相关侦查人员受到相应的处罚。

总之，在刑事扣押程序中，以事前审查为原则，以事后审查为例外。二者之间相互联系、相互补充、密不可分、缺一不可，共同构成了刑事扣押司法审查的有机组成部分，缺少任何一方都会使司法审查的效果大打折扣。即使有完备的事前审查制度，也无法确保侦查机关所实施的扣押行为完全合乎法律规定，因为事前的审查难以保障事后执行的效果，原则性的审查难以应对实践中的例外情形。事后审查具有更强的针对性，可以弥补事前审查存在的不足与缺失。

第二节　刑事扣押的"相当理由"证明标准

严格的证明标准是杜绝警察肆意和法官误判危机等的有力武器。对证明标准的研究不仅使刑事扣押程序具有可预测性，而且证明标准也为法官批准扣押申请提供了法律要求的尺度。刑事扣押证明标准的相当理由是根据当时的事实和条件，"合理注意程度之人"有足够的理由相信在某些特定的地方存在扣押物。相当理由的证明标准一则不能过低；二则要求客观；三则需要赋予层次。这些并非"可用以证明犯罪嫌疑人有罪或无罪"的标准所能笼统规制的。从量化的角度而言，"相当理由""合理怀疑"等自由心证证明标准的量化是对主观理性的规范，这无疑为证明标准的层次性奠定了基础。从质性规范而言，加强刑事扣押证中扣押理由的说理，界定刑事扣押证中扣押的客体范围，进而明确记载扣押物。

"相当理由"的量化和刑事扣押证的质性规范相辅相成，共同推进对"相当理由"证明标准的规制。

一、我国刑事扣押证明标准的检讨

对谁有权决定扣押、按什么标准审批或执行扣押、如何扣押、扣押什么等问题的探讨聚焦于刑事扣押证明标准的检讨。无疑我国立法规定和司法实践的检讨有利于解决启动扣押程序证明标准虚置、启动扣押程序随意等问题，进而看我国现行刑事扣押证明标准的相关分疏，推动我国刑事扣押证明标准的拟定。

（一）刑事扣押的证明标准过低

纠问式诉讼模式强调国家的控制功能，而压制了个人权利。国家为了追求打击犯罪的目的，必然要求降低刑事扣押的启动标准。一方面，较低的证明标准有利于侦查人员随意启动扣押程序，扣押各种他们认为"与犯罪嫌疑人有关"的财物、文件、邮件电报、电子存储介质，以此"有罪推定"地去印证、证明行为人为犯罪嫌疑人。另一方面，较低的证明标准有利于掩盖侦查人员认识的局限性。刑事案件具有很强的复杂性、隐蔽性，侦查人员基于证据予以分析判断的"嫌疑对象"，难以确保其真实性与完整性。较低的证明标准不需要侦查人员用一定的证据证明启动扣押程序的理由，从而在一定程度上容忍了侦查人员所犯的错误。

我国现行"可用以证明犯罪嫌疑人有罪或无罪""与犯罪有关""与案件有关"的刑事扣押证明标准无异于"单纯怀疑"侦查人员凭自己的主观认识决定是否扣押，导致随意启动扣押程序、扩大扣押范围。对普通财物、文件的扣押容易转变为"抄家"；对电子数据的扣押容易转变为超越范围的"数据扫描"。对一时难以查清是否与案件有关的财物、文件，实践中的普遍做法是尽可能多地扣押。"宁可错扣一万，不可放过一个"。先扣押财物、文件，待案件事实逐渐查清，认为这些财物、文件确实与案件无关时，侦查人员再将与案件无关的财物、文件返还给相关权利人。根据 2007

年实施的最高人民检察院《关于完善检察机关监督机制促进公正执法情况的报告》，各地检察机关逐案清理违法扣押冻结款物案件，纠正违法扣押款物案件达 598 起，返还当事人和有关单位款物达 6100 多万元。之所以有这种随意扩大扣押范围的行为，与侦查人员过度追求实体真实的思维方式不无关系。在侦查人员看来，两害相权取其轻，查明案件事实、收集证据、查获犯罪嫌疑人具有更重要的地位。在公正与效率之间，他们偏重于效率；在国家权力和个人权利之间，他们倚重于国家权威。

刑事司法犯罪控制模式（Crime Control，又称纠问式诉讼）向正当程序模式（Due Process，又称弹劾式诉讼）的转向，① 如果不要求刑事扣押具备一定的实质理由，达到相当的证明标准，那么将很难确定刑事扣押的客体范围，势必导致侦查人员随意扣押，使扣押程序虚无。因此，我国应当使扣押满足一定的证明标准，使群众知悉侦查人员的行为是否逾越法律的界限，避免侦查人员有掠夺人民财产、侵犯群众隐私的臆想；同时，也为公民监督违法扣押行为提供依据。

（二）证明标准的主观性导致刑事扣押申请—审批随意

由于犯罪现象千奇百态，侦查人员启动扣押程序需要依据不同的时间和空间等因素。侦查人员行使的自由裁量权，一是享有自由裁量权的侦查人员可以在多种方案中选择；二是侦查人员在行使自由裁量权时所作出的选择必须为法律所容许；三是侦查人员在作出选择时依靠自己判断。② 我国侦查人员基于自身的侦查经验，启动扣押程序、决定扣押范围，确实具有很强的主观性。但启动或审批扣押程序需要具有说服力的客观事实予以证明，这是否又落入主客

---

① Herbert L. Packer, *The Limits of the Criminal Sanction*, Stanford: Stanford University Press 1968, p. 153.

② Joseph Goldstein, "*Police Discretion not to Invoke the Criminal Process: Low-Visibility Discretions in the Administration of Justice*," New Haven: Yale Journal, 1960, pp. 543–561.

对立模式的窠臼? 主客对立便于逻辑的说明,更令知识论、对象化的工具倾向高歌猛进。现象学哲学突破对象化的事实精确而尊重经验及其制度安排的自明,且杜绝随意。

第一,扣押的申请程序依赖"经验"。侦查人员申请扣押证时,往往需要根据已经查明的事实与收集到的证据进行综合判断,包括犯罪嫌疑人的供述、证人证言、被害人陈述、同案犯的检举等线索来源,以判断在某个场所、某个人身上是否有应当扣押之物。判断是否应当扣押是一种富含主观因素的心理活动。侦查人员、法官的经验丰富与否将会成为影响侦查人员、法官能否启动扣押程序及决定扣押范围大小的重要因素。如果 B 事件已经发生,那么 A 事件将要发生的概率是多少? 根据贝叶斯理论:每位侦查人员、法官在启动扣押程序之前,他已经根据自己的办案经验有了一个大概估计,这个估计被称为"先验概率"(prior probability)或"先验"。这个先验概率会对"事后概率"(posterior probability)产生影响,即侦查人员、法官会就是否启动扣押程序给出概率。先验概率会影响事后概率,但事后概率并不能消灭先验概率。贝叶斯定理(Bayes' theorem, Bayes' law or Bayes' rule)认定事后假说 H 为真的事后概率是:

$$\Omega(H \mid x) = P(x \mid H)/P(x \mid \sim H) \times \Omega(H)$$

Ω、P 均为概率,Ω(H)是先验概率,x 是追问过程中获得的新信息。P($x \mid H$)$/P$($x \mid \sim H$)的比值,即 H 为真可观察的 x/H 和假($\sim H$)可观察的 x 的概率比值。若两个概率相等,概率为不变的 Ω,即乘以 1 的情况。[①] 由于每位侦查人员、法官的经验、教育背景、喜好和生活经历不同,所以这种主观概率因不同的

---

① ThomasBayes&Richard Price, "An Essay towards solving a Problem in the Doctrine of Chances", 53 *Philosophical Transactions of the Royal Society of London*, 370 (1763), pp. 370 - 418. [美] 理查德·波斯纳:《法官如何思考》,苏力译,北京大学出版社 2009 年版,第 61-62 页。

司法人员而不同。

第二，扣押的决定概率依赖"经验"。"审批判断"的经验又往往受侦查部门负责人、公安机关负责人或检察长的专业知识、侦查经验、自身喜好等多种因素影响，针对同一种情况，有些人会同意批准扣押，有些人会拒绝，致使实践中的做法参差不齐。如何平衡此原子主义模式下的离散"经验"，使其自明。刑事诉讼法及相关法律解释并没有规定。扣押应当满足何种证明标准，侦查人员在制作《呈请扣押审批表》时无须填写启动扣押程序所依据的主客观事实。侦查人员将扣押审批表报送给办案部门负责人、公安机关负责人或检察长时，并没有一同移送其他证据材料，审批者只能根据审批表的内容、侦查人员的申请表现以及侦查经验来判断是否应当扣押。

（三）刑事扣押的证明标准缺乏层次性

我国刑事扣押证明标准的立法和解释具有很强的单一性，无论是有证扣押，还是无证扣押，无论是有形物扣押，还是无形物扣押，都采用"可用以证明犯罪嫌疑人有罪或无罪的各种财物、文件"这种标准，没有针对不同情形作出不同规定。对于电子数据、邮件、电报的扣押证明标准，以及犯罪的严重程度、重要的空间（如住宅）、时间、危险性、紧急程度等没有作出区别规定，无视侦查人员主观判断的客观因素：（1）案件性质。案件性质及案件造成危害后果的严重程度与侦查人员启动扣押程序成正比。犯罪性质越严重、危害程度越大的案件，侦查人员越容易启动扣押程序；相较于轻伤害案件，侦查人员在杀人案中启动扣押程序的标准会比前类案件的标准低。因为一方面，针对案件性质而言，严重犯罪案件涉及各方面的利益关系比较多（侦查人员的破案压力，被害人的赔偿、舆论压力），侦查人员在自由裁量时也就越谨慎，所以侦查人员在行使自由裁量权时会根据案件性质和案件严重程度予以区分。另一方面，就犯罪嫌疑人的危害程度而言，当发生系列案件后，侦查人员会根据案件的作案特点和掌握的线索进行并案侦查，对于有犯罪前科的人或高危人群，侦查人员会严格把关，较初犯或从犯而言，侦查人员对他们更易启动扣押程序。（2）环境因素。侦查人员启动扣押程序的标准与侦查人员的工作环境密切相关，生活在严肃氛围里的侦查人员启动扣押程序的标准低，生活在自由氛围里的侦查人员启动扣押程序的标准高。对于关系到公共安全的重要场所，如火车站、汽车站、码头、娱乐场所、交通要道、出租房屋、网吧、旅馆、治安形势复杂的社区，侦查人员启动扣押程序的标准低。因为侦查人员会基于打击犯罪的目的，配合刑事政策的需要，往往会尽可能多地收集证据，所以势必会牵制侦查人员的判断。此种考量需要扣押证明标准层次化的拟制。①

之所以要求扣押证明标准具有层次性的特征，主要基于两方面的考虑：第一，为了满足侦查破案的需要，避免法律规定过于僵化。对于违禁品的判断，只要发现违禁品本身就可以扣押；对于紧急情况下的扣押，并非要求达到相当理由的程度。在逮捕犯罪嫌疑人的过程中，侦查人员从犯罪嫌疑人身上发现一部手机并予以扣押，否则其有可能通过手机与同案犯串供。对此的判断，侦查人员往往基于侦查经验，只要具有合理怀疑的程度就可以扣押。第二，由于扣押侵犯的权益不同，权益保护的要求也不同，各自适用的标准也会存在差异。

二、刑事扣押证明标准的研究现状及"相当理由"标准的提出

侦查人员应当具备何种正当理由执行扣押呢？该议题即刑事扣押的证明标准——运用证据对实施扣押行为应当达到的证明程度与水平。此定义源自陈一云主编的《证据学》一书的"证明任务"部分，"诉讼中的证明任务，或称证明要求，是指诉讼中对案件事实的证明所要达到的程度或标准。"② 江伟、樊崇义、卞建林、张

---

① 刘金友、郭华：《搜查理由及其证明标准比较研究》，载《法学论坛》2004年第4期。

② 陈一云主编：《证据学》，中国人民大学出版社1991年版，第114页。

保生在同名的《证据法学》中明确提出"证明标准"及证明主体。① 证明主体和事实认定、主体和客体的结合与对立逐渐确立起来。何家弘等主编的《简明证据法学》卒章将证明标准作为证据法学的落脚点。② ……在证明标准概念的厘定中，证明任务、证明要求、证明责任与证明标准的关联与混淆成为证明标准研究议题的外延；相应地，证明标准的内容是什么、客体对象以及性质等内涵问题的分歧与冲突成为证明标准中有待继续研究的课题。该定义的共识在于证明标准是法律标尺的"度"的问题，但其是由谁来操作的度（主体问题）、是一个关于什么的度（客体问题）、是一个什么样的度（内容问题）呢？

在刑事扣押立法例上，中华民国刑事诉讼法在第138、143条"审查票"的事项中并未规定扣押的证明标准，邵羲、朱采真、戴修瓒释义为"相当理由""可信""有事实足认""事由"等；③ 冈田朝太郎、蔡枢衡、田口守一将搜索的动机称为"认知犯罪"，其出于直接、间接的见闻，出于自首、告诉、告发等他人申告；④ 康

---

① 江伟主编：《证据法学》，法律出版社 1999 年版，第 121 页；樊崇义主编：《证据法学》，法律出版社 2000 年版，第 214 页；卞建林主编：《证据法学》，中国政法大学出版社 2005 年版，第 462 页；张保生主编：《证据法学》，中国政法大学出版社 2009 年版，第 315 页。

② 何家弘、张卫平主编：《简明证据法学》，中国人民大学出版社 2016 年第 4 版，第 270—280 页。

③ 邵羲：《刑事诉讼律释义》，中华书局 1917 年版，第 86 页；朱采真：《刑事诉讼法新论》，世界书局 1929 年版，第 174 页；戴修瓒：《新刑事诉讼法释义（上）（第六版）》，上海会文堂新记书局 1934 年版，第 169、170、175 页。

④ ［日］冈田朝太郎口授：《刑事诉讼法》，汪庚年整理，吴宏耀点校，中国政法大学出版社 2012 年版，第 146—148 页；蔡枢衡：《刑事诉讼法教程》，中国政法大学出版社 2012 年版，第 169 页；［日］田口守一：《刑事诉讼法（第五版）》，张凌、于秀峰译，中国政法大学出版社 2010 年版，第 45—53 页。

焕栋发展为相当理由以"客观定之"。① 这体现在证明标准的性质、证明责任与证明标准方面的探索。我国 1979 年刑事诉讼法第 84 条规定搜查扣押的启动标准是"可用以证明被告人有罪或无罪的各种物品和文件",在 1996 年刑事诉讼法第 114 条和 2012 年刑事诉讼法第 139、141 条中,除了扣押客体有所变化外,启动刑事扣押的证明标准依旧。② 《公安机关办理刑事案件程序规定》和《人民检察院刑事诉讼规则》的历次修改也没有太大出入。1991 年施行的《人民检察院侦查贪污贿赂犯罪案件工作细则(试行)》第 94 条与 1999 年施行的《人民检察院刑事诉讼规则》第 189 条都采用了"可以证明"的标准。1996 年施行的《人民检察院立案侦查案件扣押物品管理规定(试行)》第 2 条规定了"涉嫌犯罪"的启动标准,2001 年施行的《人民检察院扣押、冻结款物管理规定》第 2 条的标准亦然。2006 年施行的《人民检察院扣押、冻结款物工作规定》第 2 条界定的标准为"可能与犯罪有关",2010 年施行的《人民检察院扣押、冻结涉案款物工作规定》第 2 条也是"与犯罪有关",2015 年施行的《人民检察院刑事诉讼涉案财物管理规定》第 2 条的标准是"与案件有关"。"可能与犯罪有关""可用以证明犯罪嫌疑人有罪或无罪的各种财物、文件、视听资料""涉嫌犯罪"是怀疑还是确认,是证据的"相关性"还是证据的"充分性"。"可用以证明犯罪嫌疑人有罪或无罪""与犯罪有关""与案件有关"的标准存在证明标准过低、证明标准主观性导向刑事扣押申请—审批的随意、证明标准缺乏层次性的弊端。刑事诉讼法及

① 康焕栋:《刑事诉讼法论》,上海会文堂新记书局 1936 年版,第 109、112-113、118 页。

② "可用以证明犯罪嫌疑人有罪或无罪的各种财物和文件,是指能够证明犯罪嫌疑人有罪或无罪、罪重或罪轻的物证、书证及视听资料等证据。"参见王尚新、李寿伟主编:《〈关于修改刑事诉讼法的决定〉解释与适用》,人民法院出版社 2012 年版,第 146 页。

相关法律解释对刑事扣押证明标准的规定较为模糊，是否启动扣押程序完全由侦查人员自行决定，为其留下了很大的自由裁量空间。

在理论界，严端就证明任务、证明责任、证明对象阐明了马克思主义的证明观；① 从"尊重和保障人权"的宪法精神出发，陈光中教授对搜查、扣押拟以"有证据证明"的立法规制；② 刘金友教授等梳理了各国搜查理由的证明标准，中西分判后认为证明标准需要层次化厘定；③ 袁坦中教授参见俄罗斯联邦刑事诉讼法理论，提出了"以合理怀疑为基本标准，以可成立的理由为补充的标准"；④ 龙宗智教授等则力主"排除合理怀疑"，以"印证"为中心展开客观性的综合证明。⑤ 张保生教授所提及的模糊概率或似真性理论固然回应了事实和证据之间的认知难题，但依然固守在认识论的范畴之中。⑥ 从客观

① 巫宇甦主编：《证据学》，群众出版社 1983 年版，第 77-102 页。

② 陈光中主编：《中华人民共和国刑事证据法专家拟制（条文、释义与论证)》，中国法制出版社 2006 年版，第 431-432 页。

③ 刘金友、郭华：《搜查理由及其证明标准比较研究》，载《法学论坛》2004 年第 4 期。

④ 苏方遒等：《俄罗斯联邦刑事诉讼法典》，中国政法大学出版社 1999 年版，第 103 页；袁坦中：《刑事扣押研究》，湖南大学出版社 2012 年版，第 83-85 页；高峰：《刑事侦查中的令状制度研究》，中国法制出版社 2008 年版，第 273-274 页。

⑤ 龙宗智等：《司法改革与中国刑事证据制度的完善》，中国民主法制出版社 2016 年版，第 473-497 页；龙宗智：《印证与自由心证——我国刑事诉讼证明模式》，载《法学研究》2004 年第 2 期。印证以及补强式定罪思维模态以"规范确证"为立场，立足科学理性主义，达到限制刑罚权滥用的目的。但是其若过分依赖形式逻辑，排斥实质性的判断因素介入定罪过程，则会在一定程度上影响到"法公正"这一终极目标的实现。参见王志远：《从"印证"到"论证"：我国传统定罪思维批判》，法律出版社 2016 年版，第 26-211 页。

⑥ 张保生：《事实、证据与事实认定》，载《中国社会科学》2017 年第 8 期。

"证据证明"到"排除合理怀疑"（Reasonable Doubt）的证明标准，实则将证明标准推向程度和量的分别，承认"证明标准"的主观性而确定其"不随意性"。这需要操作的标准以及量化与分阶。

学界（何家弘、孙长永、熊秋红、宋世杰等）主张，不同的诉讼阶段、不同的案件、不同的证明主体适用不同的证明标准。以下对刑事扣押证明标准等相关概念的区分，可能分疏出证据的"相关性"或"充分性"。"相关性是证据在审判中被提供时加以判断的，而充分性是在所有证据被采纳后加以判断的。对一个可接受的裁判来说，相关性本身是必要但不充分的。"① 在刑事扣押中，对扣押物的"相关性"证明仅为执行扣押的准备，其与庭审中"排除合理怀疑"的标准不同。第一，审前与审判程序的证明标准属于逻辑的推进，要防止简单重复；第二，防止侦查起诉程序的结论对法官带来的负面影响。低于"排除合理怀疑"的相当理由证明标准的分阶与弹性成为刑事扣押证明标准的论旨所在。

量化和分阶是基于"发现真实"的可接受性测度。以上刑事扣押证明标准的研究综述的首要任务是发现真实（"有事实足认""有证据证明"）。但基于主客对立模式，将对证明标准的探讨仅仅归结于保证真实（如客观事实与法律事实、客观真实与法律真实、绝对真实与相对真实、形式真实与实质真实等学说），从彼得·墨菲（Peter Murphy）的证据规则八类划分标准来看则至少是片面的。从吉尔伯特到边沁的排除合理怀疑、相当理由的标准，从威格摩尔到麦考密克的理性主义"证据法学"，其加强了对特定事实认定的精确性。然而，从时间的维度来看，侦查、起诉、审判的对象为已经发生的事实，获取绝对确定的事实只能达到盖然优势的标准。

在"与 X 相符"的真理观、事后认定的概率事实，以及价值接受观等哲学观的较量中，查尔斯·内森（Charles Nesson）认为

---

① ［美］罗纳德·J. 艾伦:《证据的相关性和可采性》，载《证据科学》2010 年第 3 期。

裁决的可接受性令精确的法律具有道德教化的功能。① 彼得·墨菲认为，"建立一种关于过去事实可接受的可能性目标，且事实真相的正确性必须达到可以接受的可能性"。② 我国学者易延友、张继成等亦对司法审判、判决受众、判词修辞等的可接受性作出细化深入的研究。③ 可接受力的人性、正义、良心等价值追求固然价值重大，但不是诉讼法学的目标；并且"可接受力"证明标准放弃了缩小事实—证据差异的理性追求。诉讼法学以程序来规制法治社会：用证据之镜获取真实的目标，在证据科学的推动下，成为"相当理由"的基础性目标。在此意义上，人性、正义、良心等更高的价值追求可能会影响刑事扣押"相当理由"的认知建构。权衡事实—证据、人性—制度、诉讼法学—人文学科之间的鸿沟，刑事扣押的证明标准应当回归本位，确立"相当理由"的证明标准。

综上所述，不计代价地发现事实真相不是刑事诉讼法的基本原则。④ 定罪的"排除合理怀疑"不是排除一切怀疑；扣押的"相当理由"不是绝对理由。在法律问题和事实问题的纠缠中，对事实

---

① Charles Nesson, "The Evidence or the Event? On Judicial Proof and the Acceptability of Verdicts", *Harvard Law Review.* Vol. 98, No. 7, May 1985, p. 1359.

② Peter Murphy, *Murphy on Evidence*, 7th Edition, London: Blackstone Press Limited, 2000, p. 2.

③ 易延友：《证据法学的理论基础——以裁判事实的可接受性为中心》，载《法学研究》2004年第1期；张继成：《可能生活的证成与接受——司法判决可接受性的规范研究》，载《法学研究》2008年第5期；孙光宁、刘园园：《"判后答疑"的意义与局限：基于判决的可接受性》，载《天府新论》2009年第2期；孙光宁：《可接受性：法律方法的一个分析视角》，北京大学出版社2012年版，第3-192页；陈景辉：《裁判可接受性概念之反省》，载《法学研究》2009年第4期；张纯辉：《司法判决书可接受性的修辞研究》，法律出版社2012年版，第69-94页。

④ ［德］托马斯·魏根特：《刑事诉讼致力于事实真相么?》，吴宏耀译，何家弘主编：《证据学论坛（第10卷）》，中国检察出版社2005年版，第517-518页。

真相的认知向促进事实认定的制度安排（司法组织的结构、法律
程序的设计、意识形态、文化因素、成本等）推进。① 已然事实推
测与法律的推测之间存在相似性，在刑事扣押中获得对事实的认定
成为"相当理由"证明标准的内在要求。"相当理由"的证明标准
坚持了主客观融通的"真实"观，这得益于证据科学、证据法学
的持续进步。

三、刑事扣押"相当理由"证明标准的理论选择

法治发达国家和地区在签发扣押令状时须达到一定的证明标
准。在英美法系国家的刑事扣押证明标准中，美国要达到"相当
理由"（probable cause）的标准，英国要达到"合理理由"（rea-
sonable grounds）的标准；② 在大陆法系国家和地区，德国与我国
台湾地区要达到"合理根据"的标准，法国以"查明事实真相所
必要"、日本以"必要时"、意大利以"确有理由"、俄罗斯以

---

① ［美］达马斯卡：《比较法视野中的证据制度》，中国人民公安大学出
版社 2006 年版，第 3-19、60、66 页。中国学界有关"客观事实"与"法律
事实"争论的部分成果可参见张保生：《事实、证据与事实认定》，载《中国
社会科学》2017 年第 8 期；陈永生：《法律事实与客观事实的契合与背
离——对证据制度史另一视觉的解读》，载《国家检察官学院学报》2003 年
第 4 期；陈瑞华：《看得见的正义》，北京大学出版社 2013 年版，第 168 页。
② 英国 1984 年警察与刑事证据法第 19 条第 2、3 款规定，如果警察有
"合理理由"，他可以扣押场所内的任何物品，只要：（1）该物品是因为实施
某一犯罪而取得的；（2）该物品与警察正在侦查的某一犯罪或其他任何与犯
罪有关的证据；（3）为了防止它被藏匿、遗失、毁坏或变造。第 4 款还规定，
如果警察有"合理理由"相信，他可以扣押存储于计算机之中且在该场所可
获取的任何信息。参见中国政法大学刑事法律研究中心组织编译：《英国刑事
诉讼法（选编）》，中国政法大学出版社 2001 年版，第 265-266 页。

"足够的理由"为证明标准。① 英美法系国家的扣押证明标准较大陆法系国家和地区的证明标准更为严格。英美法系国家的诉讼程序侧重于保障公民的基本权利,要求达到相当理由的程度。扣押行为是否合宪,相当理由是判断的核心要素。大陆法系国家和地区,除了德国和我国台湾地区的证明标准高一些,需达到"合理根据"外,法国、俄罗斯、日本和意大利的证明标准相对较低。考镜源

① 德国刑事诉讼法典第 111 条"设卡检察"规定了对证据的扣押只需要具有"一定的事实构成嫌疑"即可。第 111a 条第 1 款规定,法官裁定暂时剥夺驾驶许可证的,要具有重要根据(dringende Gründe)(《德国刑事诉讼法典》,宗玉琨译,知识产权出版社 2013 年版,第 85-86 页;林钰雄:《搜索扣押注释书》,元照出版有限公司 2001 年版,第 205 页)。法国刑事诉讼法典第 97 条第 1 款规定,扣押信息资料要以"查明事实真相所必要"为条件。第 56 条规定,司法警察可以扣押"查明事实真相所必要"的信息数据、物品和文件(《法国刑事诉讼法典》,罗结珍译,中国法制出版社 2006 年版,第 52、99 页)。俄罗斯联邦刑事诉讼法典第 115 条第 3 款规定,侦查人员如果有"足够的理由"认为,对他人处的财产系因犯罪嫌疑人、被告人的犯罪所得,可以扣押这些财产。第 185 条第 1 款规定,如果侦查人员有"足够的理由",认为对于刑事案件有意义的物品、文件或信息材料,可能包含在印刷邮件、包裹或其他邮件、电报或无线电报中,就可以扣押(《俄罗斯联邦刑事诉讼法典》,黄道秀译,中国人民公安大学出版社 2006 年版,第 105、169 页)。意大利刑事诉讼法典第 253 条规定,司法机关采用附理由的命令形式扣押犯罪物证以及与犯罪有关的物品。至于"附理由"中的理由是什么,需要达到什么证明程度,立法缺乏规定。根据第 254-255 条规定,司法机关在"确有理由认为这些物品与犯罪有关"时,才能扣押信件以及银行中的文件、票据、有价证券、账户存款和其他任何物品。此外,第 316 条还规定了对财产刑、诉讼费、向国家缴纳的款项以及对民事责任担保的保全性扣押,也要达到"确有理由"的证明标准。日本刑事诉讼法采用了"必要时"(to be necessary)的标准,只要在必要时就可以实施扣押行为。如第 99 条规定,法院在"必要时"可以查封物证或者应当没收物品。第 222 条规定了扣押的准用规定,根据第 218 条的规定,检察官、检察事务官或司法警察为了实施侦查犯罪而有"必要时",根据法官签发的令状可以扣押。

流，如何避免刑事扣押的证明标准过于宽松和随意，选择平衡"排除合理怀疑"与"单纯怀疑""合理怀疑"的标准成为我们鉴别西学应当关注的问题。

在特瑞案①中，警察马丁·麦克法登并不能以第一眼"不喜欢他们"②或编造"可逮捕罪"③就截停（扣押），发动拍身搜查。在"心理—生物理论"的先天解释、"犯罪画像"等研究④的辅助下，警察需要以何种理由去证明执法行为合法？合理怀疑、合理根据、相当理由、排除合理怀疑等如何确立规则？首席大法官沃伦在特瑞案的判决书中使用的词为"合理根据"；布伦南大法官基于政府利益、宪法第四修正案和对犯案前兆的观察，认为在决定令状和执法行动之前，"合理根据"并不具有相关性，"合理怀疑"似乎更切合实际；大法官道格拉斯认为赋予警察比法官更大的权力是极权主义的前奏……判决附加了"合理性"问题的协同意见，但证明标准议题并非铁板一块。司法实践依然需要切实的标准。而类似于布伦南大法官等证明意见如何厘定？这已超越前述事实真相的精确化旨向。根据侦查破案的规律、收集证据的要求，结合扣押的客体和扣押方式的分类情况，美国刑事诉讼法设立了相当理由的扣押证明标准。该趋向"中立、超然"的审查标准对于刑事诉讼的证明标准具有启示意义。

美国宪法第四修正案以"相当理由"为启动搜查、扣押、逮捕的证明标准。"相当理由"具体包括三个方面的含义：一是"存

---

① Terry v. Ohio, 392 U. S. 1 (1968).

② ［美］卡罗尔·S. 斯泰克编：《刑事程序故事》，吴宏耀等译，中国人民大学出版社 2011 年版，第 260 页。

③ ［英］丹宁勋爵：《法律的正当程序（第 2 版）》，李克强、杨百揆、刘庸安译，法律出版社 2011 年版，第 122 页。

④ 参见 J. Harrower, *Applying Psychology to Crime*. London：Hodder Education, 1998. L, McLean Alison, L. Almond, Profiling Suspects, in Newburn, T, Williamosn（eds）, *Handbook of Criminal Investigation*, Cullompton：Willan, 2007.

在"犯罪嫌疑的相当理由,即侦查人员凭什么认为存在犯罪嫌疑?对犯罪嫌疑的判断需要一定的信息(自首、告诉、告发等)作为基础。二是"存有"扣押物的相当理由,即侦查人员凭什么相信存有应当扣押之物?这些信息应当通过一定的载体表现出来,并令侦查人员产生扣押的动机。三是"存于"扣押物所处范围的相当理由,即侦查人员凭什么认为应扣押之物存在于犯罪嫌疑人或第三人的处所或身体之中。① 对于相当理由的心证判断,首先需要弄清楚上述定性的三个问题。

其次,"相当理由"需要量化处理和干预的层次化处分,以便立法原则的比例化。顺此逻辑推演,从"理性人"自由证明程序是否要求适用相当理由的证明标准的尺度而言,扣押令状的证据法则应当适用"严格证明程序",还是适用有说服力的"自由证明程序"呢?严格证明程序仅适用于与对被告人定罪量刑有关的"实体争点"和"审判期日之程序",严格证明程序在心证程度方面要求达到排除合理怀疑的程度。自由证明程序适用于"程序问题"以及审判期日以外的实体与程序问题。在证明标准心证程度方面,要求法官达到大致相信、有合理理由的心证程度,即可判定合乎要件。因为申请刑事扣押的行为属于一种"程序问题",其既不属于裁判被告人有无犯罪、罪重罪轻的实体问题,又不属于审判期日的程序问题。因此,刑事扣押令状的审查标准应当适用自由证明程序的标准,而非严格证明程序的标准。

根据"自由证明程序"的证据法则、干预层级化原理与比例

---

① 林钰雄:《刑事诉讼法(上册)》,中国人民大学出版社 2005 年版,第 302 页。林钰雄将 probable cause 译为"合理根据",亦可参见吴巡龙:《相当理由与合理怀疑》,载《台湾刑事法杂志》2002 年第 4 期,第 56 页;大陆学者译为"可能成立的理由""可能的原因"或"正当理由"。[美]乔恩·华尔兹:《刑事证据大全》,何家弘等译,中国人民公安大学出版社 1993 年版,第 196 页。孙长永、杨宇冠、谢佑平、江礼华等也持此种译法。

原则的要求，对公民权利干预程度强的行为，需要更高的证明标准。而面对瞬息万变的情形，如对房舍、汽车等空间，夜间、白天等时间的权值，要求扣押执行者达到排除合理怀疑的程度显然不合情理。扣押适用相当理由的证明标准，其程度远远低于有罪判决的排除合理怀疑的标准。

同时，为了防止公民的基本权利受到不当干预，侦查人员应当具有较高的理由相信，且行为人实施了犯罪行为或藏有证据时，才能实施扣押行为。因此，"相当理由"的证明标准成为较为适宜的选择。相当理由是指"在特定的情况下，根据当时的事实和条件，使一个人基于合理的注意，有足够的理由相信能够在某些特定的地方搜查到扣押物品"。① "相当理由"标准虽然低于"排除合理怀疑"标准，但其高于"合理怀疑"标准。相当理由采取"合理注意程度之人"的客观标准，如果政府对公民实施搜查、扣押行为，其"必须具有一定程度之嫌疑（可责性）"，② 即有相当理由相信公民犯罪或藏有证据，否则不得干扰公民宪法上的权利。合理怀疑"是指应当根据当时事实，依据警察之执法经验，做合理推论或推理，形成合理怀疑，通常只要有些微的客观正当性即可构成合理怀疑"。③ 合理怀疑的标准主要基于侦查人员的主观推论，以侦查人员实施扣押行为在当时是否合理为标准。鉴于此，"相当理由"的证明标准将在"排除合理怀疑""毋庸置疑"的分化中见出"自由证明程序"的证据法则；同时，扣押证的扣押理由（扣押说理）、扣押范围等的界定即是"相当理由"等证明标准的程序外化。

---

① Charles H. Whitebread, *Criminal Procedure—An Analysis of Constitutional Case and Concepts*, New York: Foundation Press, 1980, p. 113.

② 王兆鹏：《路检、盘查与人权》，元照出版有限公司 2003 年版，第106 页。

③ 王兆鹏：《刑事诉讼讲义》，元照出版有限公司 2009 年版，第 231 页。

四、刑事扣押"相当理由"证明标准的规制路径

为了确保刑事扣押达到"相当理由"的证明标准，使刑事扣押程序具有可预测性，"相当理由"主要通过以下两种路径得到贯彻与规制。

（一）刑事扣押"相当理由"等自由心证的量化

无论侦查人员主观上如何真诚地相信某处藏有应扣押之物，均不构成相当理由。[1] 否则以侦查人员的主观判断作为判断标准，侦查人员会随意侵犯公民的财产权、隐私权和通信自由权；而且，若审批者仅仅依据侦查人员极为武断的判断，事后往往会失去独立审查判断的功能。心证的量化是情理分析法、证据确证法、排除法、综合法等"确定无疑"的构成部分。对侦查人员而言，相当理由尝试以客观的量化标准做判断。在 19 世纪爱尔兰数学家乔治·布尔（George Boole）将数学概率论运用于被告人有罪的理论基础上，约书亚·德雷斯勒（Joshua Dressler）教授用数字量化心证的程度，认为相当理由的心证程度高于"单纯怀疑"或"合理怀疑"的程度，比 50% 的精确率低一点。[2] 经过对 166 名联邦法官的访问，量化"相当理由"的确信程度平均值为 45.78%，合理怀疑的确信程度平均值为 31%[3]（参见"美国对'相当理由'等证明标准的量

---

① Beck v. Ohio, 379 U. S. 89, 97 (1964).

② Joshua Dressler, *Understanding Criminal Procedure*, New Province：Matthew Bender & Company, 1997, p. 140.

③ C. M. A. McCauliff, "Burdens of Proof：Degrees of Belief, Quanta of Evidence, or Constitutional Guarantees", *Vanderbilt Law Review*, Vol. 35, No. 6, November 1982, p. 1293, 1325. 另外，在刑事诉讼的定罪量刑裁判中，当控方的证明达到 49% 的可能性、辩方为 51%，或控方的证明达到 51%、辩方为 49% 时，辩方都胜诉，应当作出无罪判决。而排除合理怀疑要求只有当控方的证明接近 100% 时，控方才能胜诉。Peter Murphy, *Murphy on Evidence*, Oxford University Press, 2008, 10th edition, p. 102.

化图"①)。黄维智通过问卷调查、个案跟踪、个别交流等方式，对刑事诉讼程序中的心证过程进行统计、实证调查研究，认为侦查案卷、价值取向、职业经验、案件属性、外部环境等主客观原因均影响到法律人的心证过程，同时自省地认为有些也难以客观量化。② 从证明标准层次着眼，以单纯怀疑、合理怀疑、相当理由、排除合理怀疑的量化标准来指导、制约侦查机关、法官心证，防范误判和肆意。虽然这一量化数据遭到边沁、林钰雄教授与郑善印教授的反对，③ 威格摩尔（Wigmore）亦认为"还没有人发明或发现测量人类信念强度的方法，因此，还没有容易理解的指导陪审团自我分析个人信念的正确方法"。④ 安德森等人即对法学中的"概率"之争的数字论证报以反省，⑤ 但是量化数据可以从直观上区分相当理由、合理怀疑与排除合理怀疑（毋庸置疑）之间的差异，对证明标准的主观程度作出量化处理，是防止主观任意的进步。

（二）刑事扣押"相当理由"证明标准的层次化

刑事扣押的"相当理由"证明标准除去量化的层次性，也会依据刑事扣押的分类差别而出现标准的变通。以有无令状为标准，刑事扣押可分为有证扣押与无证扣押。有证扣押适用于普通情形中

---

① 王兆鹏：《美国刑事诉讼法（第2版）》，北京大学出版社2014年版，第54页。图表略有更新。

② 黄维智：《心证形成过程实证研究：以刑事诉讼程序为主线》，中国检察出版社2012年版，第52-116页。

③ 林钰雄：《刑事诉讼法（上）》，中国人民大学出版社2005年版，第302页；郑善印：《警察临检法制问题之研究》，载《刑事法杂志》第46卷第5期；高峰：《刑事侦查中的令状制度研究》，中国法制出版社2008年版，第273-274页。

④ J. D. Heydon, *Evidence: Case & Material*, London: Butterworths, 1984, p. 31.

⑤ ［美］特伦斯·安德森、戴维·舒姆、［英］威廉·特文宁：《证据分析》，张保生等译，中国人民大学出版社2012年第2版，第331页。

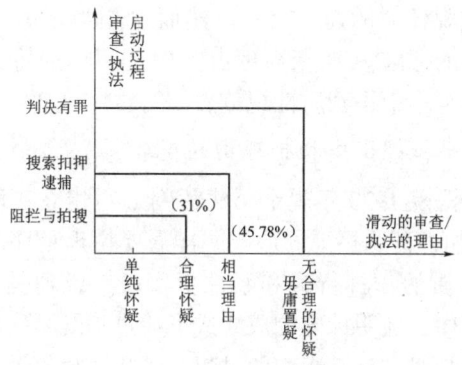

图3　美国对"相当理由"等证明标准的量化图

的扣押；无证扣押往往适用于扣押物随时面临被毁灭、转移等情形。由于二者适用的条件存在差异，所以各自适用的扣押证明标准也有所不同。以扣押客体的自然属性为标准，刑事扣押可以分为有形物扣押与无形物扣押。有形物扣押主要包括财物、文件、邮件、电报的扣押。鉴于通信自由与通信秘密权利的重要性，法治发达国家和地区对邮件、电报的扣押程序适用了更为严格的规则，要求具有高于普通财物、文件的证明标准。对于无形物扣押，主要针对视听资料、电子数据进行扣押。由于电子数据具有容量大、难以感知等数据性的特征，司法警察可以根据现场情况，适当放宽扣押证明标准的要求。① 对于附带扣押、紧急扣押和同意扣押的无证扣押情形，都由警察临场判断它们是否为犯罪证据、犯罪所得、犯罪工具。尤其是在发现这些财物、文件存在的方式、状态推知情形下的扣押往往依据警察的经验判断，具有成为扣押物的高度可能性，并非必须达到非常确定的程度，为警察执行扣押留下一定的自由裁量权。

　　"相当理由""合理怀疑"借用直观的数字进行量化，成为规

---

① ［日］松尾浩也：《日本刑事诉讼法（上卷）》，丁相顺译，金光旭校，中国人民大学出版社 2005 年版，第 77 页。

制侦查机关主观任意的途径之一。然而"相当理由"的量化如何避免沦为浮动的标准?① "相当理由"的证明标准将在扣押证的扣押理由、扣押范围中得到质性规范。

（三）刑事扣押证中扣押理由的说理

德国宪法法院 1973 年规定司法裁判必须建立在理性论证的基础上。② 刑事扣押证明标准的形成同样需要说理程序的规制，尤其是遇见对抗性质的扣押行为和案件事实时，说理是弥合"裂隙"之墙的必经工序。证明标准的成立或形成过程既是一个说服事实认定者的过程又是双方相互影响的过程；既是法律论辩，也是实践证立，证明标准的论证理论应当建立在实践论证理论的基础上。

王泽鉴教授曾言："有结论而无理由，只是一种主张或论断，未经证明，不具说服力。理由构成之目的有二，一为说服自己；二为取信他人，可供复验，克制恣意及专擅。"③ 刑事扣押证是办案人员依法执行扣押的唯一法定文书，其包括《呈请扣押审批表》和《扣押决定书》。然而，我国的《扣押决定书》偏重判断而缺少扣押理由的论证说理，无法起到限权与维权的作用。扣押理由仅仅被表述为"××案件中发现你（单位）持有的下列财物、文件可用以证明犯罪嫌疑人有罪或无罪，根据刑事诉讼法第 141 条之规定，现决定查封/扣押"。侦查人员应加强对刑事扣押证的说理，将案件事实、扣押的客体、扣押理由与适用的法律规定，以及它们与申

---

① Ronald M. Gould & Simon Stern, "Catastrophic Threats and the Fourth Amendment", *Southern California Law Review*, Vol. 77, no. 4 (May 2004), pp. 777-834.

② 《联邦宪法法院判例》（BverfG）E34, 269 (287). 参见 [德] 罗伯特·阿列克西：《法律论证理论：作为法律证立理论的理性论辩理论》，舒国滢译，中国法制出版社 2002 年版，德文版序第 1 页。

③ 王泽鉴：《法律思维与民法实例：请求权基础理论体系》，中国政法大学出版社 2001 年版，第 301 页。

请扣押的结论之间必要的逻辑关系反映出来，使扣押申请具有外在客观的基础，并对得出扣押结论的过程进行解释、论证与考量，以看得见的方式实现正义。只有这样扣押论证推理才能使侦查人员说服自己，扣押说理才能说服审批者。

　　刑事扣押证的审批主要取决于侦查人员的举证与审批者之间的说理。为贯彻说理机制，审查机关可以向控方乃至于当事人核实情况，避免审批者成为审批程序的"橡皮图章"。松尾浩也教授认为，司法警察在向法官提交记载规定事项的书面资料时，应当同时提出扣押的理由，满足"对侦查犯罪有必要"的要求，且必须存在具体的嫌疑事实。[①] 说理不仅可以使刑事扣押证审批意见的形成有理有据，还可以协调扣押中的不同意见和异议。[②]

　　事实问题和法律问题根本无法彻底分离。事实真相的认知和事实认定之间的鸿沟又该如何被缩小呢？其一，侦查人员运用法律概念和法律关系理论说明案件事实，将案件事实转化为法律事实。首先要客观、准确、全面地反映案件事实，这是扣押文书说理的前提和基础。其不仅关系着案件性质的判定，而且关系着整个案件收集证据的方向。然后根据法律法规、证据规则、办案规律、个人经验，选择某些能够证明案件事实的财物、文件作为扣押物，确定"法律事实"，并且说明扣押物与案件事实之间的逻辑关系。其二，侦查人员使用形式逻辑和理性论辩等方法使扣押的判断从法律规范的构成要素和法律事实中合乎逻辑地推导出来，反映出内在逻辑的有效性。侦查人员可以依据两个条件进行推理：一是客观依据。通过事实足够认定存在应当扣押之物，证明启动扣押程序的理由。这些事实和信息主要通过警察亲自见闻的直接信息、获取的传闻信息

---

　　① ［日］松尾浩也：《日本刑事诉讼法（上卷）》，丁相顺译，金光旭校，中国人民大学出版社 2005 年版，第 75 页。

　　② 李河成：《公利性公共与公议性公共："公共"话语研究的两个要点及其范式转型》，载《东岳论丛》2016 年第 10 期。

或者线人提供的线索。二是经验判断。侦查人员依照逻辑演绎或侦查经验可推测存在应扣押之物，既可以通过发现物本身得知，又可以通过发现物存在的方式、状态推知。

（四）刑事扣押证中扣押客体范围的界定

为了使审批者相信刑事扣押达到相当理由的标准，《呈请扣押审批表》应当依据法律规定，明确记载扣押的客体。根据令状的特定性要求，《呈请扣押审批表》对扣押物的记载应当特定化，不得概括式记录。详细记载应扣押之物的属性、形态、颜色、所处位置、所属人员等特征。记载扣押物特征的详细程度不仅直接关系着扣押物是否明确，防止侦查人员随意裁量、扩大扣押的客体范围，还能防止审批者成为扣押审批程序的"橡皮图章"，增强刑事扣押中相当理由标准的说理。

对于完善和规范刑事扣押的客体范围，笔者主张将刑事扣押的客体范围规定为"可为证据之物"与"应当没收之物"（犯罪工具、违法所得、违禁品），把刑事诉讼法第 141 条与刑法第 64 条有机结合起来，实现刑事程序法与刑事实体法的有效衔接。完善刑事扣押客体范围的立法规定有助于侦查人员在《呈请扣押审批表》中明确扣押的客体范围，记明扣押物的用途或目的，从而使审批者有相当的理由相信在某些地方存在应扣押之物。

第二章　刑事扣押的客体范围

刑事扣押几乎在每个案件中都可能被用到。凡是涉及与案件定罪量刑有关的证据，或证明犯罪嫌疑人、被告人无罪、罪轻的证据，基本上都可以通过扣押获取。如果扣押程序运用得当，将保障侦查、起诉和审判程序的顺利进行；如果运用不当，将导致"该扣押的没扣押，不该扣押的被扣押"，甚至造成关键证据灭失、线索中断、证据被排除等后果。刑事扣押客体范围的界定直接关系到扣押权的行使，关系到公民的财产、通信自由与通信秘密、隐私等基本权利的保障。我国刑事扣押实务中最核心的问题是刑事扣押的客体范围宽泛。本章将通过规范分析与比较研究的方法，从正面认定与规制刑事扣押的客体范围，从反面对刑事扣押的客体范围作出限制，以期对完善立法和指导司法实践有所裨益。

第一节　刑事扣押客体范围的认定与规制

一、我国相关法律文件对刑事扣押客体范围的正面规定

刑事扣押客体范围的规制，从 20 世纪 70 年代末的筚路蓝缕，经过 90 年代的理论试探，在 21 世纪凝练为财物、文件的规定。刑事扣押客体范围的立法层面基于正反两方面的分疏。本部分侧重于正面分疏，后面有第二、三部分的深入推进；与之并列的"限制性规定"放在第四部分。1979 年刑事诉讼法第 84 条规定的刑事扣

押客体范围为"可用以证明被告人有罪或者无罪的各种物品和文件"。在勘验、搜查中，既要扣押能够证明犯罪嫌疑人有罪、罪重的物品和文件，又要扣押能够证明犯罪嫌疑人无罪、罪轻的物品和文件，保证证据的客观性与完整性。1991 年最高人民检察院颁布的《人民检察院侦查贪污贿赂犯罪案件工作细则（试行）》第 94条规定，应当扣押"可以证明被告人有罪或者无罪的各种文件、资料和其他物品。"1999 年《人民检察院刑事诉讼规则》第 189 条的规定继承了该种表述。1996 年刑事诉讼法第 114 条的表述与先前一致，第 142、198 条在不起诉程序和审判程序中使用了"财物"的表述。2007 年禁毒法第 60 条第 4 项规定，司法机关有权扣押、查封、冻结涉及毒品违法犯罪活动的财物。2012 年刑事诉讼法第 139 条做了较大幅度的修改："在侦查活动中发现的可用以证明犯罪嫌疑人有罪或者无罪的各种财物、文件，应当查封、扣押；与案件无关的财物、文件，不得查封、扣押。对查封、扣押的财物、文件，要妥善保管或者封存，不得使用、调换或者损毁。"将"物品、文件"修改为"财物、文件"，2018 年刑事诉讼法第 141条予以继承。

对"文件"的立法规定满足了智媒时代对文件外延的扩容需要。承接 1991 年最高人民检察院颁布的《人民检察院侦查贪污贿赂犯罪案件工作细则（试行）》和 1999 年《人民检察院刑事诉讼规则》，2012 年《人民检察院刑事诉讼规则（试行）》第 234 条将"文件、资料和其他物品"修改为"财物和文件"。第 236、298 条规定的扣押客体范围，除了财物、文件、邮件、电报外，还包括录音、录像带、电子数据存储介质和电子设备。《公安机关办理刑事案件程序规定》的变化则与刑事诉讼法的历次变化相同，但在1998 年《公安机关办理刑事案件程序规定》第 215 条和第 217 条中增加了电子邮件，2012 年《公安机关办理刑事案件程序规定》第 227-228 条予以保留。2018 年监察法第 25 条规定，监察机关可以调取、扣押涉嫌违法犯罪的财物、文件和电子数据等信息。其与

2012 年《人民检察院刑事诉讼规则（试行）》一道表明电子数据的特性已然让其超出了纸媒文件的传统。

在对刑事诉讼涉案财物进行规定的法律解释中，以 2012 年刑事诉讼法对"财物"的修订为界，前期刑事扣押客体称谓表述为物品、作案工具、款物、违禁品、财物、违法所得等，这必然体现为解释标准的多元。1996 年《人民检察院立案侦查案件扣押物品管理规定（试行）》第 2 条规定，扣押的物品包含三类："（一）涉嫌犯罪和非法所得的款物；（二）作案工具和其他可能与犯罪有关的物品；（三）非法持有的违禁品"。2001 年《人民检察院扣押、冻结款物管理规定》第 2 条关于扣押的款物对象没有变化，2006 年该规定第 2 条将扣押的款物对象届定为"可能与犯罪有关的款物、作案工具、非法持有的违禁品等。"2010 年《人民检察院扣押、冻结涉案款物工作规定》第 2 条在扣押涉案款物的对象中新增了"违法所得"。在 2012 年刑事诉讼法对扣押客体进行正名之后，2014 年《人民检察院刑事诉讼涉案财物管理规定》第 2 条更加明确地规定了刑事诉讼涉案财物的扣押对象，包括"犯罪嫌疑人的违法所得及其孳息、供犯罪所用的财物、非法持有的违禁品以及其他与案件有关的财物及其孳息"。2015 年《公安机关涉案财物管理若干规定》第 2 条将扣押的涉案财物具体化为：违法所得及其孳息；犯罪工具；违禁品；其他可以证明违法犯罪行为发生的物品和文件。立法的修改使刑事扣押的客体范围更为严谨，然而依然存在一些困惑：第一，"财物"与"物品"混用。2012 年刑事诉讼法第 139-140、143 条将"物品"修改为"财物"一词，而在第 126、134 条中仍然使用"物品"一词。第二，"财物"与"财产"混用。既然有"财物"一词，为何在 2012 年刑事诉讼法第 142-143、234、280、282 条中又使用"财产"一词呢？"物品""财物""财产"三个概念在 2012 年和 2018 年刑事诉讼法中同时反复出现；"财物""物品"在 2018 年监察法第 24、25 条并行出现。"物品""财物""财产"等概念在立法及相关法律解释中并未明确作出区分。因此，厘清它们各自的内涵与外延，继而分列其与"文件"的并行关系，对厘定刑事扣押的客体范围、指导司法实践具有重要意义。

结合以上立法梳理，与刑事扣押客体范围立法演变相关的是刑事扣押适用程序的扩容以及对公民权益的思考。为了顺应司法实践的需要，"扣押"程序将"在勘验、搜查中"修改为"在侦查活动中"，扩大了适用刑事扣押的客体范围。即在勘验、检查、搜查、拘留、逮捕等侦查活动中都可以实施查封、扣押。侦查活动是手段行为，扣押则是目的，此为其一。其二是增加了"查封"措施。根据刑事诉讼法第102条的规定，查封是法院对被告人进行财产保全的措施。侦查机关"查封"的"可为没收之物"是法院附带民事诉讼之诉讼保全的准备，以供将来执行被告人的合法财产，但其难以涵盖"可为证据之物"的范围。查封与侦查活动（刑事诉讼法第141、143条）相比，其实施主体、性质、目的、范围显然有所不同。其三是与侦查主体和法官相比，犯罪嫌疑人、被告人也少有机会就涉案财物的扣押进行抗辩，利害关系人亦缺乏参与涉案财物认定程序的有效途径。刑事扣押的客体范围可能侵犯公民的财产权益，这种公民权利保护的思考倒逼对刑事扣押客体范围的规制。

二、对刑事扣押客体范围中"财物""财产"等相关规定的评析

"概念是解决法律问题所必须的和必不可少的工具。没有限定严格的专门概念，我们就不能清楚地和理性地思考法律问题。没有概念，我们就无法将我们对法律的思考转变为语言，也无法以一种可以理解的方式把这些思考传达给他人。"[①] 从"物品"向"财物"称谓的转变是时代主权精神的体现和对表述方式的精益思考。

---

① 〔美〕E. 博登海默：《法理学：法律哲学与法律方法》，邓正来译，中国政法大学出版社1999年版，第486页。

理解"财物"的内涵：其一，财物立法赋予劳动和权利以光荣意义；其二，"物品""财物"和"财产"的区分，有助于理解"财物"的立法规制，但其含混则导向立法拟制的探索与突破。

（一）"财物"比"财产"的适用更具可操作性

在刑事诉讼法中，"财物"一共出现了 15 次，"财产"出现了19 次。第 141、144、145 条即有"查封、扣押财物或者冻结财产""查封、扣押、冻结财物""查封、扣押、冻结申请没收的财产"等规定。这种表述的踟蹰似乎指出"财物"与"财产"内涵的一致性。如果将财产理解为各种资产，既包括动产与不动产，又包括物质的与非物质的资产，还包括证明资产的产权或者文书。[①] 这种繁复翻译的能指又分别导向"财物""财产""资产"。理论界和实务界对"财物""财产"的讨论主要存在以下三种观点：

第一种观点将"财物"解释为"财产性物品"。[②] 从文理解释的角度来看，这种"定中结构"的语义理解仅仅阐释了其中的部分含义，"财产性"的定语限定存在缩小解释的问题。因为对于一些不具有财产性的证据之物，亦在扣押的范围之内。例如，旧麻绳、勒断的电线、锯断的木棒等均成为证据链中不可或缺的一环。[③] 旧麻绳、勒断的电线、锯断的木棒的财产性价值微乎其微，可以忽略不计。如果根据这种解释，难道因为这根旧麻绳不具有财

---

① 参见［美］约书亚·德雷斯勒、艾伦·C.迈克尔斯：《美国刑事诉讼法精解（刑事侦查）》，吴宏耀译，北京大学出版社 2009 年版，第 66 页。

② 参见杨开湘、王静：《新〈刑事诉讼法〉查封、扣押侦查措施的修改及其规范解读》，载《中南大学学报》（社会科学版）2014 年第 6 期，第129-130 页。

③ 参见山西省运城市中级人民法院刑事判决书（2019）晋 08 刑初 25号；"张某等抢劫、盗窃案"，载《刑事审判参考》（2011 年第 3 集）（总第80 集），法律出版社 2011 年版，第 53 页；"晏朋荣故意杀人、抢劫案"，载《刑事审判参考》（2011 年第 6 集）（总第 83 集），法律出版社 2012 年版，第23 页。

产性，侦查人员就不能扣押吗？更何况带有血迹的物品甚至自然物，以及具有侦查意义的昆虫等，这是刑侦科技、法医昆虫学等交叉科学倒逼给刑事扣押的要求。

第二种观点将"财物"解释为"作为证据的财产和物品"。根据全国人大常委会法制工作委员会的解释，"财物是指可作为证据使用的财产和物品，包括动产和不动产，如房屋、汽车、人民币等"。① 这种解释仅仅关注了财物的证据属性，强调扣押证明犯罪嫌疑人有罪、无罪或罪重、罪轻的证据。"物品"的概念，其一，与"文件"的外延存在交叉；其二，这种解释也存在缩小解释的问题，"财物"的概念难以涵盖与案件无关的违禁品。例如，在一起持刀杀人案件中，侦查人员在案发现场发现了两只绿颊锥尾鹦鹉，其属于《濒危野生动植物种国际贸易公约》中被保护的鹦鹉。虽然两只濒危鹦鹉禁止普通公民占有，属于违禁品，但是鹦鹉与杀人案件无关，不得作为本案证据，侦查人员扣押这两只鹦鹉是否违法呢？这指向侦查扣押的复杂现场，难以穷举。

第三种观点体现为财产、财物的公权与私权的主体之辨。根据《辞海》的解释，"财产是指金钱、财物及民事权利义务的总和"；"财物指金钱物资的总称。"② 《辞海》将财物—财产在对象方面形成解释学的循环，并不明晰，但经济价值是明确的。德国民法典认为"财产系人之财货之总称（Gesamtakt）而得以金钱评价者"。③ 大塚仁教授即认为，"财物一般具有客观的经济价值，即具有金钱

---

① 全国人大常委会法制工作委员会刑法室编：《关于修改中华人民共和国刑事诉讼法的决定：条文说明、立法理由及相关规定》，北京大学出版社2012年版，第171页。

② 《辞海》，上海辞书出版社1989年版，第3750页。

③ 台大法学基金会编译：《德国民法典》，北京大学出版社2017年版，第63页。

的交换价值"。① 财产和财物似乎只有因主体属性的进一步分疏才有清晰的可能。我国刑法第91-92条规定，公共财产和公民私人所有财产也限于具有金钱价值的物。但刑法中的具体适用有所不同。在涉及公共财产时，一般用"财产"一词，如刑法第91条；在涉及公民财产类犯罪时，一般用"财物"一词，如刑法分则第五章规定的犯罪中都使用了"财物"一词，刑法第64条也使用了"财物"一词。基于财产、财物的公权力—私权利之别，继而有集体一般主体和个体独立主体的区分。王泽鉴先生认为，"财产（或企业）系各种权利的总体，其本身不得作为权利的客体。在现行法上并无一种得以'财产'（或企业）作为客体的权利。"② 财产是一个"权利集合物"（Rechtsgesamtheit），即财产是由具有金钱价值的权利所构成的集合体。在财产上无一种独立的权利存在，财产本身不能作为处分的标的。原因在于：一是财产不能作为买卖（或租赁）的客体；二是出售财产时，权利无法转移。扣押的对象是私权主体的所属物，由此将"财产"导向"财物"立法较为恰当。但对其的批驳可类推向第一种观点，不再赘述。

通过概念的比较，财产与财物均体现为经济的价值。但是，除了以上公共财产和私人财物的区分外，另一种区分在于财产的外延比财物的外延要广。财产除了金钱、财物等有形体物之外，还包括无形体物——知识产权、债权等权利内容。③ 基于罗马法中有形体物与无形体物区分的共识，从商品经济便于操作的角度来看，大谷实称，虽然企业秘密、智力成果自身，无论从何种立场看，都不能视为财物，但是记录企业秘密、智力成果的文书、存储介质、复制

---

① ［日］大塚仁：《刑法概说（各论）（第3版）》，冯军译，中国人民大学出版社2003年版，第176页。

② 王泽鉴：《民法总则》，北京大学出版社2009年版，第166页。

③ 参见［古罗马］查士丁尼：《法学总论：法学阶梯》，张企泰译，商务印书馆1989年版，第62-63页。

品等信息载体是财物。① 随着"曾智峰、杨医男盗卖 QQ 号码侵犯通信自由案"的出现，财物立法成为一个转折点：法院判决虚拟财产或物品也可以成为财物。即只要是具备一定经济价值并可为人所支配的财产或物品，都可以成为财物。② 无论财物的形式如何，司法机关认为有无"经济价值"成为判断"物品""虚拟物品"是否构成财物的核心要素，"物"＋"财"等于"财物"。对于权利文书所代表的财产权利，也认为是"财物"。这种财产—财物的转化及其区别的消失是"财物"立法在执行上的"便利"需要，但并不能掩盖其在理论上的掣肘。

（二）"财物"比"物品"的表述更精确

在罗马法中，物仅限于有体物，"无体物"之概念阙如。一方面，扣押适用于有体之标的物，民法称之为物；无体之标的物并非物，如权利，故将扣押对象称为财产并不切实。另一方面，扣押适用的物是动产，"仅指经济活动中涉及实体流动的物质资料"。③ 就不动产土地而言，地上权虽属权利，但在法律上受制于"土地"。扣押不动产表述为查封，查封属于广义上的扣押。然而"物""物品"并非全部可以成为扣押的对象。现代民法允许自然客体，具有"外部"和"无人格"性质的东西被称为"物"，并不意味着物可以等同于自然客体。而仅当自然客体进入法的关系，因而由人掌控时才成为物。根本上不受控制的自然事物（如太阳、星辰）

---

① ［日］大谷实：《刑法讲义各论（第二版)》，黎宏译，中国人民大学出版社 2008 年版，第 168 页。

② 参见"曾智峰、杨医男盗卖 QQ 号码侵犯通信自由案"，载最高人民法院中国应用法律研究所编：《人民法院案例选（2007 年第 1 辑)》，人民法院出版社 2007 年版，第 48-54 页。

③ 樊崇义主编：《公平正义之路——刑事诉讼法修改决定条文释义与专题解读》，中国人民公安大学出版社 2012 年版，第 63 页。

依然不是物。① 人将"物"据为己有的"财产"称谓在于自然客体受到人的行动和活动的干预，由此被剥夺独立性而为人所掌控。② 对主体人格而言，有生命之人的身体确实不能称之为物，亦不是扣押对象；主体"财产"概念之权利含义也并非物，扣押不能规制。尸体是否为物，学界存在分歧。若尸体系人格残余，毋庸讳言；若由身体分离者不失为物，此对器官移植具有意义。

将"物品"修改为"财物"，将财产纳入刑事扣押的客体范围，其一，不仅正名了财产的范围，而且将刑法、刑事诉讼法的法律规定合而为一。其二，关于财物的立法规定正符合扣押规制中私法与自然、社会的干预关系——由"物"到"财产"表述的转换不仅仅是一种意念接受的呈现（"东西"），③ 而且体现为主体的控制（财物）。财物的扣押范围包含机器、设备等动产和房屋、建筑物等不动产，较"物品"更恰当（"查封"于此表现为广义上的扣押）。以"财物"取代"物品"具有以下意义：

第一，有助于法律法规之间的协调。程序法定原则要求立法明确、科学、合理，保证法律体系一。用"财物"替代"物品"不仅厘清了涉案财物的范围，而且与其他法律法规相协调。其表现有：一是刑法第 64 条规定，追缴违法所得的一切财物；没收供犯罪所用的本人财物。涉嫌侵犯财产罪、妨害社会管理秩序罪、贪污贿赂罪中的部分罪名时，其犯罪对象亦表述为"财物"。二是 1998 年《公安机关办理刑事案件程序规定》第 220 条规定，依法追缴

① ［德］黑格尔：《法哲学原理或自然法和国家学纲要》，范扬、张企泰译，商务印书馆 1961 年版，第 50-51 页。

② 参见［德］黑格尔：《法哲学原理或自然法和国家学纲要》，范扬、张企泰译，商务印书馆 1961 年版，第 54 页。

③ "东西"两字来源于陈寅恪，以四方向中的东西，表示空间上的位置。陈寅恪和金岳霖之"东西"概念的外延要大于"物品"。"呈现中的东西，是我们以'东西'这一意念去接受的呈现。"金岳霖：《知识论》，商务印书馆 2011 年版，第 627 页。"东西"概念兼涉空间和时间内涵。

犯罪嫌疑人违法所得的财物及其孳息。三是 2010 年《公安机关涉案财物管理若干规定》是公安部首次专门就涉案财物管理制定的规范性文件，它使用的是"财物"一词。四是《人民检察院刑事诉讼涉案财物管理规定》也使用了"财物"一词。此外，"财物""文件"相较于"物品""文件"而言更加科学，因为物品可能包括文件，但财物不包括文件，有效地避免了范围上的交叉重复。

第二，有助于体现"尊重和保障人权"的精神。2004 年宪法中首次增加了"尊重和保障人权"的规定，2012 年刑事诉讼法在刑事诉讼法的任务中也纳入了"尊重和保障人权"的理念。公民的合法财产不受侵犯，这不仅契合了社会民主法治的价值取向，而且突出了保护公民基本权利的本位精神。随着市场经济的不断发展，债券、股票、基金、金融票证等金融产品逐渐成为公民财产权的重要表现形式。立法用"财物"替代"物品"，也将上述新型财产表现形式纳入扣押范围，更能体现与时俱进的精神，符合经济社会发展的需要。通过构建合理的扣押范围，使保障公民财产权有章可循。

扣押的财物必须具有经济价值。在有无经济价值的判断上存在两种对立的观点：一种主流观点认为，"即便具有主观的、感情的价值，只要在社会一般观念上认为值得用刑法加以保护"即为财物。另外一种观点认为，"财物必须具有能够满足人的物质的、精神的、欲望的性质，其使用价值必须能够用金钱来评价"。① 某些"物品"虽然不具有买卖等的交换价值，但只要对扣押物的所有人、持有人或保管人而言具有这种主观价值，满足精神价值的就可以成为财物，就具有保护其不受非法侵害的必要，如珍贵的照片、纪念品等。对于价值极为低廉的"物品"，且没有达到满足主观价值程度的，则不构成财物。由"物品"向"财物"的转向不仅顾

---

① 参见［日］大谷实：《刑法讲义各论（第二版）》，黎宏译，中国人民大学出版社 2008 年版，第 169-170 页。

及主体所有人的"财产观"，而且重视主体精神的制度保障。

第三，有助于增强立法的针对性。根据犯罪对象的外在表现形式，可以将犯罪对象分为人和物。其中，我国刑法中作为犯罪对象的物又可分为以下几种：体现国家管理权力的物；体现国家和公共安全方面的物；体现国家、集体和公民财产权利的物；体现工农业生产正常活动的物；智力成果。[①] 体现财产权利的物用"财物"表述比用"物品"更加具有针对性。同时关于"财物"的立法因此与"文件"并列。

三、"财物""文件"推导向"可为证据之物""应当没收之物"的分析

（一）"财物""文件"拟制向"可为证据之物""应当没收之物"的理论推论

刑事诉讼法已对刑事扣押的客体范围作出修改，将勘验、搜查活动覆盖到全部侦查活动。然而，通过之前的分疏表明，相关法律规定将刑事扣押的客体范围仅仅规定为"财物""文件"并不周延。为了完善刑事扣押的客体范围，袁坦中将刑事扣押的客体范围划分为可为证据之物、可为财产执行标的之物、违禁品。"可为财产执行标的之物"又可以分为"可没收之物"（犯罪所得之物、违禁品、供犯罪所用的本人财物）与"可为附带民事诉讼执行标的之物"。[②] 这种观点在一定程度上弥补了现行法律规定的不足，但是这种划分又存在标题冲突、范围不周延的问题。首先，标题之间存在冲突。违禁品应当与第一层级的"可为财产执行标的之物"并列，还是应当从属于第二层级的"可没收之物"呢？"可为财产

---

① 马克昌主编：《犯罪通论》，武汉大学出版社 1999 年版，第 129 页。

② 袁坦中：《刑事扣押研究》，湖南大学出版社 2012 年版，第 23 - 29 页。

执行标的之物"是指财产刑和附带民事诉讼判决执行之物。[①] 其中，"财产刑"中的没收对象为犯罪人的合法且没有用于犯罪的财产。因此，"可为财产执行标的之物"又何以包括"违禁品"呢？其次，刑事扣押的客体范围不周延。第二层级的"可没收之物"应当包含"供犯罪所用之物"，即财物、工具、文件等。该学者仅提出包含"供犯罪所用的财物"，而未包含"犯罪工具"。龚举文认为，刑事扣押的客体范围一般包括"涉嫌犯罪和违法所得的款物，以及其他可能与犯罪有关的款物、作案工具、非法持有的违禁品等"。[②] 吴成杰等课题组将财物做广义上的理解，在对象上的理解包括作为犯罪之物、证据之物、保全之物；在种类上的理解包括实物形态和非实物形态。[③] 以便穷尽扣押范围的所有形态。

笔者赞同将刑事扣押的客体范围划分为可为证据之物与应当没收之物的观点。林钰雄教授表述为"可为证据之物或得没收之物"。"得没收之物"又包括刑法总则之没收（即违禁物、供犯罪所用或犯罪预备之物、因犯罪所得之物）、刑法分则之没收、特别刑法之没收。[④] 万毅教授也提出，扣押是一种包含查封、冻结在内的强制处分，将扣押的客体范围修改为"可为证据之物"或"可得没收之物"，才能包含针对电子数据、不动产、权利等的范围。[⑤] ……将刑事扣押的客体范围规定为"可为证据之物"与"应当没收之物"

---

① 袁坦中：《刑事扣押研究》，湖南大学出版社 2012 年版，第 23-24 页。

② 龚举文：《论扣押、冻结款物强制性措施的司法控制》，载《中国刑事法杂志》2009 年第 8 期，第 65 页。

③ 参见福建省厦门市中级人民法院刑二庭课题组：《刑事涉案财物处理程序问题研究》，载《法律适用》2014 年第 9 期，第 91 页。

④ 林钰雄：《搜索扣押注释书》，元照出版有限公司 2001 年版，第 197-205 页。

⑤ 万毅：《刑事诉讼中的扣押：规范分析与法律解释——以两个关键词为例》，载《法学》2008 年第 7 期，第 60 页。

（犯罪工具、违法所得、违禁品），其优长在于把刑事诉讼法第141条"扣押客体范围"与刑法第64条"特别没收制度"有机地结合起来，实现刑事程序法与刑事实体法的有效衔接——"刑事一体化"应当推导向刑法与诉讼法的一体。本书中的"应当没收之物"特指"特别没收"① 之物。

第一，根据法律规定，将"违禁品"规定在"财物"中勉为其难。根据刑法第64条、刑事诉讼法、《公安机关办理刑事案件程序规定》等规定，关于毒品、淫秽物品、危险物品等"违禁品"，有些违禁品具有金钱价值属性，有些违禁品不具有金钱价值属性。如果将不具有金钱价值属性的违禁品（如危害国家安全的传单、标语等）规定在财物中实为不当，因为扣押违禁品不以行为人是否构成犯罪为前提。为了避免违禁品带来新的危害，无论违禁品属于犯罪嫌疑人所有，还是属于第三人所有，都应当予以扣押。

第二，根据全国人大法工委的权威解释，"财物"的范围并不周延。全国人大法工委仅强调"财物"的证据属性，将其解释为

---

① 在刑法中，以没收对象的性质为标准可以将没收分为一般没收和特别没收。一般没收是指"刑法针对并非与犯罪行为直接相关的犯罪人所拥有的资产的一部或全部，规定在一定条件下予以没收的刑事处罚方法"。特别没收是指"刑法针对并非与犯罪行为直接相关的犯罪物品、违法所得以及诱发犯罪的物品等其他物品，规定在一定条件下予以没收的刑事处罚方法"。王志祥主编：《财产刑适用的理论与实务》，中国人民公安大学出版社2012年版，第14页。我国刑法第59条规定的没收属于财产刑，是一种附加刑，也被学界称为"一般没收"。没收财产刑是将犯罪人合法的且没有用于犯罪的一部分或全部财产强制无偿地收归国家所有。与之相对的是，第64条规定的没收属于一种维护社会安全、预防犯罪，类似于保安处分的非刑罚方法，也被学界称为"特别没收"。特别没收是对违法所得、供犯罪所用的本人财物以及违禁品予以追缴、扣押的方法。大多数法治发达国家已经废除了一般没收制度，英、美、法等国家早已废除，俄罗斯于2003年也已废除了没收财产刑。

"可作为证据使用的财产和物品"。① 有些违禁品与案件无关，不能作为证据使用，若侦查人员扣押这些违禁品是否属于违法扣押呢？若侦查人员不扣押这些违禁品是否有违扣押的社会保全目的呢？有些财物具有双重或多重属性，它们既是犯罪工具，又是违禁品；既是违法所得之物，又是犯罪对象。同一物有时具有没收之物的几种性质，其既可能是犯罪所用之物，又可能是违禁品，如毒品、伪造的货币。刑事诉讼法第 141 条规定的扣押客体仅限于"可为证据之物"，并不完全包括"应当没收之物"。有些赃款赃物并不一定是"可为证据之物"，如行为人将获得的违法所得变卖成钱款后，由于其已经失去原物的特定性，所以钱款并不具有证据的价值。因而将刑事扣押的客体范围规定为"可为证据之物"与"应当没收之物"更为适宜。

第三，"应当没收之物"能涵盖无体物。刑事诉讼法规定的扣押的客体原则上为有体物，难以涵盖无体物。"财物"主要指有体物，既可以表现为现金，又可以表现为具体的物，但不能扩及债权或质权等无形之财产权益。随着社会的发展变化，已有扩大解释"原物特定性"的趋向。人们持有财物的方式也变得更为复杂，既有实物形式，又有虚拟形式（期货、证券等）；合法财物与非法财物混同，个人财物与他人财物交错。因此，扣押物具有很强的不特定性，且难以扣押。刑法第 64 条特别没收制度的对象相当一致地以有体物为限，而且刑事诉讼程序中的扣押客体取决于实体法中特别没收的客体。虽然刑事扣押的客体一般为可为证据之物，但是作为犯罪工具、违法所得、违禁品等没收之物，兼具证据的双重性质。在将没收客体扩大至无体物时，与之相对应的程序法有关扣押的客体也应当扩展至无体物，"财物"规定则难以涵盖。"应当没

---

① 全国人大常委会法制工作委员会刑法室编：《关于修改中华人民共和国刑事诉讼法的决定：条文说明、立法理由及相关规定》，北京大学出版社2012 年版，第 171 页。

收之物"界定下的违禁品可能与案件证明有罪或无罪有关，也可能无关（扣押的客体不局限于与案件有关，还包括与案件无关的违禁品）；有的具有金钱属性，有的不具有；有的属于有体物，有的属于无体物；有的数量大构成犯罪，有的数量小仅构成治安行为，但对其都要扣押。将扣押客体范围推导向"应当没收之物"能更好地弥补法律漏洞。

（二）"财物""文件"拟制向"可为证据之物""应当没收之物"的具体规定

1. 可为证据之物

证据保全的目的是刑事扣押最重要、最根本的目的，其旨在防止与犯罪有关的证据被变造、伪造、转移、隐匿、毁灭或难于使用时，而对可为证据之物进行收集、提取和保管。为了实现证据保全的目的，法治发达国家和地区都在法律中对"可为证据之物"的扣押作了明文规定。在大陆法系国家和地区中，德国刑事诉讼法典第94-96、99、111条规定了对侦查具有意义、可为证据的证据保全之扣押。① 法国刑事诉讼法典第97条规定，在侦查过程中，以侦查需要为保留条件，扣押某些文件、物品、文书、计算机材料或信息资料。② 俄罗斯联邦刑事诉讼法典第183条第1款和第185条第1款规定，对刑事案件有意义的物品、文件或信息材料予以扣押、提取。③ 日本刑事诉讼法第99条第1款和我国台湾地区"刑

---

① 参见《德国刑事诉讼法典》，宗玉琨译，知识产权出版社2013年版，第50、51、55、85-97页。

② 参见《法国刑事诉讼法典》，罗结珍译，中国法制出版社2006年版，第98页。

③ See legislationline,"Criminal Procedure Code of the Russian Federation（2001, amended 2012）", legislationline, available at：https：//www. legislationline. org/download/id/4248/file/RF_CPC_2001_am03. 2012_en. pdf.（accessed 25 September 2019）.

事诉讼法"第 133 条第 1 款都将扣押客体分为两类：可为证据之物
与得没收之物。①

在英美法系国家中，美国早期普通法关于扣押的理论主要采取
"单纯证据法则"（Mere Evidence Rule），其主要立法意图在于保护
公民的私有财产权。② 美国在 1967 年的瓦登诉海登（Warden
v. Hayden）一案③中废除了单纯证据法则。自卡兹案④起，美国宪
法第四修正案中搜查扣押规定的重心由财产权转向隐私权，在判断
是否适用美国宪法第四修正案时，相对人对此具有"合理隐私期
待"，来自财产权方面的限制不足以限制政府对犯罪证据予以搜查
和扣押。扣押的范围也扩大到违法所得、犯罪工具、违禁品及单纯
证据。英国 1984 年警察与刑事证据法第 19 条第 2-4 款规定，警察
扣押的证据基于两个原因：一是与正在实施的犯罪或其他与犯罪有
关的证据。二是为了防止犯罪嫌疑人隐匿、毁灭、变造、遗失
证据。⑤

可为证据之物表现为扣押的财物、文件是能够证明犯罪嫌

---

① 参见张丽卿、林朝云：《刑事法典》，五南图书出版股份有限公司
2013 年版，第 1-55 页。

② 在 1886 年的博伊德案中，美国联邦最高法院第一次对宪法第四修正
案进行了系统解读，并确立了以财产权为中心的分析方法（a property-focused
inquiry），对以后的司法实践产生了深远的历史影响。如果政府想扣押某一物
品，那么该物品必须大于或高于物品所有权人的利益。可以扣押的物品分为
三类：违法所得、犯罪工具、违禁品。对于作案时的证据，如果物品小于物
品所有权人的利益，即使对起诉、审判程序具有重要作用也不得扣押。See
Boyd v. United States，116 U. S. 616，6 s. Ct. 524（1886）.

③ 在 Hayden 案中法院的最终判决认为，政府在扣押单纯证据时，打击
犯罪即为扣押证据的利益，不需要有财产上较高的利益。See Warden
v. Hayden，387 U. S. 294（1967）.

④ See Katz v. U. S.，389 U. S. 347（1967）.

⑤ 参见中国政法大学刑事法律研究中心组织编译：《英国刑事诉讼法
（选编）》，中国政法大学出版社 2001 年版，第 265-266 页。

人、被告人有罪或无罪、犯罪情节轻重的实物证据。在刑事诉讼法中，扣押的可为证据之物主要包括物证、书证、视听资料、邮件、电报。根据刑事诉讼法第 54 条、最高人民法院《关于适用〈中华人民共和国刑事诉讼法〉的解释》第 82 条的规定，扣押的财物、文件能够证明案件事实或其他争议的事实。《人民检察院刑事诉讼规则》第 210 条规定，侦查活动中可以查封或扣押各种查明或不能立即查明的财物和文件。《公安机关办理刑事案件程序规定》第 227 条也作出了类似的规定。可为证据之物，既包括证明实体法事实的证据，又包括证明程序法事实的证据，主要有以下几个方面的内容：（1）与犯罪行为构成要件有关的证据。即与犯罪客体、犯罪客观方面、犯罪主体、犯罪主观方面有关的证据。（2）与犯罪行为轻重有关的各种量刑情节的证据。从刑法学的角度来看，包括法定情节和酌定情节。从法理的角度来看，包括从重处罚的证据，如累犯、教唆不满 18 周岁的人犯罪；从轻处罚的证据，如共同犯罪中的从犯、胁从犯；减轻处罚的证据，如犯罪后自首的；免除处罚的证据，如行为人不满 14 周岁，不负刑事责任的。（3）与排除行为违法性、可罚性有关的证据。某些行为从表面上看属于犯罪行为，但是基于正当防卫、紧急避险等因素不构成犯罪。有些行为尽管符合犯罪构成要件，但是符合刑事诉讼法第 16 条法定情形之一的，也不予处罚。对上述证据，侦查人员都应当扣押。（4）与刑事诉讼程序有关的证据，具体包括：对犯罪嫌疑人、被告人采取强制措施的事实；追诉行为是否超过法定期限的事实；有关管辖的事实；有关回避的事实；与执行有关的事实（如是否满 18 周岁、是否怀孕的事实）。

　　判断扣押的财物、文件是否为"可为证据之物"，关键在于扣押的财物、文件能否证明犯罪嫌疑人有罪或无罪，而且扣押的"可为证据之物"还应当满足证据的客观性、关联性和合法性。

　　首先，扣押的财物、文件具有客观存在的属性。扣押的财物、文件具有一定的客观性，须是对客观事物的反映，不是侦查人员主观臆想、毫无根据猜测出来的。同时，扣押的财物、文件必须具备客观存在的形式，无论是物证、书证，还是视听资料、电子数据，都具有客观存在的外在形式，否则不具有证据资格。

其次，扣押的财物、文件与案件事实或其他争议事实存在关联性。关联性是指"就待证事实，具有得推测其存在或不存在之可能的关系"。① 客观事物之间存在着一定的联系，既有普遍联系，又有偶然联系；既有直接联系，又有间接联系。从司法证明的角度来看，关联性标准要求具备以下条件：扣押的财物、文件须对证明案件事实具有实质性意义。证据的关联性有强有弱、有大有小，不可能无限期地关联，所以关联性要达到一定的程度或水平时才能使扣押的财物、文件具有证据资格。

最后，扣押的财物、文件须具备合法性。财物、文件的扣押主体须符合法律规定；扣押财物、文件的形式须符合法律规定；扣押财物、文件的程序或方法须符合法律规定。若财物、文件仅限于具备刑事诉讼法第50条的要求，只要具备证据法定种类就满足合法性的说法则值得反思。因为证据的载体和表现形式一旦受到法定证据种类的限制，就有可能扼杀证据制度的活力。

2. 应当没收之物

根据没收是否需要裁量权，可以将没收分为职权没收与义务没收。所谓职权没收，"是指法律规定与犯人及犯罪有关之某种物品得没收时，法院于宣告主刑时，得依职权斟酌决定之，学理上称为'相对没收'"。② 例如，我国台湾地区"刑事诉讼法"第38条规定的"得没收之物"包括对供犯罪所用或供犯罪预备之物、因违法所得之物的没收。所谓义务没收，"是指法律规定与犯人及犯罪

① 陈朴生：《刑事诉讼法实务》，海天印刷厂有限公司1981年版，第275页。
② 林钰雄：《新刑法总则》，中国人民大学出版社2009年版，第485页。

有关之某种物品应予没收时，法院即有义务依法宣告没收，学理上称为'绝对没收'"。[①] 最为典型的例子是对违禁品的没收，如我国台湾地区"刑事诉讼法"第 38 条第 2 款对违禁物的没收；"刑法"第 219 条对伪造的印章、印文或署押的没收；"毒品危害防制条例"第 18 条对毒品及专供制造或施用毒品之器具的没收。对于上述之物，无论是否属于犯罪嫌疑人所有，均予以没收。

没收的本质体现在三个方面：一是具有刑罚的本质。没收违法所得或产生之物、供犯罪使用的工具或为犯罪而预备之物可被视作一种刑罚。二是具有保安处分的本质。没收违禁物，保障社会安全、公共安全，防止危害后果发生。三是兼具刑罚的本质与保安处分的本质。没收用以犯罪之物或违法所得之物。例如，对于行为人为了实施诈骗而伪造的货币，若不予以没收，可能流通到市场，危害金融秩序。[②] 法治发达国家和地区的没收具有类似刑罚与保安处分的法律性质，与程序法中的"可为证据之物"相契合。日本刑事诉讼法第 99 条第 1 款和我国台湾地区"刑事诉讼法"第 133 条第 1 款都将扣押对象分为两类：可为证据之物与得没收之物。所谓"得没收之物"与其配套的"刑法"规定相对应，属于"刑法"规定的得没收之物即可，法院不必然裁判其予以没收。例如，我国台湾地区"刑法"第 38 条将得没收之物分为：违禁物；供犯罪所用之物或犯罪预备之物；违法所得之物。[③]《美国联邦刑事诉讼规则》第 41 条 C 款规定，搜查、扣押的对象包括以下三项：一是犯罪证据；二是违禁品、违法所得或者其他非法持有的财产；三是为

---

① 林钰雄：《新刑法总则》，中国人民大学出版社 2009 年版，第485 页。

② 林山田：《刑法通论（下册）（第 10 版）》，北京大学出版社 2012 年版，第 322 页。

③ 张丽卿、林朝云：《刑事法典》，五南图书出版股份有限公司 2013 年版，第 1-55 页。

实施犯罪而制造、预备用于犯罪或者实施犯罪所使用的财产。① 俄罗斯联邦刑事法典第 104-1 条规定的没收对象包括：用于恐怖活动、有组织犯罪团伙、非法武装团体、犯罪集团资金款项的钱款、有价证券与其他财产；被告人所有的犯罪工具、设备及其他犯罪装备。② 应当没收之物主要包括：供犯罪所用之物、违法所得之物和违禁品。

（1）供犯罪所用之物。供犯罪所用之物应做何理解？供犯罪所用之物与犯罪行为之间的关系加以何种程度的界定？其中的犯罪行为是单指犯罪实行行为，还是既包含犯罪实行行为，又包含犯罪预备行为。供犯罪所用之物是否仅仅以犯罪人所有为界限呢？

"供犯罪所用之物，是指直接用以实施犯罪之物。"③ 对该概念的理解有两点：第一，供犯罪所用之物仅适用于故意犯罪。犯罪嫌疑人有意识地追求这些物品的目的是实施犯罪。就"故意"的瞬间冲动等时间的分界线而言，虽然柏拉图已注意到非"故意"的行为具有及时、没有事先意图、事后忏悔等特征。但是法律难以说明犯意和行为之间间隔的时间长度。人类的大脑反应极其敏捷，从选择和意图的"故意"关系而言，"只要存在犹豫和疑虑，所作出的选择是思考的结果，那么在意图与行为之间的斗争无论多么短暂"，都存在会导致犯罪人被判刑的"故意"与"预谋"。④ 我国

---

① "Federal Rules of Criminal Procedure 2015", http：//international. westlaw. com/Welcome/WorldJournals/default. wl? RS = imp1. 0&VR = 2. 0&SP = swestupl - 2000&FN = _top&MT = WorldJournals&UTid = 34&SV = Splitl. 最后访问日期：2015 年 12 月 25 日。

② 《俄罗斯联邦刑事法典》，赵路译，中国人民公安大学出版社 2009 年版，第 59-60 页。

③ 韩忠谟：《刑法原理》，中国政法大学出版社 2002 年版，第 289 页。

④ People v. Majone, 88N. Y. 117. 参见 ［美］本杰明·卡多佐：《医学能为法律做什么?》，载《法律的成长》，李红勃、李璐怡译，北京大学出版社 2014 年版，第 181 页。

台湾地区学者洪福增先生也认为，"没收供犯罪所用财物应以故意犯罪为限"。① 第二，犯罪行为与供犯罪所用或供犯罪预备之物之间必须具有直接的关系，而非间接关系。强调二者之间具有必然的、直接的联系，旨在确定应当扣押的财物、文件是主要或专门用于犯罪行为，而非偶尔用于犯罪行为。"犯罪故意"和"直接关系"成为界定"供犯罪所用之物"的两翼。

供犯罪所用之物应当包括供犯罪预备之物，如为实施犯罪所准备但尚未使用的财物、工具、文件等。德国刑法典第 74 条规定："凡故意犯罪的，因违法所得之物，或用于犯罪、预备犯罪或准备用于犯罪之物，应予没收。"② 日本刑法典第 19 条第 1 款规定："供犯罪行为使用或者将要供犯罪行为使用之物可予没收。"③ 德、日两国规定的"故意"对于"预备犯罪"并不充分必要。法国新刑法典第 222-49 条规定，应当"没收直接或间接用于实行犯罪的设施、设备与一切财产以及来自犯罪的一切所得。"④ 补充了"故意"当中的"直接"关联。我国台湾地区"刑法"第 38 条规定，没收的供犯罪所用或供犯罪预备之物，必须以属于犯罪行为人者为限；有特别规定的，依特别规定（如"刑法"第 200、205、209、219、235Ⅲ、265、266Ⅱ条），无论是否属于行为人，都应当没收。

对于没收第三人取得的供犯罪所用之物的问题，分情况论述：

第一，供犯罪所用之物与犯罪人关系中的扣押。我国刑法第 64 条规定，没收"供犯罪所用的本人财物"。根据《中华人民共

---

① 洪福增：《刑法之理论与实践》，五南图书出版股份有限公司 1988 年版，第 473 页。

② 《德国刑法典（2002 年修订）》，徐久生、庄敬华译，中国方正出版社 2004 年版，第 40 页。

③ ［日］大谷实：《刑法讲义各论（第二版）》，黎宏译，中国人民大学出版社 2008 年版，第 381 页。

④ 《法国新刑法典》，罗结珍译，中国法制出版社 2003 年版，第 71-72 页。

和国刑法释义（第 5 版）》，供犯罪所用的本人财物是指"供犯罪分子进行犯罪活动而使用的属于他本人所有的钱款和物品。"[1] 供犯罪所用的本人财物具有三个特征：一是财物属于"本人"。既包括犯罪人完全所有的财物，又包括犯罪人部分所有的财物。如果完全不属于犯罪人所有，则不属于本人财物。若他人明知犯罪人利用该财物实施犯罪而提供财物的，也应认定为本人财物。"本人"也应当包括共同犯罪的共犯，如正犯、教唆犯、从犯和胁从犯。二是财物专门用于犯罪。这个特征强调财物用于犯罪的必然性和经常性，对于偶尔用于犯罪的财物一般不予没收。例如，用于赌博的资金、通信工具应当没收；对于偶尔用于复印伪造证件的复印机，一般不予没收。三是财物对犯罪具有重要作用。如果该财物与犯罪的情节轻重密切相关，具有一定的相当性，则予以没收。例如，行为人骑着摩托车到达某银行后实施了持枪抢劫的行为，抢劫的核心在于"枪"，而非摩托车。摩托车在本案中只是起到次要、辅助作用，不应当予以没收。对于供犯罪所用之物的扣押，究竟是扣押犯罪行为人本人之物，还是犯罪嫌疑人与同案犯之物呢？笔者认为，只要是供犯罪所用之物都应当予以扣押。这是因为：一是在侦查阶段，财物、文件的所属关系未必明确；二是供犯罪所用之物也可能作为证据，需要被扣押；三是扣押是一种临时强制性措施，对财物、文件的处理不具有终局性。

第二，供犯罪所用之物与第三人关系中的扣押。这里的"第三人"是指除共犯以外的人。根据全国人大法工委的权威解释，对于"财物所有人事前不知是供犯罪使用的"[2]，应当将所扣押的财物返还给第三人。但是，仅仅用"事前不知"作为返还的主观

---

[1] 全国人大常委会法制工作委员会编：《中华人民共和国刑法释义（第5版）》，法律出版社 2011 年版，第72页。
[2] 全国人大常委会法制工作委员会编：《中华人民共和国刑法释义（第5版）》，法律出版社 2011 年版，第72页。

条件，显然过于简单。这种"不知"是事前完全不知道，还是已经认识到行为人有犯罪可能但是没有制止呢？这使得实务部门难以判断。因此，有学者提出，应当对返还第三人的条件进行综合考量，"违背所有者意愿、未能合理预见、未能制止等因素"。[①] 此外，刑法第 64 条规定应扣押的供犯罪所用的财物不能仅仅限于"本人"，应当适当扩大范围，在第三人存在故意或重大过失的情形时仍为行为人提供犯罪工具的，应当扣押，不予返还。德国的立法经验也值得参照。德国刑法典第 74 条第 6 款规定，当存在四种情况时，不予补偿第三人。[②] 如果第三人知情系用于犯罪之物或违法所得之物，那么侦查机关扣押时无须补偿。如果第三人不知情且支付了相应的合理对价，取得供犯罪所用之物的，不应当扣押该物，但应当扣押犯罪嫌疑人因此而获得的对价。如果犯罪嫌疑人供犯罪所用之物无偿赠与他人的，侦查机关可以扣押受赠之物，并无须补偿。[③]

（2）违法所得之物。从狭义上解释，"违法所得之物乃指因实

---

①　何帆：《特别没收研究——国际法与比较法的视角》，法律出版社 2007 年版，第 147 页。

②　（1）第三人至少由于轻率而致使该物或权利被利用为犯罪工具或客体的，或被利用为预备犯罪的工具或客体的；（2）当事人明知该物或物之权利可能被没收或查封而不当获得的；（3）根据产生没收或查封的情况，依据除刑法以外其他法律规定可以长久剥夺第三人对物的权利而不予补偿的；（4）在第 2 款情形下，不予补偿确实过分严厉的，仍可予以补偿。

③　1992 年公安部发布的《关于对用于毒品犯罪的他人财物是否应予没收的批复》中规定："在处理具体案件时要区别对待：对查获的供毒品犯罪使用的财物，可以作为证据暂予扣押。经查明后，属于犯罪分子本人所有的财物，应当一律没收；不属于犯罪分子本人所有，但在财物所有者明知或者借以从中渔利的情况下，供毒品犯罪人使用的财物，也应当没收；行为人盗用他人财物或者违背财物所有者的意愿而利用其财物进行毒品犯罪的，对这类财物不应没收。"

施犯罪而取得之物"。① 从广义上解释，违法所得之物可以理解为："①犯罪行为产生之物；②由犯罪行为取得之物；③作为犯罪报酬取得之物。"② 我国刑法中有时将"违法所得"与"犯罪所得"混用。违法所得的范围比犯罪所得的范围大一些，违法所得不一定是犯罪所得，但犯罪所得一定属于违法所得。

第一，犯罪行为产生之物。"犯罪产生之物，是指由犯罪行为制造出来的物。"在犯罪之前不存在此物，其是在实施犯罪行为过程中所产生的财物。最典型的例子是伪造假币罪中伪造的假币。③我国台湾地区在 2005 年"刑法"的修改中，将原"刑法"第 38 条第 1 款第 3 项中的"违法所得之物"修改为"因犯罪所生或所得之物"，其修正理由在于对没收对象加以明确区分。④ 法国新刑法典第 131-21 条以及第 222-49 条规定没收之物包括实行犯罪之物和犯罪所生之物。⑤

第二，犯罪行为取得之物。犯罪行为取得之物是犯罪嫌疑人通过犯罪行为所获得之物。在大陆法系国家和地区，强调剥夺犯罪人因犯罪行为取得的不当利益；在英美法系国家，强调"任何人不得从犯罪中获益"。⑥ 例如，盗窃、抢劫所获得的金钱、珠宝等物。

---

① 林山田：《刑法通论（下册）（第 10 版）》，北京大学出版社 2012 年版，第 324 页。

② 何帆：《特别没收研究——国际法与比较法的视角》，法律出版社 2007 年版，第 123 页。

③ 何帆：《特别没收研究——国际法与比较法的视角》，法律出版社 2007 年版，第 124 页。

④ 陈子平：《刑法总论（上）》，元照出版有限公司 2005 年版，第 302 页。

⑤ 《法国新刑法典》，罗结珍译，中国法制出版社 2003 年版，第 17 页。

⑥ ［日］大谷实：《刑法总论》，黎宏译，清华大学出版社 2003 年版，第 380 页。

德国刑法典第 73 条第 2 款规定："追缴命令的效力及于所得利益。"① 俄罗斯联邦刑事法典第 104-1 条规定的没收对象为：因实施犯罪而获得的财产，以及利用该财产所取得的部分或全部转化性收益；非善意第三人取得的上述之物。② 再如，法国新刑法典第 131-21 条和第 222-49 条规定。在英国，有学者指出，没收对象为违法所得的总收益，不扣除为犯罪支付的成本与其他费用。③

第三，作为犯罪报酬取得之物。作为犯罪报酬取得之物是指行为人实施犯罪行为所获得的报酬。最为典型的是在贪污贿赂犯罪案件中同意给付的报酬。德国刑法典第 73 条规定追缴的对象为：因违法行为或基于违法行为本身而取得的财产利益；出让违法所得而取得的财物；基于所得权利而取得的财物；被追缴的物品属于第三人也可以追缴，但以第三人允许将该物品用于犯罪或者明知构成犯罪而允许使用为限。④

我国刑法第 64 条规定的"没收犯罪分子所得的一切财物"争议较小，这里主要针对违法所得之物与第三人关系的扣押进行论述。通过有偿或无偿的方式，违法所得及其孳息可能流向第三人。根据第三人是否知情的程度，可以分为善意第三人和恶意第三人。我国刑法和刑事诉讼法没有规定善意取得制度，相关法律对违法所得是否适用善意取得制度莫衷一是，主要存在以下三种观点：

第一种观点是违法所得不适用善意取得制度。1992 年 8 月 16 日最高人民法院研究室通过的《关于对诈骗后抵债的赃款能否判

① ［德］汉斯·海因里希·耶塞克、托马斯·魏根特：《德国刑法教科书（总论）》，徐久生译，中国法制出版社 2001 年版，第 954 页。

② 《俄罗斯联邦刑事法典》，赵路译，中国人民公安大学出版社 2009 年版，第 59-60 页。

③ Guy Stessens, *Money Laundering: A New International Law Enforcement Model*, Cambridge: Cambridge University Press, 2000, p. 53.

④ 《德国刑法典（2002 年修订）》，徐久生、庄敬华译，中国方正出版社 2004 年版，第 38-39 页。

决追缴问题的电话答复》规定①，无论赃款赃物流向何处，一律追缴，对违法所得的扣押不适用善意取得制度。第二种观点是违法所得适用善意取得制度。1996 年 12 月最高人民法院通过的《关于审理诈骗案件具体应用法律的若干问题的解释》以及 1998 年 5 月 8 日发布的《关于依法查处盗窃、抢劫机动车案件的规定》② 都规定，对于第三人恶意取得的违法所得，一律予以追缴；对于善意取得的，不再追缴。我国台湾地区的韩忠谟教授认为，没收之物不属于犯罪人之外的人所有，若该物为犯罪人与第三人共同所有，不得予以没收；对权利者不明的，可以没收。③ 第三种观点是未明确规定适用善意取得制度。1965 年 12 月 1 日最高人民法院、最高人民检察院、公安部、财政部发布的《关于没收和处理赃款赃物若干问题的暂行规定》④ 以及 1998 年 4 月最高人民法院通过的《关于在审理经济纠纷案件中涉及经济犯罪嫌疑若干问题的规定》都规定，对于刑事案件中的赃物或走私所得的财物，一般应当追缴；如果无法回赎，可以与确实不知是赃物的买主进行调解。

　　法律规定之间的冲突与矛盾给实务部门的执法带来困惑。笔者主张，对于违法所得及其孳息，侦查人员一律扣押。只是在处理扣押物时，将相关扣押物返还给善意第三人。这既满足了打击犯罪的

----

① 赃款赃物的追缴并不限于犯罪分子本人，对犯罪分子转移、隐匿、抵债的，均应顺着赃款赃物的流向，一追到底，即使是享有债权的人善意取得的赃款，也应追缴。

② 该规定第 12 条规定："对明知是赃车而购买的，应将车辆无偿追缴；对违反国家规定购买车辆，经查证是赃车的，公安机关可以根据《刑事诉讼法》第一百一十条和第一百一十四条规定进行追缴和扣押。对不明知是赃车而购买的，结案后予以退还买主。"

③ 韩忠谟：《刑法原理》，北京大学出版社 2009 年版，第 380—381 页。

④ 对办案过程中缴获的赃款赃物，应当认真进行查对。查证属实后，对依法应该没收的赃款赃物，或应该退还失主但又找不到失主的赃款赃物，才能予以没收；确实与犯罪无关的财物，不得没收。

要求，又保障了善意第三人的合法权益。

（3）违禁品。"违禁物乃法律禁止私人制造或持有之物。"①刑事扣押具有社会防卫的目的，之所以扣押违禁品，是因为违禁品本身具有危险性，可能对社会安全造成危害。扣押违禁品不以行为是否构成犯罪为限。为了避免违禁品带来新的危害，无论违禁品属于犯罪嫌疑人所有，还是属于第三人所有，都应当予以扣押。

以违禁品的范围大小为标准，有学者将违禁品分为绝对违禁品与相对违禁品。"绝对违禁品是指法律规定只要私人制造和持有的即为违法物品。"② 例如，易燃、易爆等危险物品；鸦片、冰毒、海洛因等毒品；淫秽光碟、淫秽书籍等淫秽物品。一旦侦查人员发现这些违禁品，无论是否与案件有关，无论是否属于犯罪嫌疑人所有，都应当予以扣押。"相对违禁品是指法律规定，未经权力机关批准而私自制造或持有才能构成违法的物品。"③ 如果经过行政许可而持有或制造的，则不构成违禁品；反之，则成为违禁品。例如，枪支、弹药、爆炸物等危险品对于普通公民而言禁止占有、使用，但对于持有许可证的警察、军人等则允许持有、携带。又如，吗啡属于毒品，法律禁止普通公民吸食，但对于经过医生允许的特殊病人，可以使用吗啡镇痛。

判断物品是否为违禁品，应当严格遵守法律的明文规定。法律规定者，为违禁品；法律未规定者，不得认定为违禁品。出于社会保全目的的考虑，侦查人员应当对违禁品先行扣押，但是否为违禁品，是否没收违禁品，应当以法官裁判时的法律规定为准。关于违禁品的法律法规主要有：《渔业法》第 30 条对炸鱼、毒鱼、电鱼

---

① 韩忠谟：《刑法原理》，北京大学出版社 2009 年版，第 380 页。

② 盛南光主编：《新刑法实用问答》，警官教育出版社 1997 年版，第79 页。

③ 李长坤：《刑事涉案财物处理制度研究》，上海交通大学出版社 2012年版，第 136 页。

等的限制。《野生动物保护法》第 28-31 条对野生动物的保护。
《文物保护法》第 2 条对文物的保护。《野生植物保护条例》第 2、
18 条对国家一级、二级野生植物的保护。《刑法》第 152、363-
365、367 条对淫秽物品的禁止性规定。2009 年全国人大常委会通
过的《关于惩治走私、制作、贩卖、传播淫秽物品的犯罪分子的
决定》对淫秽书刊、影片、音像、图片或者其他淫秽物品的规定。
2015 年《人民检察院刑事诉讼涉案财物管理规定》第 12 条的规
定，2015 年公安部印发的《〈公安机关刑事案件现场勘验检查规
则〉和现场勘验笔录式样的通知》第 56 条规定，在现场勘验、检
查中，应当立即扣押爆炸物品、毒品、枪支、弹药和淫秽物品以及
其他危险品或者违禁物品。但是上述法律法规对违禁品规定得并不
全面。对违禁品较为全面的规定要数 2008 年《关于进一步加强违
禁品网上非法交易活动整治工作的通知》，对网上非法贩卖的违禁
品作了规定，① 以及 1998 年《公安机关办理刑事案件程序规定》
第 219 条②的规定。总之，笔者将违禁品归纳为以下几类：淫秽物
品；武器弹药、管制刀具，易燃、易爆、剧毒、放射等危险品；毒
品；危害国家安全的传单、标语、信件和其他宣传品；秘密文件、
图表资料；珍贵文物、珍贵动植物。

违禁品可能存在以下几种情形：一是违禁品属于犯罪行为直接
取得之物，如盗窃了一包海洛因，盗窃行为直接取得的是违禁品。
二是违禁品属于犯罪所生之物，如为了实施诈骗罪而伪造的公章。
三是违禁品属于供犯罪所用的本人财物，如行为人用枪实施抢劫，

---

① 国家规定限制或禁止生产、购买、运输、持有的枪支弹药、爆炸物
品、剧毒化学品、窃听窃照专用器材、毒品、迷药、管制刀具等物品。
② （一）淫秽物品；（二）武器弹药、管制刀具，易燃、易爆、剧毒、
放射等危险品；（三）鸦片、海洛因、吗啡、冰毒、大麻等毒品和制毒原料或
者配剂、管制药品；（四）危害国家安全的传单、标语、信件和其他宣传品；
（五）秘密文件、图表资料；（六）珍贵文物、珍贵动物及其制品、珍稀植物
及其制品。（七）其他大宗的、不便搬运的物品。

枪支本身就属于违禁品。四是与案件无关的违禁品。虽然违禁品与案件无关，但是为了保护国家安全、社会公共安全；为了保护古文化遗址、古墓葬、古建筑、石窟寺、石刻、壁画、近现代重要史迹和代表性建筑等的历史、艺术、科学价值；为了保护野生动物，拯救珍贵、濒危野生动植物，维护生物多样性和生态平衡，侦查人员应当扣押违禁品。法国刑法典第 131-21 条规定，强制没收法律规定的危险物或有害物。① 德国刑法典第 74 条规定："得没收之物在判决时犯罪人享有所有权，或者即使没有所有权，只要该物足以危害公共安全或存在实施违法行为的危险，都应当予以没收。"② 俄罗斯联邦刑事诉讼法典第 182 条第 9 款规定，在搜查中，无论禁止流通的物品和文件是否与案件有关，侦查人员都应当予以追缴。《美国联邦刑事诉讼规则》第 41 条规定，违禁物属于扣押的范围。

违禁品既可能与其他涉案物品交叉存在，又可能单独存在；既可能作为证据，又可能作为应当没收之物，还可能单独作为危险之物。对违禁品的处理分为两种：第一种是对于作为证据使用的违禁品，侦查人员在扣押、固定之后，移交有关保管部门进行保管，待案件终结后再进行相应处理。第二种是对于不作为证据使用的违禁品，移送给相关保管部门后，根据违禁品的特性、作用、危害性、保管能力等因素，要么直接销毁，要么变废为宝，供相关单位使用、科研、教学、保管等。我国台湾地区"毒品危害防制条例"第 2、18 条规定："对于查获的第三、四级毒品③及制造或施用毒品之器具，无正当理由而擅自持有者，均没入销毁之。但合于医药、研究或训练之用者，得不予销毁。"这种立法在于发挥这些违

① 《法国新刑法典》，罗结珍译，中国法制出版社 2003 年版，第 17 页。
② 《德国刑法典（2002 年修订）》，徐久生、庄敬华译，中国方正出版社 2004 年版，第 41 页。
③ 第三级毒品：西可马比妥及相关制品；第四级毒品：二烯丙基巴比妥及相关制品。

禁品再次被利用的功效，与其销毁，不如用于正当目的，造福人类。

第二节　刑事扣押客体范围限制性规则的构建

如何理解和适用"与案件无关的财物、文件，不得扣押"，这不仅关系到立法理念的推行，而且指向刑事扣押客体范围的认定与执行，二者相辅相成。本部分浅析"与案件无关的，不得扣押"的法律沿革，指出执行中的争点；以此为前提，对法治发达国家和地区的立法经验进行借鉴和参照，对涉及国家秘密、公务秘密、职业秘密、亲属关系等的财物、文件的扣押作出限制性规定。规定的限制即指出保护的领域并涉及干预的属性，这些与干预的正当性等议题一起等待深入的探讨。

一、关于刑事扣押客体范围的限制性规定

法治发达国家和地区不仅从正面规定了刑事扣押客体范围，还从反面对刑事扣押的客体范围作出一定的限制。其限制主要基于国家秘密、公务秘密、亲属关系以及职业秘密四个方面，具体表现为：

一是基于国家秘密对刑事扣押客体范围的限制。德国刑事诉讼法典第 96 条对档案或由其他官方保管的文书作出了限制性的规定，如果保管机关的最上级职务机关表示公开这些档案或文书的内容可能会损害国家利益，那么不得扣押这些档案或官方保管的文书。①意大利刑事诉讼法典第 256 条对公务员、公共职员和受委托从事公共服务的人员在涉及国家秘密、公务秘密或职业秘密的物品、文件

---

① 《德国刑事诉讼法典》，宗玉琨译，知识产权出版社 2013 年版，第 51 页。

或文书扣押时进行了特殊限制。[1] 俄罗斯联邦刑事诉讼法典第 183 条第 3 款规定，侦查人员扣押涉及国家机密或其他受联邦法律保护秘密的物品和文件，需要经过检察长的批准。[2]

二是基于公务秘密对刑事扣押客体范围的限制。德国刑事诉讼法典第 97 条规定了依法享有拒绝作证权的人所保管的物品也不得扣押，包括：（1）被指控人与享有拒绝作证权的人员之间的书面通信。（2）因职业原因享有拒绝作证权的人（如神职人员、辩护人、律师、公证人、会计师、财会师、医生、牙医、心理治疗师、药剂师、助产士、专利代理人、宣誓过的查账员、税务顾问和税务全权代理、德国联邦会议成员、大会成员、州议会成员等）所做的关于被指控人对其告知的事项，或拒绝作证权所涵盖的其他事项所做的记录。（3）享有拒绝作证权的人拒绝证言权所涵盖的包括医师检查结果在内的其他标的。此外，现在或曾经从事印刷品、无线广播、影视报道的准备、制作、发行职业的人员，对于他们及其编辑社、出版社、印刷厂或无线广播电台所保管的文书、音像和数据载体、图片和其他资料也不得扣押。[3] 意大利刑事诉讼法典第 255 条规定了对银行扣押的限制，只有司法机关确有理由认为银行中的文件、票据、有价证券、账户存款和其他任何物品，包括在保险柜中的上述物品，才能予以扣押。[4] 日本刑事诉讼法第 103-104 条规定了公务员或曾担任公务员的人、众议院或参议院的议员、内

---

① 《意大利刑事诉讼法典》，黄风译，中国政法大学出版社 1994 年版，第 86 页。

② "Russia Code of Criminal Procedure 2005", http：//legislationline. org/download/action/download/id/1698/file/3a4a5e98a67c25d4fe5eb5170513. htm/preview. 最后访问日期：2015 年 12 月 27 日。

③ 《德国刑事诉讼法典》，宗玉琨译，知识产权出版社 2013 年版，第 51-52 页。

④ 《意大利刑事诉讼法典》，黄风译，中国政法大学出版社 1994 年版，第 85 页。

阁大臣或其他国务大臣等，除妨害国家利益的情形外，因公务上的秘密有拒绝扣押的权利。① 我国台湾地区"刑事诉讼法"第 134 条规定了对公务员所持有或保管之文书扣押的限制，即"政府机关、公务员或曾为公务员之人所持有或保管之文书及其他物件，如为其职务上应守秘密者，非经该监督机关或公务员允许，不得扣押"。② 当该监督机关或者公务员本身因涉嫌犯罪或包庇犯罪而拒绝向侦查人员提供文书及物件时，侦查人员可以扣押。

三是基于亲属关系对刑事扣押客体范围的限制。为了维护和谐的家庭、稳定的婚姻关系，保护基于家庭关系的隐私，法治发达国家和地区确立了亲属间证人作证特免权制度。亲属有权不作对行为人不利的证言，国家机关亦不得扣押与亲属间证人作证、秘密交流有关的财物、文件。关于亲属间特免权的客体范围，英美法系国家限于交流特免权和刑事归责特免权，其适用于配偶间。如美国《统一证据规则》第 504 条第 2 款规定，配偶或前配偶就其婚姻期间内的秘密交流受到作证特免权的保护。大陆法系国家和地区限于基于身份的特免权和刑事归责特免权，适用的范围则大一些，除了配偶之间外，还包括其他家庭成员之间。③ 德国刑事诉讼法典第 52 条、日本刑事诉讼法第 147 条、我国台湾地区"刑事诉讼法"第 181 条基本限于配偶、订婚人、三代以内的血亲或两代以内有姻亲的人员。

四是基于职业秘密对刑事扣押客体范围的限制。对从事某些特定业务的人，就其在业务上受委托而持有或保管的文书、文件或其

---

① "Code of Criminal Procedure 2006", http：//www. japaneselawtranslation. go. jp/law/detail/？ ft＝2&re＝02&dn＝1&yo＝code＋of＋criminal＋procedure&x＝40&y＝16&ky＝&page＝1. 最后访问日期：2015 年 12 月 10 日。

② 张丽卿、林朝云：《刑事法典》，五南图书出版股份有限公司 2013 年版，第 2-48 页。

③ 吴丹红：《特免权制度研究》，北京大学出版社 2008 年版，第 195-197 页。

他物品，关系到他人秘密时，可以拒绝扣押。这些从事特定业务的人主要包含医生、药剂师、助产士、宗教师、律师、公证人、会计师或业务上的代理人等，范围同享有拒绝作证权人的范围。由于从事这些业务的人受到社会一般大众的信赖，如果他们不能保守秘密和隐私，就会使大众感到不安，缺乏安全感。而且业务上享有拒绝扣押权人的范围与业务上享有拒绝作证权人的范围相同，如果他们不享有拒绝扣押的权利，那么拒绝作证权将难以得到实现。因此，有学者主张基于职业秘密对扣押范围的限制，究竟是否扣押，由受托人作出判断。同时，当本人允许扣押，或者专为保护犯罪嫌疑人、被告人免予处罚时，因为失去了保护意义，所以他们不得拒绝扣押。[①]《美国联邦证据规则》第 502 条规定了"律师—当事人特免权"，法律保护"律师—当事人"的秘密交流，其中自然包含他们之间的通信。[②] 英国 1984 年警察与刑事证据法第 10 条第 1 款规定，职业法律顾问与他的当事人或代表当事人的委托人之间就提供法律建议或诉讼问题而进行的交流内容受法律特权保护。[③] 日本刑事诉讼法第 105、149 条规定了医生、助产士、护士、律师、公证人等因职业需要，可以拒绝扣押。[④]

　　为了保护犯罪嫌疑人的辩护权和确保律师的执业权，法治发达国家和地区在宪法中都规定保障公民的通信自由和通信秘密的权利，在扣押邮件、电报、电子邮件时普遍采取了更加严格的态度，

---

　　① 黄东熊、吴景芳：《刑事诉讼法论（上）（第 7 版）》，三民书局 2010 年版，第 205—206 页。

　　② 王进喜：《美国〈联邦证据规则〉（2011 年重塑版）条解》，中国法制出版社 2012 年版，第 144—145 页。

　　③ 中国政法大学刑事法律研究中心组织编译：《英国刑事诉讼法（选编）》，中国政法大学出版社 2001 年版，第 258 页。

　　④ "Code of Criminal Procedure 2006", http：//www. japaneselawtranslation. go. jp/law/detail/? ft＝2&re＝02&dn＝1&yo＝code＋of＋criminal＋procedure&x＝40&y＝16&ky＝&page＝1. 最后访问日期：2015 年 12 月 10 日。

适用更加严格的规则，尤其表现在一般禁止扣押辩护人与被告人往来的邮件、电报方面。德国刑事诉讼法典第 99-100 条规定，原则上由法院决定扣押邮件、电报。在迟延就有危险时，也可以由检察院决定。但是，由检察院决定扣押的，其扣押行为未在 3 个工作日内得到法院确认的，则扣押自动失效。不过，法院有权拆启邮件、电报；必要时，检察官有权开启邮件、电报，开启权仍属于确认扣押的法官。[①] 但是第 97 条第 1 款却禁止扣押律师与被指控人之间的通信。[②] 法国刑事诉讼法典第 56 条规定，司法警察有权扣押有益于查明事实真相的物品、文件与信息数据材料。对于律师与当事人之间的信件，除了这些信件足以作为律师参与犯罪的证据，或与履行辩护权无关之外，原则上不得扣押这类信件。[③] 俄罗斯联邦刑事诉讼法典第 185 条规定，如果有足够的理由相信扣押印刷邮件、包裹或其他邮件、电报或无线电报的，在邮电机构扣押、检查和提取邮件、电报由法院审查后决定。若法院作出扣押邮件电报的决定，那么决定的副本应送交有关邮电机构。[④] 意大利刑事诉讼法典第 254 条规定，司法机关可以在邮局或电报局扣押由被告人寄发的或者向其寄发的或者可能与犯罪有关的信件、邮件、包裹、钱款、电报或其他通信材料。当司法警官扣押时，他们应将扣押的邮件、信件交给司法机关，不得拆封，不得了解邮件、信件中的内容。[⑤]

---

① 《德国刑事诉讼法典》，宗玉琨译，知识产权出版社 2013 年版，第 55-56 页。

② 《德国刑事诉讼法典》，宗玉琨译，知识产权出版社 2013 年版，第 51、55 页。

③ ［法］卡斯东·斯特法尼、乔治·勒瓦索、贝尔纳·布洛克：《法国刑事诉讼法精义（下册）》，罗结珍译，中国政法大学出版社 1998 年版，第 577 页。

④ 《俄罗斯联邦刑事诉讼法典》，黄道秀译，中国人民公安大学出版社 2006 年版，第 169 页。

⑤ 《意大利刑事诉讼法典》，黄风译，中国政法大学出版社 1994 年版，第 85 页。

但是第 103 条第 6 款规定，为了保障辩护人的自由权，禁止扣押或检查被告人与其辩护人之间的通信，除非司法机关有充分的理由认为该信件属于犯罪物品。[①] 我国台湾地区"刑事诉讼法"第 135 条第 1 款第 2 项规定，一般禁止扣押辩护人与被告人之间往来的邮件、电报，除非认为该邮件、电报是犯罪证据或有湮灭、伪造、变造证据或勾串共犯或证人的可能，或者被告人已经逃亡。[②]

　　律师—委托人特免权根植于罗马法和教会法，[③] 16 世纪中期在普通法上首次得到表述。[④]《美国联邦证据规则》第 502-503 条规定了律师—委托人特免权及限制规则。

　　支持律师—委托人秘密交流的传统理由是功利主义观点。这种观点由威格摩尔提出，该观点基于一个基本的、未经验证的假设：承认某项特免权所带来的利益大于禁止使用相关证据的成本。虽然禁止扣押律师—委托人秘密交流的文件、财物、通信减少了法院就争议问题所能获得的信息量，但是有学者采用微观经济学的方法，认为保护律师—委托人之间的通信与交流所带来的好处超过其成本。[⑤] 如果不能禁止扣押与秘密交流相关的材料、文件、通信，那么律师—委托人之间的交流将会被破坏。保护秘密交流的理由在于："（1）这种交流必须源自它们不会被披露之秘密；（2）对于全

---

　　① 《意大利刑事诉讼法典》，黄风译，中国政法大学出版社 1994 年版，第 38-39 页。

　　② 张丽卿、林朝云：《刑事法典》，五南图书出版股份有限公司 2013 年版，第 2-48 页。

　　③ Radin, "The Privilege of Confidential Communication Between Layer and Client", 16 Calif. L. Rev. 487（1928）.

　　④ Christopher B. Müller, Laird C. Kirkpatrick, Modern Evidence: Doctrine and Practice, Little Brown and Company, 1995, p. 619.

　　⑤ Ronald J. Allen, Mzrk F. Grady, Daniel D. Polsby, & Michael S. Yashko: A Positive Theory of the Attorney-Client Privilege and the Work Product Doctrine, 19 J. Legal Stud. 359（1900）.

面且令人满意地维持当事人之间的关系而言，秘密性要素必须是至关重要的；（3）在社会共同体看来，这种关系必须是一种应当小心养护的关系；（4）披露这种交流给这种关系带来的损害必须大于获得有关信息从而正确处理诉讼带来的利益。"① 近些年来，隐私权理论初见端倪，成为支持律师—委托人秘密交流的主要理论，尤其强调对个人隐私交流秘密的保护。交流秘密性是一种隐私权益，其本身是对法院事实认定功能的合法约束。② 大卫·鲁伊塞尔（David Louisell）指出，对隐私的尊重就是足以解释保护秘密交流问题，法律制度不能以牺牲诉讼当事人的隐私来实现司法利益。③ 在某些情况下，强迫披露律师与委托人之间的交流内容的法律制度是不道德的、错误的。

也有些学者对于保护律师—委托人的秘密交流表示质疑。例如，埃德蒙·摩根（Edmund M. Morgan）在《美国法律协会证据模范法典》前言中提出，限制或禁止扣押律师—委托人秘密交流的财物、文件、通信会帮助伪证者作伪证。当委托人告知律师的是事实真相，在法庭中说的是谎言，即使委托人说的是谎言，也会因为这种特殊的保护而遮盖谎言。④ 再如，路易斯·开普罗（Louis Kaplow）和斯蒂文·沙威（Steven Shavell）教授在《关于诉讼中披露的法律意见：其效果与社会希求》中认为，这种特权只应当提供给那些被错误地（或恶意地）指控有不当行为的人，从而使无

---

① ［美］罗纳德·J. 艾伦、理查德·B. 库恩斯、埃莉诺·斯威夫特：《证据法：文本、问题和案例（第三版）》，张保生、王进喜、赵滢译，满运龙校，高等教育出版社 2006 年版，第 906 页。

② "development in the law – – priveleged communications", 98 Harv. L. Rev. 1450, 1481–1486 (1985).

③ David Louisell, Confidentiality, Conformity and Confusion: Privilege in Federal Court Today, 31 Tul. L. Rev. 101, 110 (1956).

④ Edmund M. Morgan, Forward to the American Law Institute's Model Code of Evidence 25 (1942).

辜者更易避免被追究责任。①

　　我们认为，律师—委托人的秘密交流仅限于委托人为获得法律意见而进行的交流，涉及的事实因素则不在保护范围内，其旨在促进律师为委托人提供专业的法律服务。"为了促进委托人同律师进行磋商的自由，必须消除法律咨询者被迫披露有关信息的恐惧。法律必须禁止法律咨询者进行的这种披露，委托人同意除外。"② 其一，这种交流既可以是口头的，也可以是通过书信、文件、电子邮件等书面方式的交流，但是委托人向律师提供的在咨询之前已经存在的文件则不在保护范围内。其二，交流的内容必须是秘密交流。如果交流的内容不具有秘密性，有第三人在场，③ 那么交流的内容不受禁止扣押的保护。其三，这种交流不仅适用于律师与委托人之间为确保获得法律意见目的而进行的任何交流，还适用于委托人与律师进行的预备性磋商（并未要求委托人缴纳律师费，或者委托事项已经进入诉讼程序），即使委托人最终没有聘请律师。④ 主张禁止扣押的人必须证明律师服务是法律职业范围内的服务，而非其他商业服务。例如，英国 1984 年警察与刑事证据法第 10 条第 1 款 b 规定："在职业法律顾问与他的委托人或代表其委托人的任何人之间，或者在职业法律顾问或其他委托人或其委托人的代表人与任何其他人之间，就有关诉讼问题或者在诉讼进行之际为诉讼目的而

---

　　① Louis Kaplow & Steven Shavell, Legal Advice About Information to Present in Litigation: Its Effects and Social Desirability, 102 Harv. L. Rev. 562, 570 (1989).

　　② Albert Alschuler, "The Preservation of a Client's Confidences: One Value Among Many or a Categorical Imperative?", 52 Colo. L. Rev. 349 (1981).

　　③ 第三人在场的交流常被认为不具有秘密性。参见 United States v. Ackert, F. 3d 136, 138—140 (2d Cir. 1999).

　　④ ［美］罗纳德·J. 艾伦、理查德·B. 库恩斯、埃莉诺·斯威夫特：《证据法：文本、问题和案例（第三版）》，张保生、王进喜、赵滢译，满运龙校，高等教育出版社 2006 年版，第 918 页。

进行的交流内容"。再如，美国联邦最高法院还制定了"工作成果原则"（work product doctrine）①，对于与提供法律服务有关的访谈记录、文件、通信、物品不得公开，以维护律师—委托人之间交流的秘密性。其四，扣押邮件、电报、电子邮件须经过法院的书面批准才能通知邮电机关或网络服务机构检交扣押。

二、我国对刑事扣押客体范围的限制性规定

1979 年《刑事诉讼法》第 84 条第 1 款、1996 年《刑事诉讼法》第 114 条第 1 款、2012 年《刑事诉讼法》第 139 条第 1 款和 2018 年《刑事诉讼法》第 141 条第 1 款、1998 年《公安机关办理刑事案件程序规定》第 210 条第 1 款、2012 年《公安机关办理刑事案件程序规定》第 222 条第 1 款都规定："与案件无关的，不得扣押"，但如何判断"与案件无关"，侦查人员如何决定？其中，或"无关"、或"可疑"之财物和文件的扣押、冻结、查封宜导向限制性规则的拟制。2018 年刑事诉讼法第 117 条第 1 款第 3 项新增"对与案件无关的财物采取查封、扣押、冻结措施的"，当事人和辩护人等可以向司法机关的同级检察院或上一级检察院提出申诉或控告。《人民检察院刑事诉讼规则》第 210 条第 2 款规定："不能立即查明是否与案件有关的可疑的财物和文件，也可以查封或者扣押，但应当及时审查……"《公安机关办理刑事案件程序规定》第 196 条对该规定进一步细化，要求受理申诉或控告的公安机关应当自收到申诉、控告之日起 30 日内作出处理决定。除了时间的限制规定外，如何审查，依据何在？该法律解释明显扩大解释了 2018 年刑事诉讼法第 141 条规定的范围，容易成为一种"任意的权力"。

为贯彻罪刑法定主张，对律文赋予弹性，汉律已设有"不应得为"条。不应得为，即律令无条，理不可为者。唐明清律规定，

---

① Hickman v. Taylor, 329 U. S. 495（1974）.

"不应为"轻者笞四十，重者杖八十。又如秦汉以来，晋梁及北齐等律还有"非所宜言（称）"的罪名，系抽象、概括的规定。唐律之后无此律目。……为抑压擅断，又切合法定的实际，宪法及刑事诉讼法对公民权利（财产、隐私、通信自由等）的保护是建立在刑事扣押客体范围的限制性规则之上的。有些学者从比较法的角度比较了法治国家限制或禁止扣押的客体范围；① 林钰雄即从拒绝证言（职业隐私保护等）和禁止扣押的因果关系中推导出禁止扣押的保护领域（扣押类型、事前防止措施、法官令状等）及其干预属性；② 另有学者在探讨特免权的问题时附带提及了刑事扣押客体范围的限制性规定。③ 对限制性扣押的价值基础、对象范围的探讨可能成为"发现真实"的一大障碍，但是其对保护相关社会利益及相关证据的实践意义重大。除具有相当理由或特殊办案需要外，对涉及国家秘密、公务秘密、职业秘密等的财物、文件都需要报请专门机关负责人批准，否则应当限制扣押，鼓励特定关系中的信息自由流通。

相关法律法规之所以对刑事扣押客体范围进行限制，是因为开了一个"活口"，这个"活口"有其存在的合理性。侦查活动具有很强的灵活性，因而需要赋予侦查人员一定的自由裁量权，积极扣

① 孙长永：《侦查程序与人权——比较法考察》，中国方正出版社 2000 年版，第 123-124 页。

② 林钰雄：《第三人之身体检查处分——立法原则之形成》，载《台大法学论丛》2004 年第 4 期，第 101 页以下、第 125 页以下；林钰雄：《初探医疗秘密与拒绝证言》，载赵秉志主编：《〈月旦法学〉刑事法判例研究汇编》，北京大学出版社 2016 年版，第 479、488 页。

③ 参见何家弘主编：《证人制度研究》，人民法院出版社 2004 年版，第 215-261 页；吴丹红：《特免权制度研究》，北京大学出版社 2008 年版，第 53-269 页；易延友：《证据法的体系与精神——以英美法为特别参照》，北京大学出版社 2010 年版，第 121-164 页；衡静：《律师拒证特免权研究》，法律出版社 2011 年版，第 46-232 页。

押可为证据之物与应当没收之物，否则侦查人员就不能有效地实施打击犯罪的目的。然而，过于宽泛的规定又需要我们去完善和填补。我国对刑事扣押客体范围的限制主要存在以下几个方面的问题：

第一，刑事诉讼法及其法律解释对刑事扣押客体范围的限制性规定模糊。其一，侦查人员嫌疑推断，一律扣押。"只要是与犯罪活动有关的任何物品和文件，不问该物品的性质以及由谁保管等，都必须予以扣押。"[①] 其二，财产流向第三方，亦可扣押。[②] 我国刑事扣押程序没有对扣押客体范围进行明确限制，"只要是与犯罪活动有关的任何物品和文件，不问该物品的性质以及由谁保管等，都必须予以扣押，而没有规定特殊主体基于职务秘密或亲属利害关系而享有拒绝扣押的权利。"[③] 侦查机关"自我授权、自我约束"的运行机制导致超范围的扣押行为，以及"保管不规范""移送不顺畅""信息不透明""处置不及时""救济不到位"等问题屡屡发生，[④] 侵犯了个人的权益。此司法赔偿风险的克服导向限制

---

① 张栋：《刑事诉讼法中对物的强制措施之构建》，载《政治与法律》2012年第1期，第31页。

② 向燕：《刑事经济性处分研究——以被追诉人财产权保障为视角》，经济管理出版社2012年版，第207页。

③ 张栋：《刑事诉讼法中对物的强制措施之构建》，载《政治与法律》2012年第1期，第31页。

④ 笔者对中国裁判文书网上2014-2018年5年的案例进行了分析。输入"赔偿案件"进行检索，搜索到196个因刑事违法扣押、随意扣押与案件无关财物而提起国家赔偿的案件。例如，"泸州天新电子科技公司案"，参见四川省高级人民法院赔偿委员会（2016）川委赔32号国家赔偿决定书；"唐大松案"，参见四川省内江市中级人民法院赔偿委员会（2016）川10委赔7号国家赔偿决定书；"许庆龙涉嫌侵犯著作权案"，参见安徽省高级人民法院赔偿委员会（2014）皖法委赔字第00009号国家赔偿决定书。又如徐豪：《黑老大袁诚家凭什么申请37亿巨额国家赔偿？》，载《中国经济周刊》2017年第48期，第45-46页；陈红霞、崔锡程：《"中国典当第一案"二审：钢铁贸易商合法典当还是非法放贷？》，载《21世纪经济报道》2015年8月20日第17版。

性规则的拟制。

第二，刑事扣押客体范围的限制局限于职业道德约束。我国相关法律为了保护国家秘密、职业秘密，仅仅用职业规范或道德规范保护交流的秘密。对刑事扣押客体范围的限制局限于职业道德约束，而没有法律规定的明确限制，不能为当事人提供专业的法律服务，不能保护患者的隐私，不能避免侦查人员随意扩大扣押范围的现实。虽然设立的职业道德规范要求不向法庭以外的人披露职业秘密，但是职业道德规范要求人们不能拒绝向公检法机关披露职业秘密，这也使得执业者往往陷入两难境地。例如，医生与患者之间的秘密交流主要通过职业道德加以限制。我国《执业医师法》第22条、《医务人员医德规范及实施办法》第3条、《护士管理办法》第24条、《性病防治管理办法》第36条都规定医生负有对患者隐私保密的义务。和普通医生与患者的秘密交流相比，心理医生与患者的秘密交流更具隐私性。

第三，法律冲突难以保障刑事扣押客体范围的限制性规定得以践行。由于法律法规之间存在冲突，所以有关刑事扣押客体范围的限制性规定难以践行。例如，为了防止泄露国家秘密，我国立法采取了一系列措施。保守国家秘密法第26条规定[①]，收发、传递、使用、复制、保存国家秘密文件、资料和其他物品，应当采取保密措施。刑事诉讼法第54条第3款要求保守国家秘密，第188条第1款规定了不公开审理制度，这些在一定程度上保护了国家秘密。但是刑事诉讼法第54条第1款和第3款又规定，有关单位和个人应当如实提供证据。即使证据涉及国家秘密、商业秘密、个人隐私，

---

① 保守国家秘密法第26条，规定国家秘密载体的制作、收发、传递、使用、复制、保存、维修和销毁，应当符合国家保密规定。绝密级国家秘密载体应当在符合国家保密标准的设施、设备中保存，并指定专人管理；未经原定密机关、单位或者其上级机关批准，不得复制和摘抄；收发、传递和外出携带，应当指定人员负责，并采取必要的安全措施。

也不得拒绝提供。由此看来，国家秘密的保护难以得到保障。又如，世界刑法学会第十五届大会《关于刑事诉讼法中的人权问题的决议》第 14 条要求尊重职业秘密；1990 年《关于律师作用的基本原则》第 22 条规定，各国政府应确认尊重律师与委托人之间的交流秘密。我国律师法第 38 条第 1 款规定："律师应当保守在执业活动中知悉的国家秘密、商业秘密，不得泄露当事人的隐私。"《律师职业道德和执业纪律规范》也要求律师应当保守与委托事项有关的信息。尽管有些律师基于职业道德保守与当事人之间交流的秘密，但是仍然不排除向公检法机关披露与职业秘密相关的财物、文件、通信等，甚至还可能成为刑法第 306 条（辩护人、诉讼代理人毁灭证据、伪造证据、妨害作证罪）的牺牲品。刑事诉讼法第 110 条第 1 款还规定，任何人都有权利也有义务向公检法机关报案或举报犯罪事实或犯罪嫌疑人。

第四，通信自由和通信秘密的保护乏力。通信自由和通信秘密是宪法赋予公民的基本权利之一。我国宪法第 40 条规定，除因国家安全或追查刑事犯罪的需要外，公民的通信自由和通信秘密不受侵犯。鉴于通信自由和通信秘密权的重要性，对邮件、电报、电子邮件的扣押应当较一般财物、文件的扣押更加谨慎。我国刑事诉讼法对邮件、电报、电子邮件的扣押程序作了规定。刑事诉讼法第 143 条规定，侦查人员认为需要扣押犯罪嫌疑人的邮件、电报的，须经公安机关或检察院批准。《公安机关办理刑事案件程序规定》第 232 条进一步明确，扣押犯罪嫌疑人的邮件、电子邮件、电报，应当经县级以上公安机关负责人批准，并制作扣押邮件、电报通知书，再由邮电部门或网络服务单位交付扣押。《人民检察院刑事诉讼规则》第 217 条第 1 款和第 2 款规定，扣押犯罪嫌疑人的邮件、电报或电子邮件，检察院应当妥善保管。从现行法的规定来看，扣押犯罪嫌疑人的邮件、电报或电子邮件，需要经过县级以上公安机关负责人或检察长的批准。从形式上看，对邮件、电报、电子邮件的扣押程序更为严格，但是与扣押其他财物、文件一样，都不需要经过司法审查，完全由侦查机关根据自己的"需要"决定。这种"自我授权、自我约束"的运行机制既不利于防止权力滥用，也不利于保护公民的通信自由和通信秘密。

三、我国刑事扣押客体范围限制性规则的构建

除了从正面规定刑事扣押客体的范围外，我们还应当从反面对扣押的客体范围作出限制性的规定。除具有相当理由或特殊办案需要外，对涉及国家秘密、个人隐私、公务秘密、职业秘密的财物、文件都需要报请专门机关负责人批准，否则不得扣押。宪法及刑事诉讼法对公民权利的保护是建立在刑事扣押客体范围的限制性规则之上的。通过比较与借鉴法治发达国家和地区的立法规则与实践经验，我国应当对刑事扣押的客体范围作出限制，但是对于一些尚不具备成熟条件的从业人员（如新闻媒体从业人员、药剂师、助产士、宗教师、公证人、会计师等）暂时不予考虑。

第一，基于国家秘密的限制。国家秘密是具有高度秘密性的军事信息和外交信息，侦查机关扣押这类信息后，可能有披露这些信息的危险，甚至可能因披露国家秘密而危害国家安全和公共安全。保守国家秘密法第26条规定，国家秘密文件、资料和其他物品应当采取保密措施。① 我国律师法第38条第1款规定："律师应当保守在执业活动中知悉的国家秘密、商业秘密……"刑事诉讼法第54条第3款也要求保守国家秘密。在1953年的美国诉雷诺兹（United States v. Reynolds）案②中，美国联邦最高法院对国家

---

① 保守国家秘密法第26条规定："国家秘密载体的制作、收发、传递、使用、复制、保存、维修和销毁，应当符合国家保密规定。绝密级国家秘密载体应当在符合国家保密标准的设施、设备中保存，并指定专人管理；未经原定密机关、单位或者其上级机关批准，不得复制和摘抄；收发、传递和外出携带，应当指定人员负责，并采取必要的安全措施。"

② See United States v. Reynolds, 345 U. S. 310 (1953).

秘密特免权进行了一次彻底的审视。法院指出，政府是国家秘密特免权的唯一拥有者。其适用的标准是披露国家秘密是否存在损害国家安全的合理危险。"如果国家秘密处于危险之中，即使是最为有利的需要，也不能超出这种特免权的主张。"在是否扣押国家秘密的问题上，通常由享有权力的国家机关决定（如国家安全保卫部门）。有害于国家利益的物品、文件，侦查机关不得扣押。对于涉及国家安全、国防以及外交等国家机密的事项，有妨碍国家利益或国家安全的情形，有关单位或个人有权拒绝提供相关的财物、文件。

第二，基于公务秘密的限制。公务秘密是指"公职人员所知晓的案件情况或掌管的资料"。[①] 公务秘密事关一个国家的社会秩序和公共安全，各国对涉及国家安全、国家利益的秘密都持谨慎的态度。德国刑事诉讼法典第 54 条规定，法官、公务员、政府官员、联邦总统就公务期间或任职期间的事实或所知悉事项，是否作证、是否扣押，适用公务员法规定或特别规定。[②] 意大利刑事诉讼法典第 202-203、210 条规定，公务员、公共职员和受委托从事公共服务的人员；司法警官和警员以及情报和军事或安全机构的工作人员对他们掌握的公务秘密享有特免权。[③] 英国在 20 世纪末才在刑事诉讼中确立了禁止扣押公务秘密的规定。美国在 1996 年信息自由法中规定了九类政府机关秘密。当国家安全、社会公共利益与发现真实之间存在冲突时，扣押这些财物、文件或情报所带来的危害远胜于其所带来的收益。因此，牺牲"发现真实"的利益，换取较大的利

---

① 何家弘主编：《证人制度研究》，人民法院出版社 2004 年版，第248 页。

② 参见《德国刑事诉讼法典》，宋玉琨译，知识产权出版社 2013 年版，第 29 页。

③ 参见《意大利刑事诉讼法典》，黄风译，中国政法大学出版社 1994年版，第 71-73 页。

益，"法律的经济分析"亦在情理之中。

第三，基于亲属关系的限制。家庭关系是社会关系的基础，它是以血缘、婚姻为纽带建立起来的。一旦家庭发生畸变，家庭伦理道德遭到破坏，就会影响亲情、爱情，进而酿成社会后患。限制扣押的核心价值在于维护家庭和谐，尊重"亲亲相隐"的文化传统。[①] 其既有利于维护家庭伦理关系和亲属关系，又避免陷入破坏家庭关系与构成伪证罪及窝藏、包庇罪的两难选择。刑事诉讼法第193条第1款规定，配偶、父母、子女可以不强制出庭作证。"特免权的范围不仅仅是证人证言，而且包括证人所拥有的一些其他证据。"[②] 因此，要保障近亲属不强制出庭作证的权利，禁止国家机关扣押犯罪嫌疑人、被告人与他们之间的通信成为一种重要的保障措施。在有些案件中，近亲属可能是案件的唯一证人，限制扣押相关财物、文件、邮件、电报等，更多地赋予人文关怀，避免近亲属陷入对犯罪嫌疑人、被告人的不利指控境地。此外，基于社会伦理道德的考量，2015年发布的《人民检察院刑事诉讼涉案财物管理规定》第4条第3款对此作了规定，扣押涉案财物，应当为犯罪嫌疑人、被告人及其所扶养的亲属保留必需的生活费用和物品，减少对涉案单位正常办公、生产、经营等活动的影响。

第四，基于职业秘密的限制。世界刑法学会第十五届大会

---

① 除去梁启超至费孝通等人对儒家"私德"的批判不论，自2002年以来刘清平、邓晓芒与郭齐勇诸人有关"亲亲相隐"的伦理争论涉及容隐制度中私人权利参入公共领域的正当性（道德心性的普遍性）及其对抗公权（血缘的家国差等）滥用的困境。汉学有关儒学现代性的部分研究成果可参见三联·哈佛燕京学术丛书，如哈佛燕京学社、三联书店主编：《公共理性与现代学术》（生活·读书·新知三联书店2000年版）、《儒家与自由主义》（生活·读书·新知三联书店2001年版）、《理性主义及其限制》（生活·读书·新知三联书店2003年版）等。

② 何家弘主编：《证人制度研究》，人民法院出版社2004年版，第217页。

《关于刑事诉讼法中的人权问题的决议》第 14 条即要求尊重职业秘密特权。我国对刑事扣押客体范围的限制指向职业道德的约束，缺乏法律的明确限制。鉴于我国的实际情况，我们可以对律师的职业秘密进行限制性扣押，对有些尚不具备成熟条件的职业（如新闻媒体从业人员、药剂师、助产士、宗教师、公证人、会计师等）暂时不考虑。1990 年《关于律师作用的基本原则》第 22 条规定，各国政府应确认尊重律师—委托人之间的交流秘密。《律师职业道德和执业纪律规范》要求，律师应当保守与委托事项有关的信息。对律师的职业秘密进行限制性扣押，一方面，保护犯罪嫌疑人与辩护人、律师之间的通信，可以建立二者之间的信任感，犯罪嫌疑人基于这种信任，向律师告知案件事实以及可能被定罪量刑的证据，使犯罪嫌疑人获得更为充分的辩护权。犯罪嫌疑人、被告人与辩护人之间的沟通、书信来往、陈述、访谈或提供委托法律服务等内容日后不能成为对自己不利的证据。这指向证据排除规则的探讨。另一方面，为辩护人、律师提供了更为宽松的执业环境。因此，原则上不得扣押犯罪嫌疑人、被告人与律师之间的通信。2012 年刑事诉讼法已经认可了侦查阶段犯罪嫌疑人与其聘请的辩护律师之间拥有通信权，2018 年刑事诉讼法予以保留，相较于 1979 年、1996 年刑事诉讼法的规定更加人性化和科学化。[①] 为了确保犯罪嫌疑人、

---

① 2018 年刑事诉讼法第 34 条第 1 款规定，犯罪嫌疑人可以在侦查阶段委托律师作为辩护人。第 39 条赋予了辩护律师与犯罪嫌疑人、被告人的通信权，在侦查阶段辩护律师与在押犯罪嫌疑人之间可以通过信件、电话等形式进行沟通、交流。被监视居住的犯罪嫌疑人也有权同辩护律师通信。第 77-78 条对监视居住的监督管理更为严格，但是其也并未排除被监视居住人与所聘请的辩护律师之间的通信。对非在押的犯罪嫌疑人、被告人而言，他们有权自由地与辩护律师或其他辩护人通信。在押的犯罪嫌疑人、被告人聘请的是非辩护律师，只有在审查起诉阶段和审判阶段他们才享有通信权，而且还须分别得到检察院、法院的许可。

被告人与辩护人之间的通信得到应有的法律保护，落实辩护权，应当限制扣押犯罪嫌疑人、被告人与辩护人之间的通信以及委托人基于信赖关系而告知的事项所做的记录。但是，作为犯罪证据的除外，如辩护人伪造证据、犯罪嫌疑人串供或指使辩护人毁灭证据等。

第三章　刑事扣押的执行

　　刑事扣押执行程序的规范化是保障实物证据真实性、同一性的关键，是确保侦查人员依法行使扣押权的基础，是保护公民合法权益不受随意侵犯的基石。虽然刑事诉讼法及相关法律解释对刑事扣押的执行做了修改和补充，但是相关的立法规定仍然粗疏，法律解释仍然不足。理论界对刑事扣押执行程序中的问题没有引起应有的关注，相关的著述较少，大部分是在谈及其他问题时附带提及，[①]对扣押执行也仅限于理论探讨，缺乏实证研究。[②] 因此，为了保障实物证据的真实性、合法性和同一性，保障扣押权被规范地执行，刑事扣押证、刑事扣押中的见证程序、刑事扣押的笔录和清单、违法扣押救济程序应当成为我们关注的焦点。针对上述问题，本章逐一展开阐述，以期对完善立法和指导司法实践有所裨益。

---

　　① 李建明：《强制性侦查措施的法律规制与法律监督》，载《法学研究》2011 年第 4 期，第 152－157 页；刘林呐、臧爱存：《扣押程序：公开与透明》，载《检察实践》2003 年第 6 期，第 47－48 页；林喜芬：《刑事侦查扣押程序的缺陷与制度重塑》，载《法治论丛》2008 年第 3 期，第 22－27 页；雷小政：《扣押程序的立法完善建议》，载《人民检察》2009 年第 23 期，第 63－64 页；王贞会：《刑事扣押中的法律问题研究》，载《石家庄学院学报》2010 年第 4 期，第 70－73 页。

　　② 袁坦中：《刑事扣押研究》，湖南大学出版社 2012 年版，第 91－139 页。

第一节　刑事扣押证

在执行扣押时，除附带扣押、同意扣押、紧急扣押不用扣押证之外，办案人员原则上应当向扣押在场之人出示《扣押决定书》后才能执行扣押。《扣押决定书》是执行扣押的唯一法定文书，其至少应当使在场之人能够辨别它的合法性，知悉扣押的意图（案由、扣押客体、扣押范围、扣押时间、扣押地点等）。刑事扣押证是办案人员依法执行扣押时的法律文书和凭证，它包括《呈请扣押审批表》与《扣押决定书》。刑事扣押证的内容具有特定性的要求，并对限制执法人员滥用扣押权，保护扣押相对人的合法权益具有重要作用。2012 年刑事诉讼法未对扣押证作出规定。2012 年《公安机关办理刑事案件程序规定》第 223 条第 1 款要求，侦查人员扣押时应当制作《扣押决定书》，但是该条对于刑事扣押证的具体内容或要求则无规定。实践中刑事扣押证的内容过于简单，无法起到限权与维权的作用。理论界有些许成果关注了搜查证中的问题，对刑事扣押证的研究只是在研究其他问题时附带提及，缺乏专门的著述。[①] 本节以刑事扣押证的特定性为角度，首先揭示刑事扣押令状的特定性要求，然后指出我国刑事扣押证存在的问题，进而提出完善我国刑事扣押证的路径。

---

　　① 潘利平：《我国搜查证制度的立法缺陷及其完善》，载《人民检察》2004 年第 6 期，第 69-71 页；闵春雷：《完善我国刑事搜查制度的思考》，载《法商研究》2005 年第 4 期，第 121-125 页；刘方权：《从授权到限权——搜查令功能研究》，载《昆明理工大学学报》（社会科学版）2009 年第 5 期，第 69-76 页；王弘宁：《我国搜查与扣押制度的完善——从中美搜查与扣押制度比较研究谈起》，载《法学杂志》2016 年第 7 期，第 134-140 页。

一、刑事扣押令状的特定性要求

搜查、扣押是刑事诉讼程序中被大量运用的侦查行为，也最容易侵犯公民的合法权利。法治发达国家和地区都对它们的运用程序作出限制，表现之一就是要求搜查、扣押令状具有特定性。令状的特定性也被称为令状的具体性，即侦查人员应当在扣押令状中明确记载扣押对象、扣押范围、扣押理由、所涉罪名和主要犯罪事实、认为有罪或无罪的材料等内容。如果根据扣押令状能够判断警察的扣押行为符合相当理由的标准，即使事实证明这种判断有误，只要扣押物没有超出必要限度，那么警察的扣押行为应当受到保护。[①]

以美国为例，一般令状（general warrants）曾是美国前殖民地居民为反抗英国殖民统治任意搜查、扣押的革命起因之一，而且对说服美国人通过宪法起了很大作用。[②] 在德国，扣押令状也要求说明：扣押对象；扣押物的所有人、持有人和保管人信息；扣押理由；扣押的法律依据；扣押的执行人和批准人等信息（图4和图5）[③]，禁止签发不明确的扣押令状，如"所有找到的客体。"[④]

《日本刑事诉讼法》第219条和《日本刑事诉讼规则》第155条规定，查封等令状应当记载被疑人或被告人的姓名；罪名；物品；执行的有效期间；该期间经过后不得执行查封并应当将令状退

---

① ［英］丹宁勋爵：《法律的正当程序》，李克强、杨百揆、刘庸安译，法律出版社1999年版，第124页。
② ［美］弗洛伊德·菲尼、岳礼玲选编：《美国刑事诉讼法——经典文选与判例》，中国法制出版社2006年版，第150页。
③ 图4与图5参见［美］弗洛伊德·菲尼、［德］约阿希姆·赫尔曼、岳礼玲：《一个案例两种制度——美德刑事司法比较》，郭志媛译（英文部分），中国法制出版社2006年版，第212-213页。
④ ［德］克劳思·罗科信：《刑事诉讼法》，吴丽琪译，法律出版社2003年版，第347页。

2005年第203Js2305号摘要　　　　　　　　　　奥格斯堡，2005年3月30日

命令

（1）卷宗送交奥格斯堡地方法院

　　—侦查法官—

　　86199奥格斯堡

　　附签发批准扣押的申请，以扣押在布朗先生工作地点——奥格斯堡莫扎特街8号曼修理厂——的柜子里发现的装有少量白色粉末的塑料袋。该物品将被用作证据并且将被没收。德国刑事诉讼法第94条第1款，第98条第1款、第2款。

（2）上述物品至迟应在2005年4月6日之前返还给我。

　　签名：施罗德

　　检察官

图4　德国的扣押申请表

奥格斯堡地方法院　　　　　　　　　　　　　　奥格斯堡，2005年3月31日

—侦查法官—

2005年第1 Cs 320号摘要

命令

布朗·迈克尔　　　　　　　　　　1971年1月31日生于奥格斯堡

　　　　　　　　　　　　　　　　　未婚，汽车修理厂，德国公民

容·亚历山德拉　　　　　　　　　　1982年9月26日生于肯典顿

　　　　　　　　　　　　　　　　　未婚，大学生，德国公民

被控非法持有毒品

批准扣押：一个在被告人布朗的工作地点——曼修理厂——的柜子里发现的装有少量白色粉末的塑料袋

理由：该物品将被用作证据并被没收

德国刑事诉讼法第94条第1款，第98条第1款、第2款

　　签名：贝克

　　地方法院法官

图5　德国的扣押批准表

回的意旨；签发的时间；案由及理由；法官的签字或盖章等。① 此外，执行的有效期限有必要超过 7 日的，或者执行查封、扣押的时

---

① 《日本刑事诉讼法》，宋英辉译，中国政法大学出版社 2000 年版，第52、162 页。

间有必要在日出前或者日落后的，应当在令状中说明查封、扣押的目的与理由。法国刑事诉讼法典第 706-89、92 条规定，在搜查、扣押时作出的书面授权裁定应当记载查找证据的犯罪罪名、扣押的地点，否则批准书无效。① 俄罗斯联邦刑事诉讼法典第 185 条第 3 款规定，侦查人员在申请扣押邮件、电报的文书中应当记载以下事项：应当扣押邮件、电报的种类；邮件、电报收件人的姓名和地址；扣押的理由；有义务扣押邮件、电报的邮电机构的名称。② 我国台湾地区"刑事诉讼法"第 136 条第 2 款规定，检察事务官或司法警察执行的扣押在搜索票内已记载了相关事由。第 219 条第 5 款规定，声请保全证据书证的具体内容包括：案情概要，应保全证据及其保全方法、依该证据应证之事实、应保全之理由等事项，就声请保全证据之理由亦应提出释明。③

从法治发达国家和地区有关扣押令状的规定可以看出，扣押令状的特定性要求禁止签发空白令状。刑事扣押令状的内容主要包括：一是所涉罪名和主要犯罪事实；二是犯罪嫌疑人或被告人的基本情况；三是刑事扣押对象及其特征；四是扣押理由及扣押的法律依据；五是扣押物的目的或用途；六是执行扣押的时间或期限；七是申请人或批准人的签名等。

二、我国刑事扣押证存在的问题

虽然扣押经常附带于勘验、检查、搜查、拘留、逮捕等行为，而不用扣押证，或者在紧急扣押、附带扣押、同意扣押等例外情形

---

① 《法国刑事诉讼法典》，罗结珍译，中国法制出版社 2006 年版，第521 页。

② ［俄］К. ф. 古岑科主编：《俄罗斯刑事诉讼教程》，黄道秀、王志华、崔爨、丛凤玲译，中国人民公安大学出版社 2007 年版，第 323 页。

③ 张丽卿监修、林朝云编著：《刑事法典》，五南图书出版股份有限公司 2013 年版，第 2-49、130 页。

中也不用扣押证，但是当扣押被独立运用时，需要使用扣押证。2012 年《公安机关办理刑事案件程序规定》第 223 条第 1 款新增侦查人员执行扣押前，应当经过办案机关部门负责人或县级以上公安机关负责人批准，制作《扣押决定书》。虽然这是第一次明文要求制作《扣押决定书》，但是对于《扣押决定书》中应当包括什么内容，其特定性达到何种程度，则缺乏具体规定。

　　我国的《呈请扣押审批表》与《扣押决定书》相当于"一般令状"，① 只有被扣押人的信息、扣押所涉嫌的罪名、扣押的法律依据、扣押对象以及见证人、扣押物持有人、侦查人员的签名（图 6），与扣押证的"特定性"要求之间存在一定差距。《扣押决定书》属于多联式填充型司法文书，由副本与正本构成。副本包括：案件名称、案件编号、犯罪嫌疑人姓名及住址、扣押原因、批准人与批准时间、办案人、办案单位等内容。正本包括：所涉及的法条以及犯罪嫌疑人的住所。这些内容显然过于简单，并没有对扣押的具体问题予以规定。

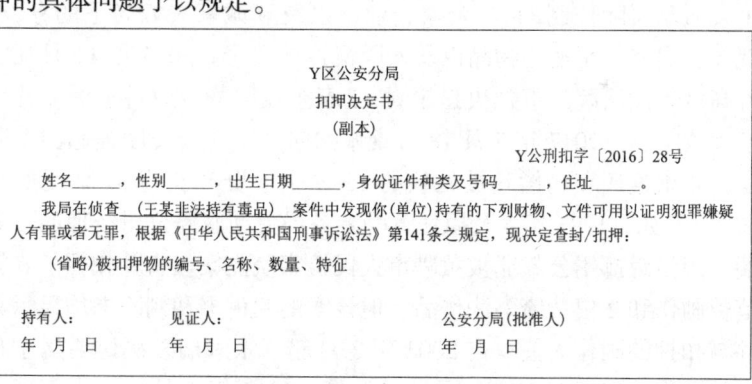

图 6　我国的《扣押决定书》

① 潘利平：《我国搜查证制度的立法缺陷及其完善》，载《人民检察》2004 年第 6 期，第 71 页。

(一) 缺乏对扣押对象的具体要求

刑事诉讼法第 141 条将扣押对象规定为 "可用以证明犯罪嫌疑人有罪或者无罪的各种财物、文件"，但是这一范围规定得太过笼统，以致很难对扣押对象作出限制。是否实施扣押、扣押范围大小完全由侦查人员决定。侦查人员在《扣押决定书》中"填充式""格式化"地记录扣押对象。只要与犯罪有关，就可以针对任何对象无限制地实施扣押。《扣押决定书》未明确记载具体案件中的扣押对象，这为侦查人员实施违法扣押行为提供了可乘之机。

首先，不应当扣押的财物、文件被扣押。侦查人员为了确保侦查活动顺利进行，常常采用"一揽子扣押"的方式，无论财物、文件是否与案件有关，尽可能多地实施扣押，从而导致不应当被扣押的财物、文件被扣押的现象常常见诸报端。例如，2010 年辽宁省公安厅以袁诚家涉嫌组织、领导黑社会性质组织罪，查封、扣押了袁诚家实际控制的 20 余家企业，以及袁诚家夫妇名下的存款、现金、房屋、车辆、物品以及入股银行的股金。2015 年 11 月辽宁省高级人民法院二审判决撤销对 17 家企业财物及收益追缴，并认定没收不当。2017 年 5 月 18 日袁诚家向辽宁省公安厅提起国家赔偿，要求返还和赔偿其被处置的 17 家企业资产及约 37 亿元的财物。① 又如，1993 年 4 月原任黄骅港务局劳动服务公司经理的张家瑞，因涉嫌挪用公款罪被黄骅市人民检察院立案侦查并扣押了 6 幅范曾画作和 2 幅黄绮书法作品。但该案的起诉书和判决书均显示案件与扣押的画作无关。自 2003 年 3 月起，张家瑞多次讨要属于自己的画作，但还有 2 幅名画讨要无果。2015 年 5 月 5 日张家瑞向

---

① 林平：《辽宁公安厅决定赔偿袁诚家夫妇约 6.79 亿元，两人申请复议》，http：//www.thepaper.cn/newsDetail_forward_1787452，最后访问日期：2017 年 11 月 1 日。

法院起诉河北省黄骅市人民检察院，要求赔偿。[1]

其次，应当被扣押的财物、文件未被扣押。这种情况也被称为"片面化扣押"。在共同犯罪案件中，侦查人员忽视对其他同案犯的扣押。共同犯罪是指二人或二人以上的自然人实施的犯罪。在共同犯罪案件中，既可能涉及同案犯共同所犯之罪，也可能涉及各成员单独所犯之罪；既涉及既遂形态的犯罪，又涉及未遂形态的犯罪。共同犯罪的复杂性要求办案人员工作细致，扣押与案件有关的财物、文件，为证明全案同案犯的定罪量刑奠定基础。在司法实践中，有些侦查人员往往重视扣押与案件有关的整体证据，而忽视各个同案犯各自犯罪的证据，只能使部分犯罪嫌疑人受到应有的处罚。还有些侦查人员因为侦查经验不足或工作粗心大意，导致本应当予以扣押的财物、文件未予扣押，出现扣押不全面的情形。2016 年 12 月 10 日，笔者曾访谈重庆市人民检察院第一分院的一位副检察长，据他介绍，实务中应该扣押的财物、文件而未被扣押的现象比较多，检察院经常为此退回侦查机关补充侦查。在涉众型经济犯罪案件中，犯罪嫌疑人具有很强的反侦查能力，许多公司账目都是假的，很难发现涉案财物的去向，导致侦查人员无法扣押涉案财物。一旦无法追回涉案财物或追回的数量极少，就会使被害人遭受严重损失，甚至引发上访或群体性事件。[2]

（二）缺乏对扣押理由的具体规定

刑事扣押作为一种会侵犯公民财产、隐私、通信自由的强制侦查行为，侦查人员应当依据一定的证明标准实施，但是从我国的《扣押决定书》中难以看出扣押所应当依据的理由，扣押财物、文

---

[1] 《河北黄骅市检方因扣押"名画"多年未还被起诉》，http：//news. sohu. com/20150505/n412368671. shtml，最后访问日期：2017 年 10 月 20 日。

[2] 北京市第二中级人民法院重点调研课题组：《对涉众型经济犯罪案件的调查研究》，载《人民司法》2013 年第 1 期，第 68-69 页。

件的目的与案件究竟有什么关系？扣押物出于何种目的被扣押？扣押的证明标准是什么？刑事诉讼法第141条规定的证明标准"与案件有关"存在缺陷，致使扣押人员扩大扣押范围。我国扣押证中的法律依据难以有效约束侦查人员。此外，扣押证中也未要求对扣押行为予以说理，更未记载扣押物的目的或用途。在扣押物的所有人、持有人或保管人不知道扣押理由的情况下，侦查人员扣押他们的财物、文件并非于情于理。

（三）缺乏对扣押时间的限制

侦查人员什么时候可以执行扣押，什么时候不能执行扣押，刑事诉讼法及相关法律解释未作规定。《扣押决定书》也未对执行扣押的时间、有效期限、扣押地点作出要求。实践中执行扣押的时间、地点完全由执行人员决定，执行往往不分时段。

在实践中，有些侦查人员扣押不及时、不全面。在勘验、检查、搜查中发现可能与案件有关的血迹、指纹、足迹、字迹、毛发、体液、人体组织等痕迹和物品，侦查人员应当及时扣押而没有扣押，应当保存、固定、检验的而没有保存、固定、检验。随着时间的推移，有些实物证据的自然属性可能会因为自然因素的影响而发生变化，如生物证据可能因为气温升高而腐败变质，血迹因为雨水冲刷而不复存在，气味、烟垢、汽油、酒精随着时间推移而挥发、消失。同时，实物证据的自然属性也可能因为人为因素发生变化，如被人为地隐藏、调换、毁坏或非故意地清理、移动，使实物证据不能还原到最原始的形态。因此，侦查人员在接到报案后，应当及时开展实物证据的扣押工作。现场勘查一旦结束，现场几乎难以受到保护，在初次勘查中没有及时扣押的证据也可能被破坏、毁灭。即使能够再次扣押到相关财物、文件，也难以排除案发后他人故意伪造证据的嫌疑，在一定程度上影响了证据能力。例如，在辛普森一案中，后门的血迹便是在第一次勘验结束数周后收集的，因为无法排除该血迹为栽赃血迹，所以庭审中法官将其排除。①

还有些侦查人员扣押的时机选择不佳，也难以认定犯罪行为。对扣押时机的选择在毒品犯罪案件中表现得尤为明显。毒品犯罪的隐蔽性非常强，与案件有关的证据少，即使侦查人员发现毒品，犯罪嫌疑人也会找各种理由辩驳。为了证明犯罪嫌疑人实施了毒品犯罪，扣押证据的最佳时机往往在犯罪嫌疑人的交货过程中，否则难以认定犯罪嫌疑人的法律责任。例如，侦查人员接到报案称，一出租屋内有毒贩，侦查人员在该出租屋内抓到了甲和乙，并扣押了300 克海洛因，但无法证实其有贩卖行为，甲和乙对毒品的归属相互推诿。待案件移送审查起诉后，检察院只能根据房屋的承租关系认定乙非法持有毒品的行为，并对乙提起公诉；对甲作出了不起诉决定，既未认定有贩卖毒品的行为，又未认定有非法持有毒品的行为。②

为了避免人们对夜间扣押产生的恐惧感，对隐私的严重侵犯，以及警察滥用权力的可能性增大等弊端，③ 法治发达国家和地区对执行扣押的时间作出规定，限制夜间扣押。不得于夜间扣押，是指不得于夜间入内扣押，并非扣押执行终结的时间。日本刑事诉讼法第 116 条规定，执行人员不得在日出之前、日落之后，进入有人居住或看守的宅邸、建筑物或船舶内扣押。除非在日落前已经开始扣押的，可以继续扣押。台湾地区"刑事诉讼法"第 146 条第 1 款作出类似规定："不得于夜间入内搜索或扣押。""日出而作、日落而息"反映了农业社会的生活形态，具有一定的道理。在现代社

---

①　Keith Inman and Norah Rudin, *Principle and Practice of Criminalistic*：*the Profession of Forensic Science*, Baca Raton：CRC Press, 2001, p. 208.

②　樊学勇：《犯罪侦查程序与证据的前沿问题》，中国人民公安大学出版社 2006 年版，第 422 页。

③　George E. Dix, Means of Executing Searches and Seizures as Fourth Amendment Issues, 67 Minn. L. Rev.（1982），pp. 89, 150.

会生活中，日落之际正是实施各种活动的频繁时刻，从这时开始禁止扣押是否符合社会发展呢？关键在于对"夜间"的理解。《美国联邦刑事诉讼规则》第 41 条 a 款第 2 项规定，白天是指清晨 6 时至晚上 10 时。夜间是指晚上 10 时至次日清晨 6 时。德国刑事诉讼法典第 104 条第 3 款直接以时刻界定了夜间：晚上 9 时至凌晨 4 时（夏季时间，4 月 1 日至 9 月 30 日）或晚上 9 时至清晨 6 时（冬季时间，10 月 1 日至 3 月 31 日）。[①] 台湾地区"刑事诉讼法"第 100 条第 3 款将夜间规定为"日出前、日落后"，模糊的时间界定常为学者所诉病，有学者直接建议将夜间界定为"晚间 11 时起清晨 6 时止。"[②]

三、完善我国刑事扣押证的路径

规范刑事扣押证的内容，载明扣押物涉及的案由、具体的扣押对象、扣押理由、扣押时间和地点等内容，不仅有助于审查人员实现实质性审查，防止侦查人员任意启动扣押程序，还有助于实现公民被告知的权利，为公民获得有效救济与减少执行扣押阻力奠定基础。因此，可以从以下几个方面完善我国的扣押证。

（一）明确记载扣押的对象

令状的特定性要求尽可能地详细记载应扣押的财物、文件，防止侦查人员随意裁量、扩大扣押客体范围。对扣押物特征记载的详细程度关系着扣押目标是否明确。《扣押决定书》中对扣押物的记载应当特定化，不得概括式记录。详细记载应扣押之物的属性、形态、颜色、所处位置、所属人员等特征。以贩卖毒品罪为例，扣押物的记载包括贩卖的海洛因、汤匙、分装袋、电子

[①] 《德国刑事诉讼法典》，宗玉琨译，知识产权出版社 2013 年版，第 80 页。

[②] 林钰雄：《搜索扣押注释书》，元照出版有限公司 2001 年版，第 265 页。

秤、针头、针筒等。如果仅仅记录"与犯罪有关的证据"则属于概括记录。

虽然扣押是一种重要的取证手段，但是在搜查、扣押的执行阶段侦查人员经常难以确定应扣押财物、文件的特征。有时受到文字表达的影响，实践中也难以做到完全将扣押令状特定化。因此，可以作出灵活性的变动，使用一定的概括性表述，写明应当扣押的财物、文件，明白无误地识别扣押对象。各国均允许这种具有一定概述性质的列举扣押物品的方式。因此，笔者建议在例外情形下可以适当降低扣押令状特定性的要求。

（二）明确记载扣押的理由

我国的扣押证除了记明案件事实外，还应当载明扣押的理由，证明侦查人员为什么实施扣押，扣押的客体范围与案件有什么关系。从而使具有"合理注意程度之人"相信，应扣押之物是可为证据之物或得没收之物，并非仅凭侦查人员的单纯怀疑予以扣押。

（三）明确记载执行扣押的时间及有效期限

对扣押时间的记载是为了保障公民的正常生活秩序免受不当干扰，维护社会安定。在我国的扣押证中应当增加白天扣押与夜间扣押的规定。如果扣押证上已经写明在白天扣押的，就不得在夜间实施扣押。同时，对扣押证的有效期限进行限制，超过有效期限未执行扣押的，扣押证将作废。同一张扣押证只能使用一次，不得重复使用；若要再次扣押，就必须重新申请。记载扣押的有效期限有助于办案人员提高执行效率，防止其拖延执行。但是，有效期限的确立需要考虑到侦查技术、执行弹性等多重因素。如果有效期限确立过短，就会导致办案人员无法实现扣押目的；如果有效期限确立过长，就会损害执行效率。

对扣押的时间作出限制。刑事扣押作为一种几乎在每个刑事案件中都会被运用的强制性措施，其行为是否规范、适当直接关乎公民的财产权、隐私权和通信自由权。在执行刑事扣押的过程中，侦查人员需要遵循比例原则，以适当的方式执行扣押，对扣押的运用作出更加严格的要求。必要性原则也被称为"最小侵害原则"，要求国家机关通过损害最小的手段对公民权利加以限制。为了实现扣押的目的，应当尽可能采取强制力度较低的手段，切忌"杀鸡用牛刀"，手段与目的之间存在一个相对关系。侦查人员能"命令提交"扣押物的，就不用强制力取得；能在白天扣押的，就不在夜间实施扣押；能扣押与案件有关的财物、文件的，就不应当不加区分地全部扣押，在公权力与私权利之间寻求平衡点，坚持打击犯罪的"力度"与注重文明执法的"温度"并重。

　　环境噪声污染防治法第 63 条将夜间限制为晚上 10 时至次日清晨 6 时之间。我国从西到东横跨 5 个时区（东经 73°33′ 至东经 134°46′），跨度较大，每个省、自治区、直辖市应当在环境噪声污染防治法的基础上，根据自身的具体情况确定"夜间"，以方便执行扣押。为了保障打击犯罪的目的，立法应当在权衡之下，例外地允许夜间扣押，主要情形有：（1）扣押相对人自愿同意扣押的；（2）有紧急情况的；（3）白天已经开始扣押，持续到夜间的；（4）旅馆、饭店或其他公众夜间可以出入的场所；（5）为赌博、妨害性自主或妨害风化的行为；（6）被假释或监外执行的人员使用或居住的场所。

第二节　刑事扣押见证程序

　　刑事扣押见证程序对监督扣押权的执行和证明证据的同一性具有重要的作用。在立法层面上，我国刑事扣押见证程序规定得过于僵化，对没有见证人参与扣押执行的情况缺乏弹性。在司法层面上，存在侦查人员邀请见证人具有随意性、刑事见证程序实施不规范、有时难以邀请到见证人等问题。在理论层面上，有人主张完善刑事见证人的主体资格、刑事见证制度的适用范围、刑事见证程序等问题;① 也有人提出明确刑事见证人的法律地位;② 还有人尝试从选任、培训、轮班、管理、退出五个方面提出构建相对固定的见证人模式的运行机制。③ 为了完善刑事扣押见证程序,本书对刑事扣押见证程序中的法律规定、存在的问题及解决的路径逐步展开分析。

一、刑事扣押见证程序中的法律规定

所谓刑事见证人,是指"与刑事案件的结局无利害关系并被调查人员、侦查员或检察长邀请来证明实施侦查行为的事实以及侦查行为的内容、过程和结果的人员"。④ 见证人在场制度是为了见证搜查、扣押、辨认、勘验、检查过程,在被搜查人、被扣押人、被辨认人、被检查人对上述侦查行为的合法性提出质疑时,或者当控辩双方对某个证据发生争议时,见证人可以就自己所观察到的行为进行陈述,证明侦查人员所收集的实物证据的合法性与真实性。刑事见证程序不仅可以增强侦查行为的透明度,加强外部制约机制,保护被扣押人免受违法扣押行为的侵害,还可以防止侦查人员受到无根据的怀疑。

2012 年刑事诉讼法第 131 条的勘验检查、第 138 条的搜查和第 140 条的查封、扣押的财物、文件中规定,笔录中要求见证人签名或者盖章。2018 年刑事诉讼法予以继承。类似的还有公安部发

---

① 韩旭:《完善我国刑事见证制度立法的思考》,载《法商研究》2008 年第 6 期,第 66-72 页;吴四江:《构建刑事见证人制度探讨》,载《宁夏社会科学》2010 年第 5 期,第 16 页。

② 李明:《我国见证制度中的三个问题研究》,载《河北法学》2007 年第 11 期,第 107-111 页。

③ 王波、曾涌:《刑事见证人的相对固定化机制探讨》,载《人民检察》2016 年第 20 期,第 16-20 页。

④ 《俄罗斯刑事诉讼法典》,黄道秀译,中国人民公安大学出版社 2006 年版,第 66-67 页。

布的《公安机关办理伤害案件规定》第 15 条规定，侦查人员在实施搜查、扣押、勘验、检查等侦查行为中，应当有见证人在场见证和监督侦查人员的取证行为。《人民检察院刑事诉讼规则》第 197 条的勘查现场，以及 2014 年最高人民法院、最高人民检察院、公安部联合发布的《关于办理网络犯罪案件适用刑事诉讼程序若干问题的意见》规定对电子数据的封存，审查有无见证人签名。《公安机关办理刑事案件程序规定》第 225 条和第 229 条都要求应当会同见证人当场查封、扣押。

从上述规定可以看出，法律对搜查、扣押、勘验、检查规定了应当见证，即强制见证。然而，我国对搜查、扣押、勘验、检查等要求"应当见证"的规定过于僵化，没有考虑到有些特殊情况下见证人不愿意参加见证的实际状况，从而显得立法规定缺乏弹性。即使是坚持强制见证的俄罗斯也规定了强制见证的例外情形，"在难以到达的地区，如果没有适当的交通工具，以及在侦查行为的实施可能对人的生命或健康构成危险的情况下"，不用见证人见证。

证明扣押过程的合法性或证明不存在违法扣押行为的最好方式是侦查人员在执法过程中佩带执法记录仪，对扣押的过程进行同步录音录像。"公安现场执法记录仪是集数码摄像、数码照相、对讲机功能于一身，能够对执法过程进行动态、静态的现场情况数字化记录的电子设备。"[1] 据实务部门人员反映，深圳警察在 2008 年就开始配备执法记录仪，配发了 300 多台，配发率超过 30%。[2] 执法记录仪具有录音录像功能，可以还原侦查取证过程，对规范侦查行为起到了一定的作用。

---

① 刘健楠：《公安现场执法记录仪使用研究》，载《湖北警官学院学报》2013 年第 11 期，第 2 页。

② 徐炜：《对推广使用执法记录仪的几点思考》，载《道路交通管理》2014 年第 3 期，第 13 页。

二、刑事扣押见证程序中存在的问题

首先，侦查人员邀请见证人具有随意性。实践中见证人的作用被虚化，没有发挥应有的监督侦查活动合法性的功能。"见证人被见证"，很多见证人不参与侦查活动，往往由侦查人员填写见证人的姓名，或者许多案件的见证人往往是同一人，导致刑事见证人程序虚无。有时"在侦查活动完毕后，侦查人员从围观群众中抽出一至两人，询问其姓名和相关信息填入见证人一栏，并要求其签名或者盖章"。[1] 有些笔录上没有见证人签字，甚至有的见证人的签字与侦查人员在笔录中记载的有关见证人的信息不一致。"现场勘验工作保密性强，见证人能否保守勘查秘密，不对外透露任何勘验细节是勘查人员最大的担忧。因为见证人对案件现场的情况比较了解，也有可能将证据、重要线索和勘验细节向外界泄露，而这些信息一旦被犯罪嫌疑人掌握，就有可能破坏现场、毁灭潜在证据或混淆人员视听，导致案件侦破工作难度加大"。[2] 有些案件中，侦查人员邀请见证人很随意，让侦查机关的文员、协警、保安等不适格人员担任见证人，虽然公安机关内部已经明令禁止，但是实践中仍然存在。

其次，刑事见证程序实施不规范。虽然法律规定邀请见证人，但是具体的操作（如见证人如何被侦查人员邀请，见证人于什么时间到达见证地，见证人如何见证整个侦查活动）极少有笔录进行记载。2016 年 10 月 12 日据 S 省 X 市 C 区公安分局的刑警反映，侦查人员违反见证程序的行为仍然存在，有些见证人虽然到场见证并在笔录上签名或盖章，但是其并没有完整地参与整个见证过程。

---

① 李莉、周旺：《对刑事案件现场勘查见证人制度的思考》，载《湖南公安高等专科学校学报》2004 年第 1 期，第 87 页。

② 吴四江：《构建刑事见证人制度探讨》，载《宁夏社会科学》2010 年第 5 期，第 16 页。

有的并非在现场当场签字，而是回到侦查人员办案地补签。"有的执法人员聘请见证人进行见证，实物证据不让其过目，现场不让见证人进入，不告知见证人合理的权利义务；有的则在勘查尚未开始或正在进行中就让见证人在笔录的空白处签名。"① 有些见证人则没有起到见证作用，实践中见证人不明白自己的职责，在现场玩手机、听歌或做与见证人无关的事情等现象较为普遍。而且侦查人员邀请的见证人一般都偏向侦查人员，即使侦查人员存在违法扣押行为，见证人也未必会指出来。

再次，侦查人员有时难以邀请到见证人。见证属于一种法律意义上的诉讼行为，有些见证人因为害怕打击报复、对生命或健康构成威胁、情况紧急或者涉及个人隐私、商业秘密、国家秘密、社会公共利益时，不愿意接受侦查机关的邀请；夜间执法或者现场无法找到见证人的，侦查人员难以邀请见证人。有些见证人虽然参与了见证活动，但见证人拒绝签名或者盖章。有些属于不适宜见证人参与见证的情形，一旦他们参加，难免会泄露秘密，造成不必要的麻烦。有些属于客观上不能参与见证，如爆炸现场、井下作业等危及人身安全的，也不适宜见证。刑事诉讼法及相关法律解释规定了证人出庭作证，需向其支付相应费用，但是并没有规定向见证人支付车费、劳务费等，这些损失都由见证人自己承担，经济上的问题也成为难以邀请到见证人的原因之一。

最后，刑事见证程序中的录音录像制度不完善。除了执法记录仪自身的性能存在不足外，对它的监管、储存和数据使用等技术方面也存有瓶颈。执法记录仪在录像方面只有 120 度的视角，主要对侦查人员以外的人进行录像。虽然要求"执勤执法全程必录"，但是随着存储量的增加，法制和督察部门有限的人力难以有效进行监管，数据难以管理，导致很多原始资料无法调用，造成"无论拍

---

① 李明：《我国见证制度中的三个问题研究》，载《河北法学》2007 年第 11 期，第 108 页。

摄的内容如何，都没有人看"的情形，严重挫伤了民警的积极性。此外，在侦查机关享有强大侦查权的现实下，侦查人员难免会"选择性摄录"，侦查讯问中难以根治的录音录像问题正是前车之鉴。作为一种视听资料，执法记录仪的录音、录像容易被剪辑、篡改，从而需要见证人参与扣押活动，对扣押行为进行有效的监督，以此保证扣押行为的合法性和所获取证据的真实性。虽然对扣押也规定了要录音录像，但实践中仍存在录音录像记录不完善、不及时提供录音录像、同步录音录像记录内容不完整、替代见证人见证、录音录像存在人为删减等问题。

三、保障见证人在场见证的路径

我国刑事诉讼法及相关法律解释并未对见证人的资格条件、享有的权利、履行的义务等作出规定，致使刑事扣押见证程序流于形式。为了发挥见证人在刑事扣押活动中的作用，应当完善见证人的资格、权利、义务等内容。侦查人员在实施扣押活动前应当提示在场的见证人有权见证整个扣押活动。

首先，侦查程序中应当适用"以强制见证为原则，以不邀请见证人为例外"的立法模式。《人民检察院刑事诉讼规则》和《公安机关办理刑事案件程序规定》一律要求搜查、扣押、勘验、检查等侦查行为"应当见证"，法律规定得太过刚硬，没有充分考虑到司法实践中存在的问题。虽然这些强制侦查行为的共同对象都是针对客观事物，应当有见证人在场，以确保取证程序的合法性和实物证据的真实性，但是需要合理设置一些适用刑事扣押强制见证人的例外规定。笔者建议，在涉及国家安全的案件中，为了防止泄露国家秘密，可以不邀请见证人到场见证；在涉及个人隐私方面，可以不邀请见证人到场见证；在严重威胁人身安全方面，如在地点极为偏僻、具有高度危险或存在利害关系，从而影响公正见证的情况下，也可以不邀请见证人到场见证。"在没有见证人见证侦查行为的例外情况下，侦查机关应当采用全程录音录像的方式记录整个侦查行为的过程，尤其是对重要证据的收集和提取过程的记录应当完整。"①

其次，规范地邀请见证人。实务部门有人提出，立法应当对担任见证人的资格提出一定要求，如有责任心、政治作风正派等，以保障更好地履行见证职责。笔者认为，上述观点不无道理，但是有待商榷。因为对刑事扣押设置见证人的目的在于见证侦查人员的整个扣押过程，监督侦查人员是否存在违法扣押的行为，所以只要是具备辨别是非、能够正确表达、与案件无利害关系的人都可以作为见证人。"见证人既可以是被搜查人、被扣押人的邻居，也可以是其他人，如所在基层群众组织的干部、所在单位的同事等。"②

再次，明确规范刑事见证程序。刑事诉讼法及相关法律解释应当进一步细化刑事见证的具体规定，在扣押笔录中记载见证人是如何被邀请的、什么时间到达现场、见证人是否认真地履行了自己的职责。明确地规范刑事见证程序不仅可以督促见证人认真履行自己的职责，而且可以防止侦查人员在见证程序中作假。此外，立法还应当增加适当补偿见证人参与见证活动所花费的必要费用，包括必要的交通费、餐费等。

最后，完善见证程序中的录音录像制度。通过执法记录仪获取的同步录音录像可以有效地弥补刑事扣押见证程序中的漏洞。一方面，要求侦查人员完整地录音录像。当侦查人员到达现场后，应当及时开启录音录像设备，不得随意不录或中断录音录像。如果不能录音录像或中断录音录像的，应当邀请见证人在场，并说明理由。另一方面，加强录音录像的数据管理。随着人工智能技术的不断发

---

① 韩旭：《完善我国刑事见证制度立法的思考》，载《法商研究》2008年第6期，第69页。

② 徐静村：《中国刑事诉讼法（第二修正案）学者拟制稿及立法理由》，法律出版社2005年版，第145页。

展，已有深瞳人眼摄像机技术[①]应用于不同的领域，如在车辆识别、人物属性识别、人脸识别等方面的应用已较为成熟，基于大数据分析平台，将需要的特征输入到搜索系统当中，即可迅速地找到目标，极大地方便了管理、使用。

第三节 刑事扣押笔录、清单

刑事扣押笔录、清单是证明扣押物品的依据，是撤销扣押或返还扣押物的凭证。虽然《刑事诉讼法》第 142 条、《公安机关办理刑事案件程序规定》第 230 条要求制作刑事扣押笔录、清单，但是实践中仍然存在不制作扣押清单、在清单中概括记录或者笔录、清单记录不规范等问题。因此，有必要规范、全面地记载笔录、清单。

一、刑事扣押笔录、清单的立法规定

为了保证证据的客观性、真实性、关联性与合法性，侦查人员应当在收集证据的过程中做好完整的扣押笔录，填写扣押清单，确保实际扣押的财物、文件与扣押笔录、扣押清单在名称、数量、型号、规格、颜色、新旧程度、包装等方面的一致性，并由侦查人员、持有人和见证人签名。通过完整的笔录、清单反映被扣押财物、文件的原始状态、原始位置、扣押的方式等信息，证明实物证据的同一性和真实性。

扣押清单是指详细记录扣押物的收据。扣押清单具有两方面的作用：一方面，扣押清单是证明扣押物品的依据。扣押清单几乎是唯一能够有效证明"财物、文件已被扣押"以及"哪些财物、文

---

① 亚峰：《格灵深瞳 CEO 赵勇深度总结：揭开国内智能安防与人脸识别的真实现状》，https://www.leiphone.com/news/201703/FDSaYcZGDi6iLZho.html，最后访问日期：2018 年 2 月 1 日。

件被扣押"的依据。一则可以防止侦查人员或保管人员调换、毁坏扣押物；二则可以作为请求撤销扣押或返还扣押物的凭证。另一方面，扣押清单也具有保护侦查人员的作用，防范无中生有地指控侦查人员侵占了扣押物的嫌疑。① 2015 年黑龙江某非食用植物油加工有限责任公司因刑事违法查封、扣押向宝清县公安局申请国家赔偿。2011 年 9 月 22 日扣押清单上记载着扣押了米糠油 40-50 吨，并有法定代表人签字，现在该公司却主张扣押了 120 吨，要求公安局赔偿。由于该公司未提供其他证据证明，赔偿委员会依据扣押清单，驳回了该公司的请求。②

在扣押存折、信用卡、有价证券等支付凭证和具有一定特征能够证明案情的现金时，应当注明现金的编号、面值、张数等。但是，对于有些财物、文件的固定，除了做好完整记录外，还应当在扣押时予以拍照或录像。《公安机关办理刑事案件程序规定》第 230 条第 3 款规定，依法扣押文物、贵金属、珠宝、字画等贵重财物的，应当拍照或看录音录像。第 231 条规定，对作为犯罪证据但不便提取的财物、文件，侦查人员应当在登记、拍照或录像、估价后，交给扣押物的所有人或持有人予以保管或封存。

二、刑事扣押笔录、清单记载不规范、不全面

刑事扣押笔录、清单作为侦查机关针对扣押对象作出的原始凭证，应当详细记载扣押物的名称、数量、特征、被扣押的过程等细节。刑事扣押笔录、清单记载中的问题主要表现为以下情形：

首先，不制作扣押清单。刑事诉讼法及相关法律解释对扣押

---

① 林钰雄：《搜索扣押注释书》，元照出版有限公司 2001 年版，第 236 页。

② 参见黑龙江省双鸭山市中级人民法院赔偿委员会国家赔偿决定书（2017）黑 05 委赔再 1 号。

清单制作、填写的要求进行了详细规定，但是侦查人员仍然存在违反制作清单的要求，甚至有不制作扣押清单的情形。不制作扣押清单主要包括两种情形：一种称为"白条扣押"，即侦查人员在扣押后出具了扣押白条，未使用侦查机关统一制作的扣押清单表格。扣押白条上面并没有侦查机关的盖章，而且扣押白条仅由被扣押人单方面保管，并没有记入侦查案卷中。这种行为为以后扣押物的返还、赔偿埋下了隐患。另一种称为"无清单扣押"，即侦查机关实施扣押后不出具任何扣押凭证，没有扣押笔录，也没有扣押清单，扣押物的所有人或持有人几乎无法证明曾经发生过扣押行为。要么只有扣押笔录，要么只有扣押清单，要么两种都不具备。例如，2003 年山东省招远市公安局经济警察大队三中队原副中队长兼东庄派出所所长王某某在没有见证人的情况下，单独对王某、杨某等 4 人的住宅进行搜查，而且都没有当场制作"搜查笔录"与"扣押清单"，致使其中二人遭受严重损失，并给当地造成恶劣影响。①

其次，在清单中概括记录。有关扣押对象、时间、地点、理由等信息基本填写完毕，但是用语笼统模糊，侦查人员具有较大的解释空间，可能成为侦查人员扩大扣押范围、规避违法扣押的手段。空白令状是只盖有公章的空白扣押证。侦查人员"按需填写"或"边扣边填"，所以侦查机关能够"准确"填写扣押对象，监督机关事后难以发现漏洞。侦查人员在执行扣押的过程中，尤其是大规模地扣押财物、文件时，往往分为两个阶段进行操作：第一阶段是在附随于其他侦查行为中的扣押或独立的扣押中，扣押物的所有人或持有人交出扣押物之后，侦查人员制作扣押笔录与扣押清单，但鉴于扣押物量大的情形，尚未详细整理，往往概括式地记载（如

---

① 《派出所长非法搜查不开单受贿、挪用样样全一审》，http：//www.110.com/falv/zhianchufafa/zaglcffjd/wfzagl/qfrsql/2010/0720/145726.html，最后访问日期：2016 年 8 月 28 日。

书籍100本、文件3箱等）就进行封存。虽然概括记录扣押物的方式可以缩短扣押时间，但也因此规避了立法目的。第二阶段是将扣押物带回侦查机关后再予以启封并制作启封笔录，仔细清点扣押物。与之相对的是，德国的扣押清单中不仅清楚地记载了扣押财物、文件的数量、名称、特征，而且还清楚地记载了扣押物的发现途径及扣押物的用途（图7）。然而，我国的扣押清单中并未记载扣押物的发现途径及扣押物的用途（图8），实务部门的人有时甚至连扣押物的特征都记载不清。

再次，侦查人员记录不详，无法证明实物证据来源。应当制作勘验检查笔录、搜查笔录、提取笔录的，侦查人员对应当提取的血迹、物品未做记录或者表达不清；对物品、文件的数量、名称、特征、质量等记录不详。有的侦查人员甚至对通过勘验、检查、搜查、扣押等方式收集的实物证据未附有相关的现场勘查笔录、提取笔录、扣押清单或者其他能够证明实物证据来源的材料。实物证据的照片、录像或复制品缺乏制作过程的说明，以及没有说明原件、原物存放的地点、状态。应当拍照或录像的，缺少现场照片或者没有照全原貌，不能反映实物证据的外观、形态、位置，甚至不能证明是否从案发现场收集，是不是案发前形成的证据。

最后，笔录、清单记录不规范。制作笔录、清单的目的是记录实物证据的来源、提取过程以及收集到的实物证据信息。在司法实践中，有些案件存在提取实物证据未制作提取实物证据笔录的情形；有些案件提取笔录、称重笔录、扣押清单记载不客观、不全面或者存在重大笔误，没有完整记录实物证据的各种数量、特征，缺乏持有人、见证人、侦查人员签名等信息，产生许多证据瑕疵，甚至笔录内容前后存在重大矛盾；还有些案件对见证人是如何见证整个侦查活动的过程的极少有笔录进行记载。例如，在一起非法持有毒品的案件中，侦查人员在扣押笔录中记载的冰毒为437克，在扣

中心警察局侦探部　　　　　　　　　　　　　　奥格斯堡，2005年3月21日
奥格斯堡86150
2005年第7221-0800-7号

搜查笔录及扣押物品清单

犯罪嫌疑人的个人资料：

布朗·迈克尔，1971年1月31日生，住奥格斯堡市林登街15号
容·亚历山德拉，1982年9月26日生，住奥格斯堡市林登街15号

搜查期间犯罪嫌疑人布朗在场
搜查期间犯罪嫌疑人容不在场

利害关系人的个人资料：	同上
目的：	寻找从花园街31号的房子里偷来的物品，并扣押它们作为证据
法律依据：	刑事诉讼法第94条、第102条、第105条
批准者：	奥格斯堡市中心警察局施密特侦探
实施者：	奥格斯堡市中心警察局警察监督官齐默尔以及布兰克警官
时间：	2005年3月21日凌晨1:20至2:20
地点：	奥格斯堡86153，林登街15号
搜查范围：	犯罪嫌疑人布朗和容的公寓及他们在楼后院子里的垃圾箱
搜查见证人的个人资料：	大卫·弗里德、茉莉娅·弗里德
	奥格斯堡86153，林登街15号

利害关系人同意对下列物品进行搜查和扣押

该笔录的副本交给：　　布朗

被扣押物品的利害关系人被告知他可以随时要求由该措施实施地法院的法官审查该措施，在本案中奥格斯堡地方法院有管辖权。

扣押物品清单：
（1）一个有红色天鹅绒衬里的深棕色空木盒
（2）一个有Levi's牛仔服标记的塑料购物袋
（3）一个装有少量白色粉末的塑料袋

扣押物品作用：　　物品（1）（2）用作证据，在搜查中附带发现的物品（3）将用作证据并没收

签名：齐默
警察监督官

图7　德国搜查笔录及扣押物品清单①

---

① ［美］弗洛伊德·菲尼、［德］约阿希姆·赫尔曼、岳礼玲：《一个案例两种制度——美德刑事司法比较》，郭志媛译（英文部分），中国法制出版社2006年版，第193-194页。

扣押清单

被扣押物的编号、名称、数量、特征

持有人：	见证人：	办案单位(办案人)
年 月 日	年 月 日	年 月 日

图 8 我国的扣押清单

押清单中记载的是 457 克，在送交鉴定部门检验鉴定的单据上写的是 274 克，致使检察机关要求侦查机关进行补正。虽然针对海洛因或甲基苯丙胺 50 克以上就可以判处 7 年以上有期徒刑或者无期徒刑，但是数量多少将直接影响到被告人的量刑。司法实践中常常出现扣押清单上列明的数量与实物证据原件的数量存在差异、未清楚记录扣押物的特征等问题。如果实物证据原件数量大于清单列明数量的情形，侦查机关可以作出合理解释；如果实物证据原件数量少于清单列明数量的情形，侦查机关显然无法解释。笔者在中国裁判文书网中也找到与此有关的案例：2015 年 12 月 31 日侦查人员在扣押了马某尧的一块欧米茄手表后，未详细记录手表特征（如颜色、款式、型号、表链长度等），在返还扣押物的过程中，马某尧表示不是被扣押的那块手表，拒绝领取。①

三、规范、全面地记载刑事扣押笔录、清单

刑事扣押笔录、清单是依据其记载的内容证明案件事实，属于"哑巴证据"，只能间接地证明实物证据的状态、相互关系、所处的具体环境以及证据的来源。在勘验、搜查等侦查活动中，侦查人员扣押证据之物或应当没收之物时，须明确记载扣押物的出处以及

① 参见黑龙江省哈尔滨市中级人民法院赔偿委员会（2017）黑 01 委赔 17 号。

其与犯罪活动的关系。

首先，记录主体要求特定。扣押行为不是发生在犯罪过程中，而是侦查人员在实施扣押的过程中对扣押活动的情况以及扣押物所制作的一种记录。虽然侦查人员会邀请见证人见证扣押活动，或者指派或聘请具有专门知识的人协助侦查人员扣押，但是他们都是在侦查人员主持下进行扣押的，记录扣押笔录、清单的主体只能是侦查人员，不得由其他主体替代。

其次，笔录、清单内容记载要客观。侦查人员应当客观记载扣押活动，扣押笔录也是对扣押活动的客观反映。对于特定物，侦查人员对扣押物所处的位置、形态、数量、颜色、名称、属性等应当清楚记录，以证明扣押物的唯一性；对于种类物，侦查人员应当记录它们的编码以及其他特征，保障所获取证据的真实性。笔录内容要全面、客观、准确地反映扣押活动的原貌，不得随意将记录人的主观分析与判断记入笔录。需要注意的是，由于扣押笔录是由人所记载的，会受到人自身认识局限的影响，可能发生漏记或误记现象，影响笔录、清单内容的客观性。

最后，建立传闻证据排除规则。为了确保"笔录类"证据的真实性，应当改变法官间接书面审查笔录类证据的方式，建立传闻证据排除规则，要求收集证据的侦查人员，扣押笔录、清单的制作人，见证人，保管人员以直接言词的方式出庭作证。落实有限的传闻证据排除规则，刑事诉讼法第192条规定了警察、鉴定人出庭作证制度，但是该条仅适用于"人民警察就其执行职务时目击的犯罪情况或者鉴定意见有异议"。虽然笔录类证据可以作为一种证据种类，但是其既非证人证言，又非鉴定意见，一旦控辩双方对扣押笔录、清单等证据发生争议，就无法适用刑事诉讼法第192条的规定。为了确保收集、保管证据的相关人员出庭作证，应当确立传闻证据排除规则，公诉人、当事人或者辩护人、诉讼代理人对笔录证据有异议的，收集物证、书证的侦查人员，笔录制作人，见证人，保管人员应当出庭作证。上述人员拒不出庭作证的，笔录证据不得作为定案的根据。

第四节　违法扣押的解除

《人民检察院刑事诉讼规则》第 567 条第 8 项规定，检察院对违法扣押或者应当解除扣押而不解除的行为享有监督权。检察院通过专项检查、调查核实、追究错案责任等方式的监督明显滞后。内部的监督也显得无力，要求公检法机关自己否定自己的违法扣押、私吞扣押物等行为存在一定的难度。因此，如何解除违法扣押就显得尤为重要。

一、违法扣押解除的实践运行状况——以 30 例国家赔偿决定书为例

刑事扣押属于一种暂时占有的强制处分，公检法机关暂时占有与案件有关的可为证据之物或应当没收之物，并使它们处于一种保全状态，而不是要剥夺扣押财物、文件的使用、收益和处分权能。"暂时性"的特征是由扣押目的决定的。扣押财物、文件的目的是查明案情，收集证据，准确地打击犯罪，保护国家、集体和公民的合法权益。在惩罚犯罪的同时也应当切实保障公民、单位的合法权益。一旦查封、扣押、冻结的财物、文件、邮件、电报等对象与案件无关，就应当及时解除，减少扣押行为给公民带来的侵害。

立法及相关法律解释对违法扣押的解除作了专门的规定。《刑事诉讼法》第 145 条、《人民检察院刑事诉讼规则》第 210 条第 2 款以及《人民检察院刑事诉讼涉案财物管理规定》第 25 条第 4 项规定了扣押的解除。经侦查人员查明，扣押的财物、文件、邮件、电报或者冻结的存款等确实与案件无关的，应当及时认真审查，并在 3 日内解除查封、扣押、冻结。《公安机关涉案财物管理若干规定》第 22 条规定，公安机关对犯罪嫌疑人采取拘留、逮捕等强制措施，不得扣押犯罪嫌疑人随身携带的与案件无关的财物，并应当

通知犯罪嫌疑人的家属或者其委托的人领回。2017 年 11 月最高人民检察院和公安部联合颁布的《关于公安机关办理经济犯罪案件的若干规定》第 53 条规定，除法律另行处理外，具有下列情形之一的，应当解除扣押，并将涉案财物返还给有关当事人：公安机关决定撤销案件或终止侦查犯罪嫌疑人的；检察院通知撤销案件或决定不起诉的；法院作出应当返还的生效裁判的。综上所述，解除扣押的适用条件有两个：一是扣押物确实与案件无关；二是具有终止诉讼程序而解除扣押的法定情形。

为了深入了解刑事扣押在司法实践中的运行状况，笔者围绕"刑事扣押"这一中心词，以 30 份生效的国家赔偿决定书为切入点，提取国家赔偿决定书中具有刑事扣押的要素，形成相关数据作为分析项。

（1）确定研究对象的来源标准。供分析的 30 份国家赔偿决定书均来源于中国裁判文书网，该网站上的裁判文书均由最高人民法院发布，具有很强的权威性。为了更深入地了解实践中违法扣押样态、扣押物处理中的问题，笔者通过检索"赔偿案件"下的目录，搜索关键词"扣押"，文书类型为判决书、裁定书和决定书，集中分析刑事违法扣押案件。

（2）确定研究对象的时间标准。2012 年《刑事诉讼法》和《国家赔偿法》进行了修改，2012 年《公安机关办理刑事案件程序规定》《人民检察院刑事诉讼规则（试行）》以及 2015 年《关于进一步规范刑事诉讼涉案财物处置工作的意见》也对刑事扣押、涉案财物处理的规定进行了修改，所以笔者的搜索时间范围是从 2012 年到 2017 年，一共有 1030 件案件。① 鉴于 2012 年和 2013 年网络上公开的案件数量过少，与其他年份的案件数量差距较大，笔者只选择 2014-2017 年这 4 年中的样本进行分析。由于行政诉讼、

---

① 2017 年有 297 件、2016 年有 346 件、2015 年有 231 件、2014 年有 117 件、2013 年有 38 件、2012 年有 1 件。

民事诉讼和刑事诉讼程序中都存在"扣押",在 1030 件案件中,与刑事扣押相关的案件 196 个,[①] 笔者又从 196 个案例中选出 30 个案例作为研究样本。被选出的这些样本的文书类型都为"决定书",并具有较强的实效性,具体分布为:2017 年有 15 件、2016 年有 8 件、2015 年有 4 件、2014 年有 3 件。

(3) 确定研究对象的空间标准。从空间跨度上看,这些样本来自全国 16 个省、市、自治区,范围广泛。具体分布为:湖南省 8 件、四川省 3 件、山东省 3 件、黑龙江省 2 件、安徽省 2 件、广东省 2 件、北京市、吉林省、内蒙古自治区、云南省、山西省、河北省、广西壮族自治区、江苏省、甘肃省、河南省分别为 1 件。

表 1　30 例刑事扣押国家赔偿案件的基本情况

序号	赔偿请求人	案发地	扣押时间–决定赔偿时间	涉嫌罪名	案件处理
1	曾某涵[②]	广东	2012/4/17–2017/11/2	非法经营罪	无罪
2	北京某科技有限公司[③]	湖南	2007/5/30–2017/3/7	非法经营罪	不起诉
3	北京某蓄电池有限公司[④]	北京	2013/4/1–2017/8/31	非法经营罪	不起诉
4	曹某华[⑤]	湖南	2016/5/26–2017/4/16	私分国有资产罪、挪用公款罪	有期徒刑 5 年,罚金 10 万元

[①] 2017 年有 83 件、2016 年有 62 件、2015 年有 31 件、2014 年有 20 件。
[②] 广东省韶关市中级人民法院(2018)粤 02 委赔 3 号国家赔偿决定书。
[③] 最高人民法院(2017)最高法委赔监 204 号国家赔偿决定书。
[④] 北京市第二中级人民法院(2017)京 02 委赔 40 号国家赔偿决定书。
[⑤] 湖南省衡阳市中级人民法院(2017)湘 04 委赔 2 号国家赔偿决定书。

续表

序号	赔偿请求人	案发地	扣押时间–决定赔偿时间	涉嫌罪名	案件处理
5	付某①	吉林	2011/12/29–2017/6/30	掩饰、隐瞒、犯罪所得、犯罪所得收益罪	撤销案件
6	郭某贤②	内蒙古	2008/7/30–2017/2/15	生产伪劣产品罪	不起诉
7	某大学财税远程教育中心③	湖南	2002/10/10–2017/4/17	侵犯著作权罪、非法经营罪、伪造事业单位印章罪	无罪
8	李某④	湖南	2006/11/28–2017/10/11	行贿罪	有期徒刑3年，并没收50万元
9	李某建⑤	云南	1995/12/5–2017/3/29	诈骗罪的被害人	无
10	廖某平⑥	湖南	2013/5/4–2017/5/29	非法经营罪	不起诉
11	马某尧⑦	黑龙江	2015/12/23–2017/8/18	故意毁坏财物罪	免予刑事处罚

① 吉林省延边朝鲜族自治州中级人民法院（2016）吉24委赔11号国家赔偿决定书。

② 最高人民法院（2020）最高法委赔监227号国家赔偿决定书。

③ 湖南省高级人民法院（2015）湘高法委赔字第73号国家赔偿决定书。

④ 湖南省益阳市中级人民法院（2019）湘09委赔再1号国家赔偿决定书。

⑤ 云南省高级人民法院（2017）云01委赔2号国家赔偿决定书。

⑥ 湖南省高级人民法院（2017）湘委赔提12号国家赔偿决定书。

⑦ 黑龙江省哈尔滨市中级人民法院分院（2017）黑01委赔17号国家赔偿决定书。

续表

序号	赔偿请求人	案发地	扣押时间-决定赔偿时间	涉嫌罪名	案件处理
12	泸州某电子科技公司①	四川	2006/4/24-2017/2/27	挪用资金罪	有期徒刑3年
13	山东某外事服务有限公司②	山东	2006/10/22-2017/7/12	过失致人死亡罪	撤回起诉
14	徐某、贾某蓉③	山西	2011/5/5-2017/8/31	合同诈骗罪	无罪
15	张某瑞、张某兰④	河北	1993/12/29-2017/8/31	贪污罪、挪用公款罪	有期徒刑11年
16	JamesSun（孙某龙）⑤	广东	1989/7/16-2016/4/12	走私文物罪	无罪
17	陈某姿⑥	广西	2014/7/21-2016/6/6	诈骗罪	不起诉
18	程某彬⑦	湖南	2003/1/24-2016/5/30	合同诈骗罪	不起诉
19	底某⑧	四川	2013/8/25-2016/11/8	聚众斗殴罪、非法拘禁罪	有期徒刑10年

---

① 四川省高级人民法院（2016）川委赔32号国家赔偿决定书。
② 山东省德州市中级人民法院（2017）鲁14委赔3号国家赔偿决定书。
③ 山西省高级人民法院（2017）晋委赔提1号国家赔偿决定书。
④ 河北省高级人民法院（2016）冀委赔监50号国家赔偿决定书。
⑤ 广东省珠海市中级人民法院（2017）粤04委赔2号国家赔偿决定书。
⑥ 广西省桂林市中级人民法院（2016）桂09委赔7号国家赔偿决定书。
⑦ 湖南省高级人民法院（2016）湘委赔再1号国家赔偿决定书。
⑧ 四川省眉山市中级人民法院（2016）川14委赔1号国家赔偿决定书。

续表

序号	赔偿请求人	案发地	扣押时间-决定赔偿时间	涉嫌罪名	案件处理
20	江苏某投资有限公司①	江苏	2009/3/31-2016/12/21	职务侵占罪	有期徒刑7年
21	刘某平②	湖南	2008/4/3-2016/5/24	职务侵占罪	相对不起诉
22	百某③	甘肃	1994/7/9-2016/11/10	倒卖文物罪	不起诉
23	唐某松④	四川	2011/7/2-2016/12/1	单位受贿罪	二审改判无罪
24	某非食用植物油加工有限责任公司⑤	黑龙江	2011/9/22-2015/12/1	生产、销售伪劣产品罪	撤销案件
25	曹某松⑥	安徽	2009/2/11-2014/5/20	合同诈骗罪	二审改判无罪
26	陈某军⑦	河南	2009/8/25-2015/12/21	窝藏罪、敲诈勒索罪	有期徒刑1年4个月

---

① 江苏省常州市中级人民法院（2016）苏04委赔9号国家赔偿决定书。

② 最高人民法院（2018）最高法委赔监22号国家赔偿决定书。

③ 甘肃省武威地区中级人民法院（2016）甘06委赔1号国家赔偿决定书。

④ 四川省内江市中级人民法院（2016）川10委赔7号国家赔偿决定书。

⑤ 黑龙江省双鸭山市中级人民法院（2017）黑05委赔再1号国家赔偿决定书。

⑥ 安徽省高级人民法院（2014）皖法委赔字第00002号国家赔偿决定书。

⑦ 河南省高级人民法院（2015）豫法委赔字第31号国家赔偿决定书。

续表

序号	赔偿请求人	案发地	扣押时间- 决定赔偿时间	涉嫌罪名	案件处理
27	高某洪、张某①	山东	2011/8/30- 2014/12/25	盗窃罪	无罪、善意取得
28	刘某稳②	山东	2012/8/30- 2015/4/13	受贿罪	无罪
29	李某亮③	湖南	2010/12/18- 2015/1/29	职务侵占罪	有期徒刑6个月
30	许某龙④	安徽	2004/11/26- 2015/3/4	非法经营罪	有期徒刑5年，罚金60万元，没收15万元

二、违法扣押解除存在的问题

虽然扣押的解除体现了侦查机关依职权主动纠正错误扣押的功能，但是其也存在一些不足之处。

首先，"查明确实与案件无关"的规定较为抽象、原则。根据全国人大法工委的权威解释，"查明确实与案件无关是指经过侦查，询问证人，讯问犯罪嫌疑人，调查核实证据，并对查封、扣押的财物进行认真分析，认定该查封、扣押的财物或者冻结的款项、债券、股票、基金份额等并非违法所得，也不具有证明犯罪嫌疑人

---

① 山东省莱芜市中级人民法院（2014）莱中法委赔字第2号国家赔偿决定书。

② 山东省高级人民法院（2015）鲁法委赔字第7号国家赔偿决定书。

③ 湖南省郴州市中级人民法院（2015）郴中法委赔字第6号国家赔偿决定书。

④ 安徽省高级人民法院（2014）皖法委赔字第00009号国家赔偿决定书。

是否犯罪、罪轻、罪重的作用，不能作为证据使用，与犯罪行为无任何牵连"。① 根据对上述概念的理解，若财物、文件、邮件、电报等扣押物既非可为证据之物，又非应当没收之物时，应当解除扣押。然而，是否与案件有关，完全由办案人员决定。办案人员基于办案需要和自身利益会作出宽泛解释，只要是犯罪嫌疑人的财物、文件等都可以解释为"与案件有关"。当事人或相关权利人无法参与到决定"是否与案件无关"的程序之中。解除扣押物的法律依据规定模糊，致使其难以有效保护扣押物所有人、持有人或保管人的合法权益。

其次，解除扣押的时间条件模糊。刑事诉讼法第 143 条第 2 款对"不需要继续扣押"缺乏具体规定；第 145 条对"经查明确实与案件无关的，应当在三日以内解除扣押"亦缺乏限定。时间的起算点为"查明确实与案件无关"，至于何时能够查明，立法及相关规定则无限制，这会导致侦查机关"何时查明，何时返还"不明确。同时，立法还要求对于查明确实与案件无关的扣押物，应当及时退还，侦查人员不得以任何借口留置或者拖延返还、解除。立法的规定粗疏导致部分扣押物被长期扣押的现象严重。在实践中，不及时解除、返还扣押物的情形频频见诸报端。例如，北京市的孟某某是一所民办大学的董事长，2001 年 5 月 18 日丰台区人民检察院反贪局的工作人员以涉嫌"挪用公款"对其刑事拘留，后被带至山西省阳泉市。在长达数月的侦查过程中，检察院以追缴"涉案赃款赃物"的名义对他的股票平仓套现了 99 万余元现金和一辆丰田汽车予以扣押。2002 年 5 月 16 日阳泉市中级人民法院判处孟某某"挪用公款罪"与"虚假出资罪"，2002 年 7 月 25 日山西省高级人民法院改判其无罪，并立即释放。在被判处无罪后，孟某某开始了一年半

---

① 全国人大常委会法制工作委员会刑法室编：《关于修改中华人民共和国刑事诉讼法的决定：条文说明、立法理由及相关规定》，北京大学出版社 2012 年版，第 75 页。

的财物追讨，北京和阳泉的检察机关却以各种理由拒绝退还被扣押的财物。①

最后，办案人员怠于查证。侦查人员在查封、扣押财物、文件、邮件、电报等之后，必须及时对扣押物进行调查核实，明确扣押物与案件之间的关系，不能扣而不查，导致长期扣押现象突出。对于已经作出不起诉或宣告无罪的案件，仍然继续扣押当事人的财物、文件。在30件刑事扣押国家赔偿案件中，我们发现在"案件处理"中符合终止诉讼程序而解除扣押的有20件，占到案件总数的66.67%。其中，撤销案件的有2件，不起诉的有9件，被宣告无罪的有7件（见表1）。然而，办案人员怠于查证，并未及时解除扣押，导致当事人的财物、文件被长期扣押。

在30件刑事扣押国家赔偿案件的基本情况中，我们还发现扣押物从实施扣押到决定赔偿的时间跨度较长。从实施刑事扣押行为时起至赔偿委员会作出赔偿决定书止，连续扣押3年以下的有4件，占案件总数的13.33%；连续扣押3年以上（包含本数）的有26件，占案件总数的86.67%；连续扣押5年以上的有20件，占案件总数的66.67%；连续扣押10年以上的有10件，占案件总数的33.33%；有的案件扣押时间甚至超过20年（见表1和图9）。

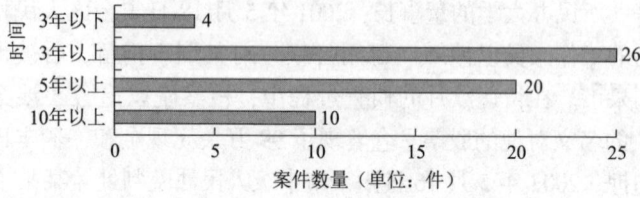

图 9　30 例样本中刑事扣押的期限统计

---

① 《教育家被拘后无罪释放　检察院拒不返还百万财产》，http://news.sohu.com/2003/11/17/02/news215670240.shtml，最后访问日期：2017年6月20日。

长期扣押财物、文件的行为造成工厂倒闭、停产停业、扣押物的价值贬损、贷款数额增多、产生违约责任、财物毁损及灭失等后果，严重侵犯了公民的合法权益，有些人为了追讨财物，常年上访、申诉。这不仅使当事人遭受财物损失、承受精神压力，而且也使公检法机关身陷舆论风波之中，损害国家权威。例如，2004 年 5月民营企业家牟洋因涉嫌偷税罪、虚开增值税发票罪，吉林省公安厅扣押其 2460 万元。在审查起诉阶段，公安厅仅向吉林省吉林市高新区人民检察院移送现金 440 万元，滞留了 2020 万元。在牟洋缓刑执行完毕后，他一直向吉林省公安厅讨要无果。直到 2015 年6 月 17 日，吉林省公安厅才通过《法制晚报》向社会表示，将于今日返还这笔款项。① 还有一起发生在吉林省的案例，2002 年 9月 21 日吉林市警方扣押了于某某的黄金 46384 克，由于 2003 年2 月 27 日国务院发布的《关于取消第二批行政审批项目和改变一批行政审批项目管理方式的决定》取消了中国人民银行关于黄金管理的收售许可审批，所以 2005 年 7 月 22 日吉林市中级人民法院在二审判决中宣布于某某不构成非法经营罪。自此，于某某走上了长期索要被扣黄金之路，直到 2015 年 1 月 4 日吉林市公安局才向其支付国家赔偿金 384 万元。②

三、完善扣押物解除的路径

保障公检法机关及时解除扣押物可以通过以下方法予以完善：
首先，公检法机关应当及时或定期开展扣押必要性审查。这种

---

① 《吉林商人牟洋两千余万被扣押十余年最高法要求省公安厅返还 2020万元》，http：//news. 365jilin. com/html/20160902/2258093. shtml，最后访问日期：2016 年 10 月 25 日。
② 《吉林回应查扣 46 公斤黄金案：按当时价格赔 384 万》，http：//news. sina. com. cn/c/2015-02-02/141431471938. shtml，最后访问日期：2016年 10 月 25 日。

做法类似于"羁押必要性审查制度"。公安机关在实施扣押行为后要及时或定期对扣押的可为证据之物或应当没收之物开展审查；在审查起诉阶段，检察机关应当及时或定期对扣押物进行审查；在提起公诉后，法院应当及时或定期审查扣押物是否应当被扣押。其一，审查的内容。主要包括：（1）扣押之物是否超过扣押范围。（2）扣押之物是否超过数额。对于可以分割的动产，扣押之物应当与案件相关、金额相当；对于不可分割的土地、房屋等不动产或者航空器、船舶、汽车、大型机器设备等特定动产，查封、扣押、冻结的财物应当与涉案金额相当。其二，审查的方式。公检法机关以书面审查为主，必要时通过讯问犯罪嫌疑人、被告人，询问证人、被害人或案外人以及调查核实证据的方式，认真分析是否有无继续扣押的必要。

其次，限定解除扣押的时间。虽然违法扣押的解除程序对解除的时间未做限制，但我们可以借鉴扣押物处理程序中"30 日内处理涉案财物的经验"。为了及时处理扣押物，《关于适用〈中华人民共和国刑事诉讼法〉的解释》第 447 条规定，对于法院保管的财物及其孳息，在判决生效后由法院负责处理。对于未随案移送的财物、文件，则由检察院、公安机关在收到执行回单后的 1 个月内处理。《人民检察院刑事诉讼涉案财物管理规定》第 23 条也规定，一般情形下，检察院在作出撤销案件、不起诉或收到法院的生效裁判后，应当在 30 日内处理涉案财物。这些规定对保障司法机关及时处理扣押物起到硬性的规制作用，是法律的一大进步。笔者主张，当公检法机关的办案人员发现扣押物符合解除扣押的条件时，应当在 30 日内解除扣押。

第四章　扣押物的保管与处理

　　刑事扣押保管与处理程序是刑事司法活动中的一项重要课题，关系到公民的财产权、通信自由权、隐私权等基本权利。如果刑事扣押运用得当，对于收集证据、保全财产具有重要作用；如果运用不当，就会侵犯公民的合法权利，而且证据也难以经得起考验。在立法层面上，刑事诉讼法及其相关法律解释和相关规定对刑事扣押的保管与处理程序规定粗疏，缺乏可操作性。在实践层面上，公检法机关对扣押物的保管、移送、返还、没收等方面存在诸多不规范的行为。在理论层面上，相关的著作和论文数量较少，富有见地和深度的著述并不多见。因此，本章通过规范分析与实证研究的方法，首先对刑事扣押物的保管进行分析，厘清研究基础，继而阐述刑事扣押物的移送，着重对扣押物处理程序中的返还问题进行论述，然后对刑事扣押物保管与处理中的救济程序予以分析。

第一节　扣押物的保管

　　相对于发现、扣押、固定程序而言，涉案财物的保管并没有引起理论界和实务界应有的重视，法律也缺乏对保管程序的规定。如果没有妥善的保管制度，所收集的证据容易被混淆、破坏，涉案的财物、文件无法得到妥善处理。法治发达国家和地区对涉案财物的保管作了专门规定。① 1965 年最高人民法院、最高人民检察院、公安部、财政部联合颁布的《关于没收和处理赃款赃物若干问题的暂行规定》对赃款赃物的保管作了规定，但是规定的内容已经不适宜社会的发展需要。2012 年刑事诉讼法第 234 条规定，公检法机关应当妥善保管扣押的财物及其孳息，任何单位和个人不得挪用或自行处理。2018 年刑事诉讼法第 245 条第 1 款未做改变。《公安机关办理刑事案件程序规定》第 235 条规定，公安机关应当妥善保管扣押的财物及其孳息、文件，不得使用、调换、损毁或者自行处理。党的十八届三中、四中全会明确提出要求规范涉案财物的司法程序。2015 年中共中央办公厅、国务院办公厅出台《关于进一步规范刑事诉讼涉案财物处置工作的意见》，提出建立办案部门与保管部门、办案人员与保管人员相分离的制度。随后，最高人民检察院出台了《人民检察院刑事诉讼涉案财物管理规定》，公安部也颁布了《公安机关涉案财物管理若干规定》，进一步规范了涉案财物的管理要求。

总体来看，在立法层面上，我国相关法律法规对涉案财物保管的机构、场所、方法、管理、监督等规定得较为粗疏，缺乏可操作性。在实践层面上，公检法机关未妥善保管涉案财物、文件，随意使用、毁损、调换、挪用涉案财物的现象较多（见表 1 和表 2）。因此，如何规范扣押物的保管场所、方法、记录就显得尤为迫切和重要。在理论层面上，有人在比较"实物移送、分别管理模式""单据移送、公安管理模式"的基础上提出设立"单据移送、三家

---

① 英国 1984 年警察与刑事证据法第 22 条第 1 款规定，被警察扣押的任何物品可以被保留，只要是必要的即可。德国刑事诉讼法典第 94 条第 1 款规定，应当保管或以其他方式保全涉案财物。日本刑事诉讼法第 121 条规定，不便搬运或者保管的涉案财物，可以设置看守人，或者在得到所有人或其他人的承诺后，使其保管。我国台湾地区"刑事诉讼法"第 140 条规定，对于不便搬运或保管的涉案财物，命人看守或命所有人或其他人保管。

共管"的涉案财物管理制度构想。① 有人提出建立涉案财物的"跨部门"管理机制，理顺涉案财物的移送、管理、处置流程。② 也有人在此基础上提出设立一个独立统一的涉案财物管理中心，由无利害关系的第三方负责涉案财物的登记、交接、保管工作。③ 还有人检视了刑事诉讼涉案财物处置程序正当性问题的原则，并主张建立跨部门的涉案财物信息管理平台、细化涉案财物分类和引入社会托管。④ 然而，这些对刑事诉讼涉案财物保管机构的探讨，缺乏对我国司法实践中有益探索的经验总结，富有见地和深度的著述并不多见。⑤ 虽然一些论文对证据保管有所提及，⑥ 但也都是在研究其他问题的过程中附带提及，对涉案财物保管机构的研究亟待进行系统的考量和完善。本书旨在规范涉案财物的保管机构，通过梳理我国涉案财物保管机构的四种模式，提出完善我国涉案财物保管机构的具体思路。

---

① 程建：《刑事诉讼涉案财物集中管理的实证调研和制度构想》，载《上海政法学院学报》2013 年第 2 期，第 41-44 页。

② 万毅、谢天：《刑事诉讼涉案财物管理机制研究——以我国 C 市 W 区的改革实践为分析样本》，载《人民检察》2016 年第 17 期，第 5 页。

③ 李玉华：《论独立统一涉案财物管理中心的建立》，载《法制与社会发展》2016 年第 3 期，第 70 页；田力男：《刑事涉案财物保管与处置新制研究》，载《法学杂志》2018 年第 8 期，第 119-122 页。

④ 熊秋红：《刑事诉讼涉案财物处置程序检视》，载《人民检察》2015 年第 13 期，第 31-36 页；葛琳：《刑事涉案财物管理制度改革》，载《国家检察官学院学报》2016 年第 6 期，第 122 页。

⑤ 陈永生：《证据保管链条制度研究》，载《法学研究》2014 年第 5 期，第 184 页；杜国栋：《论证据的完整性》，中国政法大学出版社 2012 年版，第 172 页。

⑥ 陈瑞华：《实物证据的鉴真问题》，载《法学研究》2011 年第 5 期，第 127 页；袁坦中：《论刑事扣押物品的保管规则》，载《求索》2008 年第 11 期，第 146-148 页；何家弘、刘晓丹：《论科学证据的采纳与采信》，载《中国司法鉴定》2002 年第 1 期，第 14 页。

一、扣押物的保管机构

涉案财物的保管机构有四种模式:"部门分别保管模式""部门内部集中保管模式""跨部门集中保管模式""跨部门集中保管与第三方代管相结合模式"。部门分别保管模式的流转环节多、保管风险大、保管主体多元;部门内部集中保管模式仅在公检法机关各系统内部集中保管,其适用范围有限;跨部门集中保管模式设立跨部门的涉案财物管理中心,但它不能有效保管特殊财物、文件。为了实现办案部门与保管部门、办案人员与保管人员相分离,确保涉案财物保值、增值的目的,我国应当坚持跨部门集中保管与第三方代管相结合模式,设立跨部门的集中保管机构,辅之以第三方代管机构共同保管。

(一) 涉案财物部门分别保管模式

侦查阶段、审查起诉阶段和审判阶段由公检法机关分别管理涉案财物是我国现行的涉案财物管理模式。根据《关于适用〈中华人民共和国刑事诉讼法〉的解释》第 437 条第 1 款的规定,法院、检察院应当保管扣押的财物、文件。《公安机关办理刑事案件程序规定》第 235 条第 1 款规定,公安机关应当妥善保管财物及其孳息、文件。公检法机关分别有权设立专门的保管场所和设施,并指定专门的保管人员。除了鲜活易腐物品、不宜移送的财物(不动产、车辆、船舶、航空器等)、违禁品之外,公安机关应当将扣押的财物、文件移送到检察机关,检察机关提起公诉的,应当将涉案财物随案卷移送到法院。

部门分别保管模式主要具备两大优势:一是有利于公检法机关明确各自的责任,确保涉案财物保管的独立性。二是有利于案件承办人开展审查工作,及时解除与案件无关的涉案财物,积极组织审查、移送鉴定、庭审质证。然而,部门分别保管模式也有其弊端。

第一,流转环节多、保管风险大。财物、文件被扣押之后,要经历入库、保管、出库、移送、调用等环节,涉及侦查人员、检察官、法官、保管人、鉴定人、拍卖人等多种人员。涉案财物在任何一个环节、任何一种人员手中都有可能被挪用、调换、破坏。有些基层的公检法机关缺乏专门的保管场所，或者很多保管人员不具备专门的保管能力，不能按照保管的要求进行规范操作，露天堆放涉案财物，从而发生涉案财物被损坏、污染、调换以及丢失等现象，难以发挥实物证据证明案件真实性的作用。2018 年 3 月 15 日至 3 月 30 日笔者到 S 省×市进行了调研，分别访谈了 C 区公安分局和×区公安分局刑警大队的民警、C 区人民检察院公诉科的检察官、C 区人民法院和 G 区人民法院的刑庭法官。据他们介绍，公安局及其辖区的派出所里没有专门的保管场所和保管人员，扣押的财物、文件一般由办案人员自行保管、自行负责；检察院和法院各自都配备了一间保管室和一名保管人员，但是保管室里仅摆放了几个柜子，只能存放一些手机、银行卡、钥匙等小件物品。根据他们共同的反映，公检法机关缺乏资金去建立专门的保管场所用于存放一些体积较大的涉案财物。对于大件的涉案财物（如汽车、摩托车、麻将机等）都是找到社会上的一个专门场地，保管场地也缺乏遮阳、防雨、防火、防盗等必要的防护设施，所以办案人员自己也非常担心涉案财物出现问题后相关权利人追究他们的责任。

第二，保管主体多元，司法成本高。部门分别保管模式要求公检法机关各自投入大量的人力、物力和财力，配备相关的保管场所和保管人员；分别建立涉案财物管理台账，每个月、每个季度、每年都要清点相关财物、文件，整个工作都要耗费大量的司法成本。公检法机关各自在不同的诉讼阶段保管涉案财物，也带来了保管主体分散、缺乏统一的保管标准、保管行为不精细、操作不规范、衔接不畅等问题。由于涉案财物的保管链条要经过几个环节，究其哪个部门没有妥善保管涉案财物，有时导致公检法机关之间相互扯皮，相互推卸责任，致使权责不清。

第三，保管混乱，监督缺乏力度。目前，办案部门与保管部门尚未分离，涉案财物保管混乱，无法实现科学化、类别化管理。扣押涉案财物后办案人员是否及时办理入库保管手续、涉案财物的保管状态、涉案财物是否与案件有关等信息，只有办案人员清楚，纪检监察部门无法进行有效监督，当事人及其近亲属、辩护人也无法获得涉案财物的保管情况。缺乏有效的监督造成与案件无关的财物得不到及时解除；对决定撤销、不起诉或无罪判决的案件，涉案财物不能被及时返还。

（二）涉案财物部门内部集中保管模式

为了解决涉案财物的保管难题，各地的司法机关先后进行了有益探索，部门内部集中保管模式就是结晶之一。部门内部集中保管模式是指公检法机关分别在各自系统内，两个或两个以上的同级办案部门建立统一的保管场所，并由其中的一个部门对涉案财物进行统一管理的模式。

江苏省如皋市公安局从 2004 年就开始探索涉案财物管理制度，到 2010 年该局已成为全国公安执法规范化的典型。涉案财物管理中心保管的是公安局各个办案单位的大件涉案财物。该局采用条形码识别、财物集中存放、信息系统跟踪管理等对涉案财物进行管理。[①] 上海市公安局从 2010 年开始实现 "扣管分离"，公安机关各办案单位制定了一系列规章制度，开发了 "网上办案平台" 涉案财物管理系统，着力解决涉案财物在移交、借用、归还、保管、处理中的难题。从 2010 年 8 月到 2011 年 5 月，该系统已录入信息71130 条，关联案件 19706 起。[②] 福建省漳州市公安局龙文分局在2010 年成立了涉案财物管理中心，探索出了 "龙文模式"。该涉案财物管理中心集中保管辖区内的涉案财物，开发了龙文分局涉案财物管理系统，形成一级仓库与二级仓库、"实物仓库" 与 "虚拟仓

---

① 李孝文、曹钰华：《让涉案财物管理更 "阳光" ——如皋市公安局涉案财物管理中心见闻》，载《江苏法制报》2015 年 1 月 20 日第 2 版。

② 吴艺：《上海：涉案财物管理系统录入信息七万余条》，载《人民公安报》2011 年 5 月 4 日第 2 版。

库"的有效对接。

部门内部集中保管模式的优势在于：一是节约司法资源。涉案财物的移送和保管向规范化、集约化和信息化的方向转变，有助于降低司法成本，减少设置保管场所与保管人员的数量和经费开支。二是降低保管风险。在涉案财物被集中统一保管后，保管人员对收到的财物、文件建账设卡，实行一案一卡、一物一卡（码）。对于细小物品，还需要对物品种类进行分袋、分件、分箱、设卡和保管。对于入库、出库、归还的，需要检查涉案财物，确保账实相符，并制作相应的清单，避免涉案财物在保管过程中被污染、调换、毁损、灭失等。然而，部门内部集中保管模式仅仅解决的是公检法机关各系统内部涉案财物的保管，它的适用范围存在局限性，未建立公检法机关之间关于涉案财物的移送、保管、调用、处理的合作平台。

（三）涉案财物跨部门集中保管模式

跨部门集中保管模式是指公检法机关建立集中的涉案财物管理中心，扣押的财物、文件全部移送至涉案财物管理中心集中保管，各部门保管各自诉讼阶段的涉案财物，涉案财物的移送、保管、调用、对接的法律手续通过网上流转，不移送实物的保管模式。在同一辖区内，撤销公检法机关各自设立的涉案财物保管和处理部门，成立一个新的涉案财物共管中心，管理中心会给每个涉案财物贴上条形码，利用网络技术进行管理。办案机关根据公检法机关统一制定的管理制度，采用单据移送的方式，只移送扣押清单和书面材料，不再移送扣押的实物，几分钟便可完成数页清单的移送，极大地提高了涉案财物保管、移送的质量和效率。

为了攻克涉案财物管理混乱的"难题"，全国多省市积极探索这种集中、高效、独立的涉案财物管理中心。2015年浙江省诸暨市成立了浙江省第一家集公检法机关于一体的涉案财物管理中心，该中心设在公安机关内。① 2015 年 7 月成都市温江区建成了四川省首个跨部门的刑事诉讼涉案财物管理中心。公检法机关的涉案财物统一存放在该中心，中心的场所设在温江区公安分局内，并由公安分局代为保管。② 2017 年北京市通州区在公安分局内成立了跨部门的涉案财物管理中心，对同级公检法机关的涉案财物进行跨部门统一管理。③ 江苏省淮安市公安局洪泽分局自主研发了江苏省首个"警银通"涉案财物管理平台，初步实现了公安保管，打通了公检法机关一体化涉案财物管理的目标。④ 山东省聊城市推行公检法机关一体化的涉案财物管理模式，并在公安局内部设立了涉案财物管理中心，公检法机关各自派 1~2 名保管人员负责本部门涉案财物的保管、移送、对接、文书的网上流转、查验、催收、审核等工作。⑤

试点的运行效果良好，引起了社会的高度关注。从 2015 年年底到 2016 年 8 月，成都市集中的涉案财物管理中心收到的案件有 9500 余件，涉案财物的保管信息有 3 万余条；公检法机关共享案件 1700 多件，涉案财物保管信息 6300 多条。山东省聊城市的涉案财物管理中心自运行以来，收到涉案财物 270 件、物证 1200 件。该中心设有 9 类物证保管室，涉案财物受理区、异形物品区、车辆

---

① 陈东升、陈伯渠、王雨：《首家刑事诉讼涉案财物管理中心落户诸暨》，载《法制日报》2015 年 5 月 8 日第 2 版。
② 夏修露：《"集中+分散"模式 因地制宜建设保管场所——四川试点刑事诉讼涉案财物管理改革观察之场所综合篇》，载《四川法制报》2016 年 8 月 10 日第 4 版。
③ 汤瑜：《北京：多举措规范涉案财物管理 破解移送、处置难题》，载《民主与法制时报》2017 年 11 月 23 日第 3 版。
④ 赵家新、徐国庆、任礼明：《淮安洪泽："警银通"规范管理涉案财物》，载《人民公安报》2017 年 7 月 4 日第 3 版。
⑤ 王金梅、付延涛：《聊城：推行公检法一体化涉案财物管理》，载《人民公安报》2017 年 11 月 14 日第 6 版。

停放区各 1 个。2015 年在河北省政法委的领导下，邢台市建立了跨部门的涉案财物管理中心，实现了一码全程跟踪、一网多维监督、一键及时展示、一地集中保管。截止到 2017 年 4 月，该中心已录入涉案财物 20046 件，涉案款达到 3300 余万元，管理中的纠正违法错误率从 11% 降至 2%。① 各地的做法为探索跨部门集中保管模式的推行积累了宝贵的经验。

第一，加大了涉案财物保管的投入力度。涉案财物管理中心明确了功能区分，配备了相关设备，将信息化、自动化技术引入中心建设规划中。成都市温江区提出了"大集中、小分散"的思路，涉案财物集中保管场所采取"1+3+2"模式，即 1 个涉案财物管理中心、3 个功能分中心、2 个保管点。② 涉案财物不随案移送，扣押清单、相关证明材料、法律文书等通过网上流转，减少了涉案财物出库、装卸运输、清点入库的环节，提高了司法效率。四川省峨眉山市创建了"1+3"模式，其管理模式与温江区大同小异。其在涉案财物管理中心还设有受理区、监控区和保管区，占地 575 平方米。③ 江苏省淮安市公安局洪泽分局建有 600 多平方米的涉案财物管理中心，设有大件物品库、常规物品库和资金专管库，并配备了保险箱、消磁柜、通风机、储物架等必要设施。④ 在规范化管理中还运用 RFID 智能管理系统、射频智能柜、智能计算、智能盘库、

---

① 马竞、周宵鹏：《涉案财物一"码"到底案结物清》，载《法制日报》2017 年 4 月 8 日第 2 版。

② 3 个功能分中心（大宗物品和车辆管理分中心、枪支管理分中心、毒品管理分中心）、2 个保管点（温江区人民检察院涉案物品保管室负责保管自侦案件的涉案财物和临时调用的涉案财物；温江区人民法院涉案物品保管室负责保管自诉案件的涉案财物和临时调用的涉案财物）。

③ 林辉、张建华：《峨眉山市涉案财物管理出成效》，载《四川法制报》2017 年 5 月 24 日 A12 版。

④ 赵家新、徐国庆、任礼明：《淮安洪泽："警银通"规范管理涉案财物》，载《人民公安报》2017 年 7 月 4 日第 3 版。

自动报警等高科技技术。

第二，建立了涉案财物的"电子身份证"。通过二维码技术，保管部门给涉案财物建立了"电子身份证"，实行"一案一档""一物一码"。条码中存有涉案财物的具体信息，包括案由、涉案财物的来源及特征、存储位置等。在入库、保管、出库的过程中，通过扫码达到方便、快捷、准确的目的。2015年8月河北省临城县人民检察院开始运用二维码信息管控技术，还起草了《关于实行涉案财物二维码统一管理的规定（试行）》，实现了物码相符、码随案走、网上流转。从侦查、起诉、审判到执行，全程一码，精确管控。[1]

第三，设立了涉案财物的集中管理信息化平台。通过建立信息共享平台，公检法机关对涉案财物、文件的登记、入库、保管、出库、移送、返还、没收等全部实现网上登记、管理和监督。加强信息化管理，实现公检法机关之间的信息共享，完成涉案财物管理的信息对接。成都市温江区的涉案财物管理中心建立了"1+3"的信息共享平台。"1"指全省政法专网平台建立中转媒介，"3"指公检法机关各自办案系统中涉案财物管理模块。通过二维码技术，公检法机关之间的信息通过政法专网平台实现数据交换。[2]信息共享平台的建立不仅便于快速查询涉案财物的基本情况、保管人与办案人等信息，还增强了对办案单位的约束力，避免了在移送财物过程中产生的运输成本，降低了涉案财物丢失、毁损、灭失的风险。

然而，对易贬值的财物或者市场价格波动较大的股票、债券、基金份额等的保值、增值，我国公检法机关的保管场所和保管人员

---

① 耿建扩：《河北临城：刑事涉案财物实现统一管理》，载《光明日报》2016年12月15日第7版。

② 王自然、胡雪：《成都：建立管理中心规范涉案财物管理》，载《人民公安报》2016年7月25日第3版。

往往不具备这方面的能力。随着涉案财物的种类增多、数量递增、价值变大，当事人或相关权利人对涉案财物的保管要求越来越高，现行的保管模式、保管条件和保管人员已无法适应社会发展的需要。因此，为了实现涉案财物在规范化管理的同时达到部分特殊财物保值、增值的目的，有必要探索新的保管模式。

（四）涉案财物跨部门集中保管与第三方代管相结合模式

在比较前面三种保管模式优缺点的前提下，基于提高办案效率、降低司法成本、保障证据真实性和同一性的目的，公检法机关应当设立跨部门集中保管的涉案财物管理中心。笔者主张，在涉案财物的保管程序中，坚持跨部门集中保管与第三方代管相结合模式，即设立跨部门集中保管的涉案财物管理中心，辅之以政府指定或委托的第三方代管机构保管。理由如下：

1. 跨部门集中保管有利于实现扣押执行与扣押保管相分离

《公安机关涉案财物管理若干规定》第 8 条第 4 款规定，严禁由办案人员自行保管涉案财物。《人民检察院刑事诉讼涉案财物管理规定》第 7 条及第 10-11 条确立了扣押执行与扣押保管相分离原则，以实现二者分工负责、相互制约的目的，防止侦查机关存在违法保管涉案财物的行为。公检法机关应当在扣押后的 3 日内将涉案财物、扣押清单一并移送至涉案财物管理中心登记保管。对于特殊涉案财物的保管，由办案机关在拍照或录像后按有关规定处理，或是移送到有关主管机关。① 对于扣押后需要及时进行检验、鉴定、辨认的涉案财物，或者异地扣押财物、文件的情形，可以不受"3 日内"的期限限制，但应当在完成上述事项后及时移送到涉案财物管理中心登记保管。对于原物不便搬运或是不动产的，应当在保证侦查活动正常进行的前提下，将被查封的财物交持有人或近亲

---

① 这些特殊涉案财物主要包括：珍贵文物、珍贵动物及其制品、珍稀植物及其制品；毒品、淫秽物品等违禁品；爆炸性、易燃性、放射性、毒害性、腐蚀性等危险品；易损毁、灭失、变质、腐烂及其他不易保管的物品等。

属保管，并将相关权利证书、照片移送至管理中心。对于易毁损、易变质、不易保管的涉案财物，可以先变卖、拍卖，并将变卖、拍卖款移送至管理中心。总之，除法律另有规定外，侦查人员、检察官和法官都应当先将涉案财物移送至涉案财物管理中心，实现办案部门与保管部门、办案人员与保管人员相分离的目的。

2. 跨部门集中保管有利于实现公检法机关权责分明

涉案财物保管机构的设置应当遵循保护公民财产权与制约权力的原理。只有合理配置公权力才能合法让渡公民的私权利。统一的跨部门涉案财物管理中心究竟由中立的第三方行政机关保管，还是由公检法机关共同保管呢？统一的跨部门涉案财物管理中心究竟是单独设立，还是依附于公安机关设立呢？从长远的角度看，统一规范、中立高效的改革规划要求建立中立于公检法机关等专门的跨部门保管机构，由政府公务仓代为保管的观点①固然能够较为彻底地从侦查权、公诉权和审判权中剥离涉案财物的保管权，完全由公检法机关之外的第三方机构保管，能够保障保管机构的独立性，但是这种观点并不契合我国司法的实践经验，也并不能实现节约经济成本的目的。因此，笔者主张跨部门集中保管与第三方代管相结合的保管模式。由政府投资改造或新建公安机关现有场所，建立公检法机关共用的涉案财物管理中心，并由公安机关代管；对于部分难以建立集中涉案财物保管的地方或不便保值、增值的涉案财物，则由符合条件的第三方机构代为保管，以实现涉案财物保管、保值、增值的目的。

首先，将跨部门涉案财物管理中心设在公安机关内部有利于节约司法资源。跨部门涉案财物管理中心是独立于公检法机关的保管机构，其行政隶属关系不依附于公检法机关。建立跨部门的集中保管机构可以减少涉案财物在不同部门之间流转的次数，统一保管标

---

① 田力男：《刑事涉案财物保管与处置新制研究》，载《法学杂志》2018 年第 8 期，第 119-122 页。

准，公检法机关不需要在各自部门内设立保管场所，从而可以节省司法资源，避免主体多元导致涉案财物保管不当的现象发生。笔者主张将跨部门集中涉案财物管理中心设在公安机关内部，是因为公安机关承担了绝大部分的侦查工作，大部分涉案财物由其收集、提取、扣押，所以公安机关保管的涉案财物的数量也比检察院和法院保管的数量多很多，将涉案财物保管中心设在公安机关内便于侦查人员办案，减少移送的工作量，符合办案规律。在全国各省市对涉案财物管理中心的积极探索中，各地积累的很多经验有一个共同特点，即由公安局代为保管涉案财物，或者涉案财物保管中心设在公安局内部。在投入较少的情况下，应充分利用公安机关的现有资源，尽快建立涉案财物保管中心，实现节约司法成本、提高司法效率的目的。

其次，由公检法机关集中共同管理涉案财物有利于实现部门之间权责分明。跨部门涉案财物管理中心虽然设在公安机关内部，但是由公检法机关集中共同管理涉案财物。公检法机关各自派人员分别保管侦查阶段、审查起诉阶段和审判阶段的涉案财物。涉案财物的登记、入库、保管、出库、移送、返还等通过网络平台办理流转手续，不移送实物。不再设立单独的第三方保管机构，由公检法机关共同管理涉案财物的做法不仅能在现行体制内优化权力配置，减少机构设置与人员编制，节约司法成本，还能统一保管标准，明确公检法机关各部门之间的权责。

最后，通过科学的管理机制化解公安机关不中立的问题。将涉案财物管理中心设在公安机关内部会产生公安机关不中立的担忧。涉案财物管理中心可以设置科学的管理规则，通过规范性的文件解决权力偏颇的难题。由公检法机关各自派员入驻涉案财物管理中心，各自保管各阶段的涉案财物，明确涉案财物的移送、入库、出库、借用、记录等具体规则。随着涉案财物信息管理平台、涉案财物"电子身份证"的建立，涉案财物管理的内外部监督将会更加规范，不中立的问题也将得到遏制。

3. 信息化平台为跨部门集中保管提供可能

信息化平台的建设是刑事涉案财物保管的发展趋势。随着刑事案件数量不断增多，2018 年各级法院审结一审刑事案件达到了 548.9 万件，判处罪犯 607 万人。① 因此，通过信息化平台管理涉案财物显得尤为重要。

刑事涉案财物的信息化平台是依托计算机管理的平台，专门人员将刑事涉案财物的相关信息输入计算机系统，并实现涉案财物的查询、管理、短信提醒、涉案财物处理等多重目的。② 刑事涉案财物在公检法机关之间移送、保管的过程中往往会发生移送不畅、积压严重、保管的财物污损与丢失等现象，而信息化平台专门针对这些问题，利用计算机技术，通过数字化、网络化和智能化等管理手段，以及二维码扫描、报警系统等科学技术，传递刑事涉案财物管理信息，避免实物移送带来的不便。刑事涉案财物的信息化平台建设不仅可以提高涉案财物保管的效率，落实涉案财物的管理责任制，增强涉案财物管理的透明度，畅通涉案财物的移送渠道，还能实现公检法机关之间的信息共享，保障涉案财物的同一性和真实性，保护公民的财产权。

首先，计算机技术的广泛运用为刑事涉案财物信息化平台的建设奠定了基础。计算机技术的应用范围已经渗透到人们的生产、生活、交流的许多领域之中，并对社会发展起到了举足轻重的作用。截至 2018 年 6 月，中国网民规模达 8.02 亿，互联网普及率达到 57.7%，用户人数已经超过国民半数。网民规模增速有所提升，2018 年新增网民 2968 万人，增长率为 3.8%。③ 随之而来的是刑事

---

① 《最高人民法院工作报告（全文）》，http：//www.court.gov.cn/zixun-xiangqing-87832.html，最后访问日期：2019 年 1 月 20 日。

② 孙明泽：《刑事涉案财物的信息化管理》，载《重庆邮电大学》（社会科学版）2018 年第 2 期，第 58 页。

③ 《第 42 次〈中国互联网络发展状况统计报〉》，http：//www.cac.gov.cn/2018-08/20/c_1123296882.htm，最后访问日期：2019 年 1 月 20 日。

涉案财物管理过程中引入计算机技术将成为人们关注的热点话题。自公安部颁布《公安机关涉案财物管理若干规定》以来，实务部门就很重视涉案财物的信息化管理。早在 2004 年江苏省如皋市公安局就开始尝试刑事涉案财物信息化管理，其采用条形码管理方式，利用计算机管理登记。① 随着计算机技术的发展，在前面提及的试点地区中，信息化平台的建设对刑事涉案财物管理的改革起到了重要的推动作用，各级部门也在积极探索涉案财物信息化管理的多种途径。

其次，保管人员掌握的科学技术为刑事涉案财物信息化平台的建设提供了条件。公检法机关涉案财物的保管人员不仅要具有法学、管理学等方面的专业知识，还应当掌握计算机方面的基本技能。随着计算机技术的广泛普及，普通公民都已具备操作计算机的能力。在刑事涉案财物的管理过程中，保管人员多为年轻人，这为信息化平台的运行提供了人员条件。

4. 第三方机构代管有利于实现涉案财物的保值、增值

为了便于部分涉案财物实现保值、增值的目的，笔者主张将这部分涉案财物交由政府指定或委托的第三方代管机构保管，弥补公检法机关跨部门集中保管带来的不足。在我国司法实践中已有部分实务部门进行了有益探索。2016 年四川省公安厅确立了以共建共用为主体、购买服务为补充的涉案财物保管场所建设模式。由第三方机构代管的互补形式在实践中发挥了重要作用。

首先，公检法机关不具有对涉案财物保值、增值的职责。根据刑事诉讼法第 3、8、10 条、《人民检察院刑事诉讼规则》第 2 条、《公安机关办理刑事案件程序规定》第 3 条的规定，公检法机关负有保管扣押物的职责，保管属于扣押等侦查行为的持续状态，但它

---

① 《江苏如皋公安局：信息化管理涉案财物》，http：//www. chinapeace. gov. cn/2015−01/19/content_11170040. htm，最后访问日期：2019 年 1 月 20 日。

们不具有对涉案财物保值的职权。《关于进一步规范刑事诉讼涉案财物处置工作的意见》也未提及公安机关与检察院的办案人员与保管人员负有对涉案财物的保管职责。既然公检法机关无涉案财物保值、增值的职责，为何不将这种职责交由第三方管理？这种强化公检法机关的办案力量主要集中在侦查、起诉、审判业务的职权配置，也很契合党的十八届四中全会的决定和党的十九大报告中深化司法改革的方针。

其次，公检法机关缺乏保值、增值涉案财物的能力。我国公检法机关既无对涉案财物保值、增值的职责，又无此相关的业务技能。在司法实践中，公检法机关缺乏精通金融、管理、投资理财等知识的专门人才，经营、管理股票、债券、基金份额等易贬值财物的水平低下，因而涉案财物贬值的现象频发。例如，2016 年 9 月 25 日成都铁路运输中级人民法院通过"司法拍卖"网络平台，对刘汉、刘维一案中的 13 辆豪车进行公开拍卖。但 13 辆司法拍卖车辆的报价引起人们的热议，其中奔驰 CLK 起拍价 4 万元、宝马 X5 起拍价 2 万元，一辆原价为 370 万元的宾利欧陆仅使用 3 年半，法院起拍价已不足半价；而一辆保时捷卡宴起拍价仅为 19.89 万元。[1] 又如，在付某向某市公安局申请国家赔偿案件中，付某的房屋被拍卖，市场价值 4 万元/平方米的房屋以 1.5 万元/平方米的价格被拍卖掉，造成直接经济损失达 1194 万元。[2]

最后，法治发达国家和地区已在涉案财物保管中引入了其他保管机构。国际社会也很重视涉案财物的管理与处理，有些国家已经建立了财产委托人制度。财产委托人制度是一种经过权力机关授权

---

① 《拍卖刘汉 13 辆豪车是如何定价的?》，http：//news. 163. com/16/0923/10/C1L11BPH00014Q4P. html，最后访问日期：2017 年 3 月 6 日。

② http：//wenshu. court. gov. cn/content/content? DocID＝b4066cb2－2f10－4fdb－9cd6－b030872de755&KeyWord＝%E8%BF%9D%E6%B3%95%E8%A1%8C%E4%B8%BA，最后访问日期：2017 年 12 月 12 日。

或者委托公共托管人专门管理可变现的财产，并实现变现财产价值的制度。[①] 为了加强对涉案财物的保管，提高犯罪收益的利用率，《罗马规约》中成立了信托基金制度，美国司法部设有"资产没收基金"，英国设置了"扣押资产基金"，[②] 对被没收财产进行管理和处理。鉴于我国的司法实践与域外的相关经验，我国应当着力建立第三方保管机构。有学者建议有关部门授权给具有经济管理经验和职能的政府部门（如国资委），由其成立相关的基金管理组织。考虑到我国的实际情况，该学者还建议独立的第三方适宜由拍卖公司担任。[③]

二、扣押物的保管方法

为了防止扣押的财物、文件被遗失、调换、混淆、使用、灭失，所采集的血液、尿液等生物样本变质，刑事诉讼法第 141 条第 2 款规定："对查封、扣押的财物、文件，要妥善保管或者封存，不得使用、调换或者损毁。"《公安机关办理刑事案件程序规定》第 231 条和《人民检察院刑事诉讼规则》第 217 条第 2 款规定，应当妥善保管或封存被扣押的财物、文件，但是何谓"妥善保管"？法律却没有作出任何规定。对于鲜活易腐财物、电子数据存储介质等特殊扣押物的保管，也未规定任何特别的保管方法。虽然《刑事诉讼法》《人民检察院扣押、冻结涉案款物工作规定》和《公安机关涉案财物管理若干规定》已经基本建立了扣押执行与保管相分离的制度，但是扣押物的保管工作没有引起实务部门的充分重视。

---

① 王君祥：《违法所得没收特别程序问题研究》，法律出版社 2015 年版，第 189-190 页。

② 张磊：《论我国经济犯罪收益追缴制度的构建》，载《政治与法律》2009 年第 5 期，第 43 页。

③ 王利荣：《涉黑犯罪财产之没收与追缴》，载《中国刑事法杂志》2011 年第 5 期，第 44 页。

在司法实践中，侦查人员对扣押物的保管工作缺乏重视，保管不规范。"存在管而不理、非法挪用的现象，致使涉案财物的丢失、调包、损坏、坐收坐支、截留、挪用、非法使用现象突出。"①在30个样本案例中，有8个案例存在扣押物保管不善的现象，占到案件总数的26.67%（见表1和表2），主要表现为：

第一，对扣押物没有采取专门的保管方法，致使财物、文件损毁、变质或灭失。这些情形不仅损害了被扣押人的合法权益，还影响了证据的证据能力和证明力，给后续的诉讼程序带来诸多不便，导致当事人通过不断申诉、信访等方式要求返还或申请赔偿扣押物。例如，2017年北京某蓄电池有限公司向长沙市某区公安分局申请国家赔偿案，在长达1年零10个月的扣押时间中，公安机关未遵守保管要求，没有对扣押的电池做浮充电或每3个月通过充放电进行保养维护，导致被扣押的蓄电池全部损坏、报废。又如，2009年安徽省的曹某松因涉嫌合同诈骗罪，侦查人员扣押了他的车辆，由于侦查机关保管不善，导致车辆无法修复。再如，2004年11月26日某市公安局扣押了许某龙的图书、印刷机等财物，在2015年许某龙要求公安局返还与案件无关的财物时，公安局告知他其中的10种非盗版教材、印刷机、切纸机、晒图机虽然与案件无关，但都已灭失。②

第二，保管不善导致违法使用、调换扣押物。有的随意使用扣押物，如河南陈某军一案，某县公安局长期使用扣押的本田雅阁轿车，直至该车被县纪委查扣。③有的偷偷调换扣押物，由于在扣押

---

① 闫永黎：《侦查程序与财物权保障》，中国人民公安大学出版社2016年版，第140页。
② 参见北京市第二中级人民法院（2017）京02委赔40号；安徽省高级人民法院（2014）皖法委赔字第00002号；安徽省高级人民法院（2014）皖法委赔字第00009号。
③ 参见河南省高级人民法院（2015）豫法委赔字第31号。

的过程中未详细记录扣押过程和扣押清单，或者无相应的保管场所和保管人员，为调换扣押物的违法行为提供了可乘之机。例如，黑龙江马某尧案，甘肃百某案，河北张某瑞、张某兰案存在一个共同特点，即当返还扣押物时，当事人都拒绝领取被扣押的财物，他们都表示公安机关或检察院返还给他们的文物、字画、手表等财物并非当时被扣押的财物。

表2　30个样本案例中存在违法扣押的表现

序号	赔偿请求人	存在的违法扣押行为
1	曾某涵	未经法院判决，159.59吨稀土被拍卖，损失2400万元
2	北京某科技有限公司	长期扣押财物未返还
3	北京某蓄电池有限公司	扣押时间长；未妥善保管蓄电池，导致蓄电池全部报废
4	曹某华	当生效裁决作出后，未解除扣押或返还财物
5	付某	未对扣押的电脑做特别记载和说明；拍卖价格过低，损失1194.02万元
6	郭某贤	公安局未全额移送扣押款；不起诉后亦未退还
7	某大学财税远程教育中心	作出无罪判决后，扣押的500万元尚处于暂扣状态；1辆汽车和66份《教学资源建设协议书》下落不明
8	李某	至今没有退还违法暂扣的款项1955943元
9	李某建	长期扣押财物，拒绝返还已有20多年
10	廖某平	不起诉后未返还扣押款及利息
11	马某尧	扣押手表、手机等物品时，未出具任何手续；返还扣押物时，对手表的同一性有质疑
12	泸州某电子科技公司	检察院扣押了与案件无关的161.2万元，从2006年起一直未返还

续表

序号	赔偿请求人	存在的违法扣押行为
13	山东某外事服务有限公司	2007 年 11 月刑事诉讼程序终结后，车辆一直未被解除扣押
14	徐某、贾某蓉	返还扣押物的对象错误
15	张某瑞、张某兰	返还字画错误，导致字画无法追回
16	JamesSun（孙某龙）	长期违法扣押孙某龙合法所有的画作；画作已经遗失
17	陈某姿	诉讼终结后，公安局仍未返还扣押的财物；奔驰车未得到妥善保管，不能恢复原状
18	程某彬	公安局仅移送部分现金；不起诉后未返还现金
19	底某	与案件无关的财物被扣押至今没有返还
20	江苏某投资有限公司	车辆并未随案移送区法院；扣押时间长达 6 年，汽车已报废
21	刘某平	不起诉后，公安局继续扣押涉案款项 186 万元
22	百某	侦查机关未随案移送涉案财物；扣押时间长
23	唐某松	非法扣押请求人现金及其他物品不予退还；起诉时未将扣押财物随案移送法院；法院未对该财物作出处理
24	某非食用植物油加工有限责任公司	某公司提出扣押的米糠油的数量为 120 吨，扣押物品清单中标注的是 50 吨，数量存在争议；米糠油未及时出售，贬值严重
25	曹某松	车辆扣押近 5 年；公安局随案移交给检察院保管；保管不善现已无法修复
26	陈某军	公安局扣押陈某军的本田雅阁轿车后一直作为办公车辆使用，直至陈某军举报被该县纪委查扣；违法扣押申请人与案件无关的文件、物品；扣押清单未记录被扣押的 1 万多元

续表

序号	赔偿请求人	存在的违法扣押行为
27	高某洪、张某	在物证所有权争议较大、矛盾激烈的情势下，不遵循法律法规关于善意取得的规定，不考虑从高某洪、张某手中实际查封的事实，而返还给原出租人，实质上是追缴了赔偿申请人合法持有的财物，显然属违法行为
28	刘某稳	刑事判决没有对查扣的涉案物品进行没收、追缴或者做其他处理；检察机关继续扣押
29	李某亮	扣押李某亮的一个保险柜时，未通知李某亮或其亲属到场；扣押物品清单中载明的物品一致但数量不一致；遗失保险柜及保险柜里的物品，损失 90.11 万元
30	许某龙	公安局在扣押图书时未详尽清点；扣押了与案件无关的非盗版书籍、印刷机、切纸机等各 1 台，因保管不善已灭失

侦查人员应当根据不同实物证据的形态、特点，遵循防火、防潮、防盗、防尘等要求，对不同案件、不同种类的扣押物，选择科学适宜的保管方法包装、固定、保存，应当分案、分类保管，防止实物证据的外部形态特征或物质属性发生变化。

（1）对于生物类证据，要防止其腐败、变质或降解。侦查人员在扣押衣物、地毯、床单、纸张上的血液、精液、汽油、酒精时，一定要在阴干后用干净的塑料袋或纸袋包装，并将其置于冰箱、冰柜等低温的环境中保存，并配备必要的设备设施，如储物袋、储物柜、储物箱、防盗门、监视器、控温器、防腐剂、干燥剂等。

《公安机关办理刑事案件程序规定》第 236 条第 1 款规定，对容易腐烂变质及其他难以保管的物品，如水果、海鲜等物品，侦查人员可以根据当时的具体情形，经县级以上公安机关负责人批准，在拍照或录像后委托有关部门变卖、拍卖，侦查机关暂时保存价款。

（2）对于非生物类证据，要防止证据原有的物理形态遭到破坏。例如，工具痕迹、枪弹痕迹、足迹、指印、文件等，若在包装、固定、保管的过程中受到外力的碰撞、折叠、划擦、磨损后，可能会降低这些证据的证明力。因此，侦查人员应当将承载指印、撬压、工具、足迹、枪弹痕迹的载体放入防震、防碎的有泡沫、棉花、纸屑做衬垫物的盒子或箱子中；对于文件类证据，放入文件夹或圆筒状的纸筒中保存；对于金银珠宝、名贵字画、文物等贵重物品，必要时可以实行双人保管。财物上贴有密封标签，密封材料上要有扣押人、见证人和被扣押人的签名或盖章。经过鉴定的，还要有鉴定意见复印件。保管具有爆炸性、易燃性、放射性等违禁品时，要求保管单位必须具备相应的保管资质，其中包括爆炸物品管理单位要有专人管理，否则会因为吸烟、用火、对爆炸物的性能不熟等原因导致保管物变质或者发生爆炸等危险事故。

（3）对于液态、气态或粉末类证据，要防止渗漏、挥发或遗撒。扣押物如果呈液体状态，侦查人员要用结实的包装物，防止其渗漏或被污染；如果扣押物呈气态或具有挥发性特征，则要确保容器防渗漏；若扣押物属于粉末状的微量实物证据，要确保包装物将其包装完好。①

（4）对于电子数据，要防磁、防潮、避光、防尘、防压等。侦查人员在扣押电脑、移动硬盘、磁带、录像带、优盘、手机等电子数据的载体时，要确保这些载体远离强磁、高温、潮湿、尘土的环境，以免发生消磁或无法打开电子数据的现象。电子数据的保管与固定直接关系到电子数据的证据能力与证明力，固定和保管电子数

---

① 李学军：《论实物证据——从实物证据技术学层面及诉讼法学的视角》，中国人民大学出版社 2010 年版，第 147 页。

据时应当符合相关的法律程序。电子数据及其存储介质具有一定的特殊性，所以在保管时要避免受到强磁场、高温、静电、挤压、腐蚀、潮湿、灰尘等的影响。在包装电子设备时应当采取防静电措施，如可以使用纸张包装电子元件，而不能用塑料袋包装等。

三、扣押物的包装、标签记录

实物证据以其外在形态与内在属性发挥着证明案件的作用，运用科学的保管方法，妥善保管实物证据，关键在于建立完整的证据链条，确保实物证据在保管程序中的同一性。因此，对发现、扣押、固定的证据应当妥善包装、标签记录完整。证据保管链条中详细记载实物证据的保管、移送、使用和处理情况，对容易被伪造、篡改的证据具有重要意义。当持有、接触、处置、保管中的任何一个环节出现问题，都会中断保管链条，导致证据的同一性和真实性受到质疑，从而失去证据能力。

（一）规范实物证据的包装与封存

为了防止实物证据在保管的过程中被污染、混同，应当规范实物证据的包装与封存。对于特定物而言，案件管理部门应当对收到的实物证据或应当没收之物进行分袋、分件、分箱保管，建立一物一卡（码），通过其上的商标、数字、标签或其他易于辨认的特征证明扣押物的同一性。对于种类物而言，在不能辨别特征时，应当通过完整的保管链条予以证明，从发现某个扣押物到法庭上出示的整个期间，凡是持有、接触、保管、处置过该扣押物的人，能够证明扣押物在各个环节流动的情况，并能最终证明被出示的扣押物就是最初收集的那个扣押物。[①]

首先，侦查人员在扣押财物、文件的过程中应当戴手套、脚

---

① ［美］罗纳德·J.艾伦、理查德·B.库恩斯、埃莉诺·斯威夫特：《证据法：文本、问题和案例（第三版）》，张保生、王进喜、赵滢译，满运龙校，高等教育出版社 2006 年版，第 220 页。

套、头套和口罩，防止侦查人员的指印、脚印、毛发与现场遗留的指印、脚印、毛发混杂，或者唾液吸附在实物证据上，避免实物证据与实物证据之间发生混同、损坏。

其次，侦查人员在包装、保存证据的过程中应当使用干净的包装纸、包装袋、容器，不能使用用过的包装物，原则上不得向任何生物检材添加甲醛、EDTA 等防腐剂，防止证据受到二次污染。为了防止实物证据腐烂、变质，应当及时送往侦查机关的实验室或有关部门进行保存、检测、鉴定。

最后，规范实物证据的包装、封存与登记。对于封存实物证据而言，必须给包装物贴上封条进行封存，移交者必须保证在移送给下一个接收者时，实物证据的封印没有被破坏，以此保证在由其保管期间的实物证据没有被改变。侦查人员对从现场提取的痕迹、物品，应当分别包装，设置标签，统一编号，并在提取笔录、清单中登记，注明提取的时间、地点、名称、数量和提取人等信息，在清单中还要对所收集的实物证据进行简要描述。

（二）建立严密的记录体系

建立严密的记录体系对于保障侦查人员规范地收集、扣押、移送、保管扣押物等行为，保障证据的真实性和同一性具有重要作用。为了实现这一目的，应当从以下几个方面着手：

首先，建立扣押物档案。扣押人给证据贴上标签，载明扣押物的特点，可以防止证据与证据之间发生混淆，帮助办案人员进行分类管理。标签上应当载明扣押该物的时间、地点、扣押人的姓名以及扣押物的名称、数量、来源、案由、保管状态、场所和去向等信息。

其次，建立专门的台账。从侦查人员扣押该证据到法庭上出示该证据，对凡是接触过证据的人员都要如实记录，保障证据扣押、移送、接收、保管、出示各个环节所处的状态明确，保障证据保管链条的完整性。这种方法对种类物的证明作用尤为明显。记录内容"必须包括对收集证据的地点和环境的具体表述，必须记录每一位处理证据的人的身份及可能的证件号，证明每一处置环节持续的时间，每一处置环节的安全水平，以及证据的完整存储情况"。① 基于办案原因，侦查人员、检察官或法官需要调用扣押物的，经办案部门负责人批准后，详细记录调用情况，如调用人、调用事由、调用的扣押物状况、调用时间、审批人、办案人员与扣押物管理人共同的签名或盖章等。为了便于扣押物移送顺畅、科学管理、处理及时，2015 年中央办公厅、国务院办公厅联合发布了《关于进一步规范刑事诉讼涉案财物处置工作的意见》，要求公检法机关建立跨部门的地方涉案财物集中管理信息化平台，及时录入涉案财物清单，实现信息共享。《公安机关涉案财物管理若干规定》第 10 条也规定，公安机关应将涉案财物信息实时、全程录入涉案财物集中管理信息系统。

最后，在证据移送、交接时，必须对每次交接情况如实记录。一般情况下，对于交接的扣押物不进行拆封，对于符合扣押清单及其他相关材料等条件的，双方直接在交接手续上签字。对于有必要拆封的，移送人员与接收人员共同启封、检查、重新密封后，相关持有人、见证人共同在场，在交接手续上签字，并且全程录音录像。

第二节　扣押物的移送

一、扣押物移送的法律规定

《公安机关办理刑事案件程序规定》第 288 条规定，侦查终结时，侦查机关应当将作为证据使用的实物随案移送给检察院。对于大宗的、不便搬运的实物，由扣押机关开列清单，附上照片、录像

---

① K. Lee Lerner & Brenda Wilmoth Lerner（eds.），*World of Forensic Science*，Kentucky：Gale，2005，p. 548.

或其他证明文件，并注明存放地点，连同案卷一并随案移送。对不
易保管的容易腐烂、变质、霉变等物品，在拍照、录像之后委托有
关部门变卖、拍卖，先暂予保存价款，随案卷移送原物照片、录
像、清单、变价处理凭证和价款，诉讼终结后再一并处理。对于违
禁品，如毒品、枪支弹药、易燃易爆物或其他危险品，依照国家有
关规定进行处理，随案移送原物照片和清单。对于作为证据使用的
违禁品，应当在诉讼终结后进行处理。根据移送对象的不同，扣押
物的移送可以分为向鉴定机关移送、向有关部门移送和向涉案财物
管理部门移送以及向办案部门移送。

第一，向鉴定机关移送。刑事诉讼法第 146 条规定，为了查明
案情，需要对执法过程中收集的证据材料进行鉴定。对于作为证据
使用的物证、书证（如血液、毛发、精斑、指印、足迹等），办案
人员应当及时指派或聘请具有专门知识的人进行鉴定。对证据的审
查认定，应当根据案件情况，将物证、书证等证据移送至鉴定机关
进行鉴定。《关于适用〈中华人民共和国刑事诉讼法〉的解释》第
82 条第 4 项规定了法院对物证、书证的审查与认定，要求对与犯
罪有关的具备鉴定条件的生物样本（血迹、毛发、指纹等）、痕
迹、物品做 DNA 鉴定、指纹鉴定等。《公安机关办理刑事案件程
序规定》第 65 条第 2 款规定，对书证的副本、复制件鉴定真伪。
《公安机关办理刑事案件程序规定》第 230 条第 3 款还规定，对于
扣押外币、文物、名贵字画、金银珠宝等贵重物品，办案人员根据
办案需要，或是对其估价，或是鉴定真伪的，应当及时委托鉴定部
门出具鉴定报告。这样既可以解决"犯罪数额"的问题，又可以
为扣押物的返还、赔偿等问题奠定基础。《关于适用〈中华人民共
和国刑事诉讼法〉的解释》第 441 条规定，对于大宗、不便搬运
的物品；鲜活易腐不易保管的物品；枪支弹药等违禁品、危险物
品，进行鉴定、估价。

第二，向有关部门移送。根据《关于适用〈中华人民共和国
刑事诉讼法〉的解释》第 441 条第 2 款、《公安机关办理刑事案件

程序规定》第 236 条第 1 款的规定，对于扣押物易变质、损毁、灭失或不宜长期保存的，经检察长或者县级以上公安机关负责人批准后，委托有关部门变卖、拍卖。根据《关于适用〈中华人民共和国刑事诉讼法〉的解释》第 441 条第 3 款、《公安机关办理刑事案件程序规定》第 236 条第 2 款、《公安机关涉案财物管理若干规定》第 11 条、《人民检察院刑事诉讼涉案财物管理规定》第 12 条的规定，对于违禁品、危险物品、珍贵文物、珍贵动物、珍稀植物等的保管，应当将其移送到有关部门。

第三，向涉案财物保管部门移送。《人民检察院刑事诉讼涉案财物管理规定》第 10 条还规定，除特殊原因不能及时移送保管外，办案机关在扣押后的 3 日内，应当将扣押物移送到案件管理部门或者计划财务装备部门保管。《公安机关涉案财物管理若干规定》第 8-9、12、14 条规定得更加严格，要求办案部门在扣押财物、文件后的 24 小时内，将扣押物移送到涉案财物管理部门，或者本部门的涉案财物保管人员保管。对于需要展开鉴定、辨认、检验、检查或者异地办案、交通不便地区办案情形的，可以在完成上述工作后的 24 小时以内移送。

第四，向办案部门移送。一是办案部门之间的移送。《刑事诉讼法》第 245 条、《关于适用〈中华人民共和国刑事诉讼法〉的解释》第 440-441 条规定，办案人员应当随案移送作为证据使用的实物；不宜移送实物的照片、清单、封存手续、变价处理的凭证（复印件）或其他证明文件。对于上述财物、文件，侦查机关在侦查终结后向检察院移送，检察院再向法院移送。如果被告人上诉或检察院抗诉的，一审法院应当向二审法院移送上述扣押物。二是涉案财物保管部门向办案部门移送。这种移送也被称为"调用"。《公安机关涉案财物管理若干规定》第 15-16 条、《人民检察院刑事诉讼涉案财物管理规定》第 21 条规定，因讯问、询问、鉴定、辨认、检查等工作需要，办案人员经过批准，可以查看、调用扣押物。

二、扣押物移送中存在的问题

首先，扣押物移送效率不高。在司法实践中，侦查机关在侦查终结后，应对与案件无关或被害人合法的扣押物依法返还；对于涉案款物及其非法所得，交给指定的银行账户暂存，待法院判决后再做处理；与案件有关的，随案移送。公检法机关之间的工作机制衔接不畅，所以导致扣押的财物、文件移送效率低下，甚至不移送现象普遍。公安机关认为移送工作烦琐，不愿意移送；检察院、法院担心自己保管不善，也不愿意接收公安机关移送的财物、文件。主要原因在于：其一，缺乏专门的保管场所、保管人员和保管设备。办案人员担心财物因为损毁、丢失、盗窃等造成损失后，当事人不断申诉、上访。其二，查封、扣押、冻结的情况较为复杂。有的财物及其孳息是被害人的，有的是善意第三人的，有的财物的所有权存在争议，有的是赃款赃物，有的是犯罪工具等。

其次，未随案移送或部分移送涉案财物、文件。根据法律规定，作为证据的实物应当随案移送；对于不便移送的财物，应当随案移送扣押清单、照片或其他证明文件。在司法实践中，扣押物的移送并不规范，未随案移送财物、文件的现象较多。未移送的方式既可以表现为侦查机关未将财物、文件移送给检察院，或者检察院未将财物、文件移送给法院，又可以表现为不移送或部分移送。对作为证据使用的实物，应当随案移送。若侦查机关、检察机关认为涉案的财物、文件不是本案的证据，可以不移送法院。因此，判断扣押的实物是否为证据，由侦查机关、检察机关决定。实务中侦查机关以不移送扣押物为常态，仅仅移送其认为是作为证据使用的财物、文件，不作为证据使用的财物、文件就不移送。这也钳制了法官的裁判权，法官无法对涉案财物作出准确处理。应当移送的财物、文件未移送，不仅导致检察院或法院无法对扣押物作出处理，还造成相关权利人因为"赔偿义务机关选择错误"无法获得赔偿。

例如，2006 年 11 月 20 日湖南省某县人民检察院以李某涉嫌行贿为由，扣押了其现金 185.59 万元、4 本房产证和 1 辆本田汽车。检察院在提起公诉后，并未向法院随案移送现金、房产证、汽车照片和扣押清单，法院在 2007 年 9 月 12 日作出的判决书中也未对上述涉案财物作出任何处理，判决书生效后检察院也未将上述财物返还给李某。① 自此，李某通过上访、申诉等途径，踏上了一条长达 10 年的申请赔偿之路。又如，2008 年 7 月 30 日某市公安局以郭某贤涉嫌生产伪劣产品罪，扣押了他个人账户中的存款 169 万元。公安局未将上述款项全额移送给检察院，检察院对郭某贤作出不起诉决定，不起诉决定书中也未对该笔款项作出处理。再如，2011 年 7 月 2 日某市公安局经济犯罪侦查大队以唐某松涉嫌单位受贿罪，扣押其现金 6700 元及其他物品，公安机关将扣押物连同案卷一并移送给检察院。然而，检察院在起诉时并未将扣押的财物移送至法院，法院也未对扣押的涉案财物作出处理。②

三、完善扣押物移送的路径

改进扣押物的移送，除了应设置扣押物的保管机构和场所外，还应当要求及时移送扣押物，提高移送效率。

首先，落实"作为证据之物"的移送。公安机关、检察院和法院在移送、接收证据（或作为证据使用的财物）时，应当健全相关制度，严格把关。明确各自的职责，制作规范的法律文书，及时反馈信息，确保刑事诉讼程序顺利、高效地进行。对于不宜移送、不便移送的财物，应当严格制作扣押清单、照片或鉴定意见，防止法庭质疑相关证据。对于不宜长期保存的扣押物，应当细化移送规则。对于不宜移送的财物，登记后移送登记信息与照片。对于易损坏的财物、文件，应当用笔录、绘图、拍照、录像、制作模型

---

① 参见湖南省益阳市中级人民法院（2019）湘 09 委赔再 1 号。

② 参见内蒙古自治区高级人民法院（2016）内委赔 15 号；四川省内江市中级人民法院（2016）川 10 委赔 7 号。

等方式代替移送。对于不便搬运、移送的大宗物件，应当拍照。对于作为证据使用的视听资料、电子数据存储介质，应当注明案由、内容、录制或复制的时间、地点、文件规格、文件格式、类别等信息，并妥善保管。对于违禁物，应当将原物拍成照片入卷，违禁物不随案移送，原物由公安机关或者按照国家有关规定，分别移送主管部门处理或者销毁。

其次，及时移送扣押物。关于"及时"，公安部与最高人民检察院存在不同的理解。《公安机关涉案财物管理若干规定》第12条规定，一般情况下应当在24小时内移送。《人民检察院刑事诉讼涉案财物管理规定》第10条规定，至迟不得超过3日。虽然二者规定的时间期限不同，但是办案部门都应当移送作为证据的财物、文件或相关单据。

最后，严格落实扣押物的移送与接收规则。为了证明证据的来源与去向、保管链条的完整性，要确保扣押物在移送过程中的同一性。其一，将扣押物特定化。对于扣押的财物、文件逐一编号，将扣押物的基本情况、扣押物来源、案由、保管场所、去向等录入涉案财物管理系统，将扣押物特定化。其二，做好接收审查工作。案件管理部门、鉴定机构、办案部门、涉案财物管理部门应当认真审查移送的扣押物、清单及其他相关材料是否符合入库条件。要求：扣押的清单填写完整、规范；扣押物与扣押清单相符；对于移送的存折、信用卡、有价证券、现金等应密封，且在密封材料上有侦查人员、见证人、被扣押人的签名或盖章；对于移送的外币、金银珠宝、名贵字画等贵重物品，密封材料上应有相关人员的签名或盖章，经过鉴定的，有鉴定意见复印件。在移送人和接收人交接的过程中，双方均应当在交接笔录中签名。对于接收密封的扣押物，一般不得拆封，由移送人和接收人共同启封、检查、重新密封，同时由见证人、持有人或单位负责人在场签名或盖章，并对整个过程进行录像。对于不符合接收条件的，由移送单位及时补送相关材料。

第三节 扣押物的处理

我国刑法第 64 条主要规定了查封、扣押、冻结涉案财物的处理措施与适用对象，但是现行规定导致追缴、责令退赔、返还、没收等处理措施的语意模糊，适用对象重叠混乱，严重影响了扣押物的处理。关于涉案财物处理制度的立法、规范文件前后40 余部，其中半数以上现行有效，但也存在严重缺陷。[①] 最高人民检察院出台《人民检察院扣押、冻结涉案款物工作规定》的背景即在于检察院对扣押物的保管、移送、返还、没收等方面存在诸多不规范的行为。尤其是当犯罪嫌疑人、被告人被认定无罪后，对扣押物如何处理及处理期限，相关法律法规没有作出明确规定，导致很多犯罪嫌疑人、被告人被宣告无罪后无法要回被扣押的财物。

受"以被害人保护为中心"的影响、财政返还等利益的驱动、司法便利等价值的选择，涉案财物处理还存在以下研究空间：其一，扣押物的移送、财物查控、权属审查有待研究；[②] 其二，涉案财物存在扩张性的审前保全；其三，刑事没收的遗漏判决与概括性判决普遍；其四，将刑事没收转化为财物刑的做法固然使法律稳妥且灵活适用，但是对涉案财物的认定、处理过程因程序合法而规避

[①] 胡学相：《我国赃款赃物处理中存在的问题、原因及处置原则初探》，载《学术研究》2011 年第 3 期。胡宝珍、林蕾：《刑事涉案财物处理的立法缺陷与完善》，载《福建警察学院学报》2013 年第 4 期，第 84 - 85 页。向燕立足调研，量化了我国刑事涉案财物扣押（处理）的弊端，但除中国裁判文书网的量化考察、分析之外，作者的数据统计，"如何对警察、法官进行问卷"则有待进一步的展示与阐明。参见向燕：《刑事涉案财物处置的实证考察》，载《江苏行政学院学报》2015 年第 6 期。

[②] 福建省厦门市中级人民法院刑二庭课题组、吴成杰等：《刑事涉案财物处理程序问题研究》，载《法律适用》2014 年第 9 期。

于无形，从而使被追诉人的合法财物存有被剥夺的风险。2012 年刑事诉讼法规定涉案财物移送、返还、庭审调查、处理等六大改革；① 陈卫东、邓晓霞对判决前财物没收的法律性质予以探讨；② 在吴光升等人对审前返还涉案财物研究③的基础上，吴成杰等课题组依次对涉案财物处理程序议题作出系统研究；李长坤对涉案财物的实体规则、程序保障进行了系统的研究；④ 孙国祥、张磊、向燕等对涉案财物（违法所得、供犯罪所用的本人财物等）的认定、追缴、退赔等进行了细致的分析；⑤ 王宝林、孙国祥就涉案财物的裁判文书进行了规范化的实务规制；⑥ 胡学相、向燕等学者建议赋予检察院、法院审前财物保全的权力，强化公诉机关对刑事没收的举证责任，赋予当事人对遗漏判决的异议权，以比例原则调整、规范无限额罚金刑。⑦

----

① 参见 2012 年 12 月 24 日最高人民法院就《关于适用〈中华人民共和国刑事诉讼法〉的解释》答记者问。

② 陈卫东：《论新〈刑事诉讼法〉中的判决前财物没收程序》，载《法学论坛》2012 年第 3 期；邓晓霞：《未定罪没收程序的法律性质及证明标准》，载《政治与法律》2014 年第 6 期。

③ 吴光升：《审前返还刑事涉案财物的若干问题探讨》，载《中国刑事法杂志》2012 年第 1 期。

④ 李长坤：《刑事涉案财物处理制度研究》，上海交通大学出版社 2012 年版。（此文本为其华东政法大学 2010 年博士论文修订本）

⑤ 孙国祥：《刑事诉讼涉案财物处理若干问题研究》，载《人民检察》2015 年第 9 期；张磊：《〈刑法〉第 64 条财物处理措施的反思与完善》，载《现代法学》2016 年第 6 期；向燕：《论刑事没收及其保全的对象范围》，载《中国刑事法杂志》2013 年第 3 期。

⑥ 王宝林：《刑事涉案财产裁判主文的规范化表述》，载《上海公安高等专科学校学报》2013 年第 3 期。

⑦ 胡学相：《我国赃款赃物处理中存在的问题、原因及处置原则初探》，载《学术研究》2011 年第 3 期；向燕：《刑事涉案财物处置的实证考察》，载《江苏行政学院学报》2015 年第 6 期。

在扣押物的处理程序中，为了保护第三人的合法权益，美国联邦将刑事没收定位于一种对被追诉人的刑罚措施，以没收附属程序主张案外第三人的权益；① 德国刑事诉讼法典确立了第三人财物权保护的权利；② 我国刑事诉讼法及其立法解释为未定罪案件第三人的财物保障设置了案外人异议程序，这同样能够推动包括定罪没收程序之第三人财物保障的异议渠道、定罪没收参与模式③、方法、期限、诉讼地位④、举证责任等方面的研究。李杰清、吴光升的研究均涉及没收被告人以外第三人的程序规制。⑤ 回顾历史，美国司法部的"资产没收基金"、英国的"扣押资产基金"等是对涉案财物管理机制的有益探索，只有在明确追缴的性质，返还被害人合法财物是实体性处理措施的前提下，合理界定返还、没收的适用对象与方式才有助于推动扣押物的处理。

扣押物的处理方式主要有：扣押物的返还；扣押物的没收（上缴国库）；扣押物的变卖、拍卖、销毁。关于扣押物的没收程序，理论界与实务界已有大量著述。有人阐述了违法所得没收特别程序中的没收对象、启动程序、运行程序、证明责任、证明标准等

---

① Stefan D. Cassella, "Criminal Forfeiture Procedure: An Analysis of Developments in the Law Regarding the Inclusion of a Forfeiture Judgment in the Sentence Imposed in a Criminal Case", in *American Journal Law* (2004), pp. 87–88.

② 《德国刑事诉讼法典》，李昌珂译，中国政法大学出版社 1995 年版，第 159–160 页。

③ 吴光升：《案外第三人定罪没收参与模式：比较、反思与重构》，载《中国刑事法杂志》2015 年第 4 期。

④ 李蓉、邹啸弘：《涉案财物异议人诉讼地位探析》，载《湖南社会科学》2016 年第 5 期。

⑤ 李杰清：《没收犯罪所得程序法制与实务》，中国检察出版社 2016 年版。

问题;① 有人探讨了违法所得没收程序的性质;② 有人分析了刑事没收的证明标准;③ 还有人从宪法角度研究了涉案财物的没收程序及没收范围。④ 本书中扣押物的处理程序主要集中在审前阶段，重点考察扣押物的返还程序和变卖、拍卖程序，对于扣押物的没收不做过多阐述。

一、扣押物的返还

《刑法》第 64 条、《刑事诉讼法》第 245 条、《人民检察院刑事诉讼规则》第 352 条、《公安机关办理刑事案件程序规定》第 234 条对返还被害人的合法财物作出规定。返还被害人的合法财物是一种实体性处分，返还的对象是权属关系明确、属于被害人的合法财物。扣押行为因为缺乏存在的依据或者继续扣押的理由已经不复存在时，应当将扣押物返还给相关权利人。返还是指公安司法机关将被扣押的合法财物、文件退还给犯罪嫌疑人、被告人、被害人或享有财物权的第三人。财物权属本身的复杂性给扣押物的返还工作带来很多困难。被扣押的财物可能附着着复杂的民事法律关系，

---

① 熊秋红:《从特别没收程序的性质看制度完善》，载《法学》2013 年第 9 期，第 72-81 页;王君祥:《违法所得没收特别程序问题研究》，法律出版社 2015 年版，第 137-233 页。

② 陈雷:《论我国违法所得特别没收程序》，载《法治研究》2012 年第 5 期，第 31-39 页;谢丽珍:《违法所得没收程序的性质辨析》，载《江西社会科学》2013 年第 11 期，第 148-153 页。

③ 毛兴勤:《构建证明标准的背景与思路:以违法所得没收程序为中心》，载《法学论坛》2013 年第 2 期，第 86-93 页;初殿清:《"未经定罪之没收"的证明标准》，载《大连理工大学学报》（社会科学版）2013 年第 2 期，第 82-86 页。

④ 孙煜华:《涉案财产没收程序如何才能经受宪法拷问》，载《法学》2012 年第 6 期，第 114-123 页;向燕:《论刑事没收及其保全的对象范围》，载《中国刑事法杂志》2013 年第 3 期，第 78-85 页。

扣押物的权属并不明晰，可能存在被害人与第三人的财物共有关系，也可能存在被害人与犯罪嫌疑人、被告人财物共有关系，还可能存在善意取得或恶意取得的问题。

扣押的财物、文件中既包括犯罪所得，又包括犯罪嫌疑人、被害人、第三人的合法财物。明确扣押财物的权利属性不仅是司法实务部门亟待解决的问题，还是理论界需要关注的重点。对于这些财物、文件，应当在什么条件下返还，哪个部门有权返还，如何依法返还扣押物，尽早确立扣押物的返还程序与依据，减少犯罪嫌疑人、被害人、第三人的损失，弥补学理探讨的空白，借以引起各界对扣押物返还课题的重视，显得重要而迫切。在惩罚犯罪的同时，要保护公民的合法财物，准确认定扣押财物的性质，实现扣押财物处理中的公平正义。

（一）扣押物返还的主体

扣押物的返还既可以在侦查、起诉阶段，也可以在审判阶段；既可以由公安机关、检察院决定，又可以由法院决定。刑事诉讼法第 245 条规定，公检法机关都有权决定返还被害人的合法财物。相关法律解释也有类似规定：《公安机关办理刑事案件程序规定》第 233-234 条规定，公安机关有权决定返还扣押物；《人民检察院刑事诉讼规则》第 210、248、352 条规定，检察院有权决定返还扣押物。第 250 条还规定，检察院有权在诉讼程序终结之前返还被害人的合法财物，或与案件无关的财物、文件。《关于适用〈中华人民共和国刑事诉讼法〉的解释》第 438、445 条规定，法院有权返还被害人的合法财物。立法赋予公安机关、检察院返还扣押物的权力，原因有两点：一是维护被扣押人的合法权益。及时返还被扣押的合法财物，尽量减少财物损失，避免对生产、生活带来的不利影响。二是节约司法资源。扣押物的保管工作需要专门的保管场所和保管人员，及时返还扣押物，减少保管、移送的工作量，节约办案成本，减少办案人员的责任。

由于刑事诉讼法及相关法律解释对公安机关和检察院返还财物不当的行为并未规定违法制裁后果。实践中由公安机关、检察院决定返还扣押物，存在返还过程随意、不返还扣押物、返还部分扣押物等违法行为，导致处理不公。

第一，扣押物返还过程随意。对于特定物的返还，由于权属较为明确，所以返还并不存在太大争议；对于种类物且有多个受害人时，返还过程中出现的问题较多。公检法机关有的根据犯罪时间先后顺序返还，有的根据与被害人关系远近返还，有的按比例返还。扣押物返还过程中具有很大的随意性。允许公安机关、检察院在审前程序中返还扣押物可能导致处理不公。在非法吸收公众存款案、集资诈骗案等案件中，被害人的人数多、分布广，如果由公安机关、检察院在判决前返还扣押物，将会导致先到先得，后到后得。如果扣押财物不足，那么后到者难以获得赔偿。

第二，不返还扣押物或者返还部分扣押物。当生效裁判作出后，除了裁判文书对涉案财物处理以外，应当解除查封、扣押、冻结。当扣押的财物、文件与案件无关，或者属于被害人合法的且在法庭上不作为证据使用的财物、文件，应当及时解除查封、扣押、冻结，将扣押物返还给原主或者被害人。在 30 个样本案例中，有 20 个案件做了撤销案件、不起诉、宣告无罪的决定，[①] 在作出决定后，相关机关也未将财物、文件返还给扣押物的所有人、持有人或保管人。例如，在郭某贤一案中，检察院决定对郭某贤作出不起诉后，公安局仍未退还他的个人存款。又如，在某大学财税远程教育中心案中，在远程教育中心被宣告无罪后，该中心的 500 万元购房款仍处于暂扣状态。[②] 在金某华（某公司法定代表人）申请某区人

---

① 撤销案件 2 件、不起诉 9 件、宣告无罪 9 件。

② 参见内蒙古自治区高级人民法院（2016）内委赔 15 号；湖南省高级人民法院（2015）湘高法委赔字第 73 号。

民检察院刑事违法扣押案中，某区人民法院和某市中级人民法院均未认定被扣押的车辆与案件有关，也未对该车辆作出处理。该公司曾多次向某区人民检察院要回被扣押的车辆，但是检察院拒绝返还。截止到 2017 年，车辆已经被扣押 6 年多，价值 40 多万元的汽车被车管部门宣布报废。再如，某区人民检察院随意扣押刘某稳的财物，已对扣押的合法财物构成侵占，在某省人民检察院于复议中也要求某区人民检察院作出赔偿决定的情况下，某区人民检察院仍没有向刘某稳返还扣押物。①

究竟谁有权决定扣押物的返还呢？法治发达国家的扣押、冻结财物的处分权须由法院审查，然后再以裁定的形式作出处分决定。例如，意大利刑事诉讼法典第 262-263 条规定，可以在判决之前将扣押物返还给权利人。如果扣押物的权属不存在疑问，由法官以裁定形式决定返还。② 法国刑事诉讼法典第 99 条规定，在侦查过程中，预审法官可以依检察官要求，依职权或当事人的请求，以说明理由之裁定，作出是否返还的决定。③

理论界关于扣押物返还主体的讨论也存在不同的观点。有学者主张，在刑事诉讼程序中的任何环节，法院是唯一有权处分扣押物的主体。第一，扣押物的返还是一种实体处分行为。第二，公安机关和检察院处理扣押物，难以保障处理的客观性和中立性。④ 关于申请返还扣押物的主体，日本理论界主要存在两种对立的观点：实体的权力者说与受（扣押）处分者说。受处分者说为理论界的通

---

① 参见山东省高级人民法院（2015）鲁法委赔字第 7 号。

② 《意大利刑事诉讼法典》，黄风译，中国政法大学出版社 1994 年版，第 87-88 页。

③ 《法国刑事诉讼法典》，罗结珍译，中国法制出版社 2006 年版，第 100 页。

④ 何帆：《刑事没收研究——国际法与比较法的视角》，法律出版社 2007 年版，第 203-204 页。

说，该理论认为，若受处分者放弃返还扣押物的请求权，或受处分者因失踪、死亡且无继承权人而无法返还时，可以将扣押物发还给受处分者以外的第三人。[①]

笔者认为，既然返还扣押物作为一种实体处分行为，在侦查阶段、审查起诉阶段和审判阶段决定返还扣押物的，应当由法院决定。在刑事诉讼程序中涉及扣押物处分权的，无论该扣押物由哪个部门保管或控制，都应当交给法院决定，这是控审分离原则的要求。"凡是旨在限制剥夺公民基本人权，包括自由权、财物权与隐私权的强制处分与秘密侦查措施都属于裁判权的范畴，应当由法官审查决定。"[②] 陈瑞华教授也强调，控诉方行使追诉权，不得实施带有裁判性质的诉讼行为。[③] 在现代刑事诉讼中，通过裁判权制约控诉权。

在侦查、审查起诉和审判的任何环节，先由被害人提出扣押物返还的申请，经有关部门审核后，再报法院批准。法院对符合返还实体条件的，同意批准返还。有关部门在接到法院的批准后，分情况处理：被害人的合法财物权属明确的，应当在登记、拍照或者录像、估价后及时返还给被害人，并在案卷中注明返还的理由，将原物照片、清单和被害人的领取手续存卷备查，法院应当在裁定文书中认定将财物返还给原主或被害人，不得作出没收决定。被害人的合法财物权属不明确的，应当在法院的裁判生效后，按比例返还被害人，但应扣除已获退赔的部分。对于被告人、其他被害人或案外人提出异议的，应当由法庭查明应当返还之物的来源。

---

① 李杰清：《没收犯罪所得程序法制与实务》，中国检察出版社 2016 年版，第 74 页。

② 刘计划：《控审分离论》，法律出版社 2013 年版，第 4 页。

③ 陈瑞华：《刑事审判原理论》，北京大学出版社 1997 年版，第 232 页。

（二）扣押物返还的条件

关于返还被害人扣押物的条件，刑事诉讼法第245条要求，返还被害人的财物必须"合法"，且"不是必须在法庭上作为证据的实物"。《人民检察院刑事诉讼规则》第352条要求，被害人的财物"合法"，"不需要在法庭出示"。《关于适用〈中华人民共和国刑事诉讼法〉的解释》第438条规定，被害人的合法财物"权属明确的，及时返还"；"权属不明的"，裁判生效后按比例返还。《公安机关办理刑事案件程序规定》第234条关于返还的条件是被害人的合法财物及其孳息权属明确无争议，且犯罪事实已经查证属实的。《人民检察院刑事诉讼涉案财物管理规定》第22条第2款、《公安机关涉案财物管理若干规定》第19条、《关于进一步规范刑事诉讼涉案财物处置工作的意见》第6条规定，返还被害人的合法财物及其孳息，要求"权属明确且无争议""不损害其他利害关系人的利益、不影响诉讼正常进行"。综上所述，我国返还被害人财物需满足以下条件："合法""权属明确"以及"在法庭上不作为证据"。

关于返还原主扣押物的条件，刑事诉讼法第145条规定，经查明与案件无关的财物、文件，在解除查封、扣押、冻结后予以退还。根据《人民检察院扣押、冻结涉案款物工作规定》第34－38条的规定，对于决定撤销或不起诉的案件，除扣押的违法所得需要没收外，应当将扣押的财物、文件直接返还原主或被害人。因犯罪嫌疑人死亡而撤销案件，或者犯罪嫌疑人在审查起诉中死亡的，扣押的财物除了予以没收或返还被害人之外，需要返还犯罪嫌疑人的，应当将扣押物返还给他们的合法继承人。总之，返还原主的条件如下："与案件无关"，或者"撤销案件"或者"决定不起诉"。

第一，关于被害人的范围。返还扣押物要求有明确的被害人，而且无第三人对扣押物的返还提出相抵触的请求。扣押物返还中的被害人是指"因犯罪受害形成民法上请求权而得向利得人取回财产利益之人"。① 被害人既包括自然人，又包括公司、企业、事业单位和人民团体。在扣押物返还程序中，除了被害人有权申请外，被害人的法定代理人、法定继承人、财物权利义务继受单位也享有上述权利。被害人必须是因为犯罪行为而受到侵害的人。反之，行为人对其他同案犯因清偿连带债务而产生求偿权的人，并非扣押物返还中的被害人。② 被害人包括自然人和单位，所以被害人的合法财物包括公共财物与公民私人所有的财物。③ 对上述规定的理解，笔者认为扣押的财物具有下列情形之一的，可以认定为被害人的财物。

其一，被害人为自然人时，有证据证明被害人对财物依法享有所有权，或依法占有、使用、保管的财物，被追诉人是以非法手段占有或控制了被害人所有的财物，可以认定为扣押的财物属于被害人的合法财物。其二，被害人为法人时，有证据证明被追诉人利用职务便利或利用企业委托其从事经营行为的便利，将被害单位的财物转移给自己，或者将本应转归到被害单位的财物转移到自己控制的账户中。将属于公司、企业、事业单位的财物转归自己管理或控制，应当认定为被害人的财物。对于扣押的财物系种类物且有多个被害人的案件，只有在被害人明确，财物来源去向清楚，不存在权

---

① 王士帆：《犯罪所得优先发还被害人——简析新刑法之发还条款》，载《月旦法学杂志》2016年第4期，第77页。

② 林钰雄：《发还优先原则及贿款之没收——评最高法院相关刑事判决》，载《月旦裁判时报》2015年第1期，第47页。

③ 根据刑法第91~92条的规定，公共财产包括：国有财产；劳动群众集体所有的财产；用于扶贫和其他公益事业的社会捐助或者专项基金的财产。在国家机关、国有公司、企业、集体企业和人民团体管理、使用或者运输中的私人财产，以公共财产论。公民私人所有的财产包括：公民的合法收入、储蓄、房屋和其他生活资料；依法归个人、家庭所有的生产资料；个体户和私营企业的合法财产；依法归个人所有的股份、股票、债券和其他财产。

属争议，不作为案件证据时，直接在审前程序中发还被害人。

除此之外，法律还应当规定不宜在审前程序中处理扣押物的情形：（1）涉及多个被害人的；（2）被害人尚不明确的；（3）股权、房产等不宜在审前程序中变更的；[①]（4）不予返还被害人的情形。一是被害人出于犯罪或违法目的遭受损害的，不予返还。例如，被害人用财物行贿被骗，虽然财物属于被害人，但是财物用于了非法活动。1993年监察部颁布的《监察机关没收追缴和责令退赔财物办法》第10条规定，应当追缴非法活动的财物和非法所得，否则有纵容违法之嫌。二是被害单位或被害人遭受损害财物的来源不合法，也不予发还。

第二，关于扣押物的"权属"。《公安机关涉案财物管理若干规定》第19条规定，无论是返还与案件无关的财物还是被害人的合法财物，领取人应当是"合法权利人或者其委托的人"。但是该规定将"合法权利人"仅仅理解为扣押物的"所有权人"，不包括扣押时扣押物的"持有人或保管人"。实务部门将"权属明确"理解为"被害人享有所有权"，"被害人的财物"经常被认为是被害人享有所有权的财物，[②] 并不包括被害人占有、保管的财物。因而"享有所有权"这个条件显得非常苛刻，不利于保护被害人或原主的合法权益。虽然有些人的财物受到侵害，但是仍不能因为他们对涉案财物享有所有权而将其认定为刑事涉案财物程序中的被害人，将扣押物返还给他们。这又当如何保护被害人或原主的占有权、使用权或保管权呢？如果扣押物的返还对象错误，那么会引发新的社会冲突。

[①] 李长坤：《刑事涉案财物处理制度研究》，上海交通大学出版社2012年版，第163-164页。

[②] 郎胜主编：《中华人民共和国刑事诉讼法释义》，法律出版社2012年，第510页。

立法规定的缺陷导致实践中存在财物仅返还给扣押物的"所有人",而非扣押物的保管人或持有人的现象。例如,在四川底某案中,生效的刑事判决书认定,从底某那里扣押的大众汽车与刑事案件无关,某县公安局将大众汽车返还给案外人付某(系该车辆法定登记车主)。底某不服,申请某县国家赔偿,2017 年 8 月 18日四川省高级人民法院赔偿委员会决定:驳回底某要求某县公安局返还大众汽车的申诉。① 本案中,某县公安局实施扣押行为时,是从底某那里扣押的,底某作为扣押物的占有人。但是在返还扣押物的过程中,却将汽车返还给了与案无关的"所有权人",这难道合理吗?仅仅将扣押物的返还对象限于"所有权人"的条件过于苛刻。

随着社会经济的迅速发展,财物关系日益复杂。财物关系表现为所有权、用益物权、担保物权等多种形式。在扣押物的返还过程中,相关法规将返还的财物关系仅限于"所有权",排除那些主张用益物权、担保物权等人的主张,这种理解太过狭隘。在美国的联邦民事没收程序中,所有权人、担保物权人等享有无辜所有者的抗辩事由。② 笔者主张,只要被害人有证据证明其所有、占有或保管的财物、文件是合法的,因犯罪行为导致丧失财物的所有权、占有权或保管权的,都可以认定为"被害人的合法财物、文件"。将扣押物的返还条件落脚于被扣押的财物是否合法,而非"所有"。虽然扣押物的返还对象为被害人或原主,但是只要其他利害关系人对扣押物的返还提出了相关证据,证明由其合法所有、占有、使用或

---

① 参见四川省眉山市中级人民法院 (2016) 川 14 委赔 1 号。

② Stefan D. Cassella, "The Uniform Innocent Owner Defense to Civil Asset Forfeiture: The CivilAsset Forfeiture Reform Act of 2000 Creates a Uniform Innocent Owner Defense to Most Civil Forfeiture Cases Filed by the Federal Government", *Kentucky Law Journal*, *Vol.* 89, *Issue* 3 (2000–2001), p. 679.

保管，扣押物并不会因为他们不是适格主体而不予受理或不予返还。

对于一般的债权人能否提出返还扣押物的要求呢？有人持反对意见，[①] 理由是债权人对犯罪嫌疑人、被告人所享有的债权利益并没有具体到某个特定的扣押财物，扣押物返还给被害人或原主，他们可以要求犯罪嫌疑人、被告人通过其他财物清偿债务，扣押物的返还只会间接影响他们的受偿能力，不会导致他们丧失对犯罪嫌疑人、被告人的债权。若被害人所有、持有的是违禁物，或者财物的来源本身违法，那么不得将财物发还给被害人。

（三）扣押物返还的程序

我国的返还程序无论在侦查阶段、审查起诉阶段，还是审判阶段，公检法机关认为涉案财物需要返还被害人的，都由公检法机关直接决定返还。《人民检察院刑事诉讼规则》第248-249条、第374条规定，检察院撤销或决定不起诉的案件，分情况作出相应处理：一是书面通知金融机构，解除冻结，将犯罪嫌疑人、被害人或者其他合法继承人的财物返还给他们；二是违法所得及其他涉案财物需要返还被害人或犯罪嫌疑人的，解除查封、扣押，直接返还。《公安机关涉案财物管理若干规定》第19条第1款规定的返还程序为：对于需要返还扣押物的，办案人员对返还的财物、文件登记、拍照或者录像和估价后，报经县级以上公安机关负责人批准后返还给被害人、被侵害人。办案人员应当在案卷材料中注明返还理由、开具发还清单。

第一，扣押物的返还程序具有浓厚的行政色彩。在公安机关、

---

① 江必新主编：《最高人民法院关于适用〈中华人民共和国刑事诉讼法〉的解释理解与适用》，中国法制出版社2013年版，第434页；吴光升：《案外第三人定罪没收参与模式：比较、反思与重构》，载《中国刑事法杂志》2015年第4期，第93页。

检察院作出返还决定时，是否决定返还以及返还扣押物的范围完全由公检两机关单方面决定，不受其他机关的审批与制约。犯罪嫌疑人、被害人或相关第三人也都无法参与扣押物返还的决定程序。公安机关、检察院既没有将刑事涉案财物返还的情况事先告知相关权利人，又没有在作出返还决定时听取犯罪嫌疑人、被害人或第三人的意见。在一些财物权属存在争议的案件中，若公安机关、检察院单方面决定返还扣押物的程序容易导致错误返还的问题。

第二，易对返还对象认定错误。在司法实践中，有些侦查机关对被害人认定错误。例如，在徐某军向某公安分局申请国家赔偿一案中，哈尔滨市中级人民法院赔偿委员会查明：徐某军与珠海某石油公司有经济往来，随后徐某军被宣告无罪，某公安分局经侦科在未查清杭州某物资公司与珠海某石油公司关系的前提下，错误地将扣押的 113850 元返还给杭州某物资公司（系案外人）。赔偿委员会决定：某公安分局返还错误，应当将上述款项返还给徐某军。①

第三，返还程序中违反善意取得的规定。《关于办理诈骗刑事案件具体应用法律若干问题的解释》第 10 条规定，诈骗的财物已被他人善意取得的，不得追缴、扣押。在高某洪、张某案中，公安机关在诈骗财物的所有权争议较大的情况下，未将财物返还给善意取得人高某洪、张某（财物是从他们手中扣押的），而是将财物返还给了原出租人，这种做法显然是违法处理了高某洪、张某两人的合法财物。②

完善扣押物的返还程序，首先应当赋予相关权利人的程序参与权。为了避免扣押物长期处于侦查、起诉或审判的诉讼程序中，影响当事人的生产、生活或学习，犯罪嫌疑人、被告人、被害人或案外人有权在侦查、审查起诉和审判阶段向实施扣押行为的单位提出

---

① 参见黑龙江省哈尔滨市中级人民法院分院（2017）黑 01 委赔 7 号。
② 参见山东省莱芜市中级人民法院（2014）莱中法委赔字第 2 号。

申请，并提供能够证明自己享有合法财物权的相关证据，经有关部门审核，再报送法院批准。法院在返还扣押物之前，应当事先告知检察官或当事人，并听取他们的意见。法院在审查相关事实和证据后，符合返还条件的，以裁定的形式返还合法财物及其孳息。例如日本刑事诉讼法第 124 条规定，没有必要扣留扣押物时，可以在案件终结前，以裁定返还。当依据扣押物的所有人、持有人、保管人或者提出人的请求返还扣押物的，法官应当听取检察官、被告人及其辩护人的意见。①

其次，赋予当事人救济的权利。对侦查机关、检察机关拒不返还扣押物的，被扣押物的所有人、持有人或保管人可以在接到通知后 7 日以内向法院提出控告，法院应当在受理案件后的 1 个月以内作出裁定。上述建议旨在法院对当事人的合法权益进行事后的司法救济。

需要强调的是，关于无人认领财物、文件、邮件、电报、电子邮件的处理程序。2012 年《公安机关办理刑事案件程序规定》第 228 条新增对原主不明确的，应当采取公告通知。公告后满 6 个月，无人认领的，应当随案移送有关财物及其孳息，登记后上缴国库。上缴国库后有人认领，经查证属实的，应当申请退库予以返还；原物已经变卖、拍卖的，应当返还价款。2020 年《公安机关办理刑事案件程序规定》第 233 条予以继承。

二、扣押物的变卖、拍卖

（一）我国关于扣押物变卖、拍卖的法律规定

由于鲜活易腐物品不易保管，长期不使用的车辆、船舶价值容

---

① "Code of Criminal Procedure 2006"，http：//www. japaneselawtranslation. go. jp/law/detail/？ ft＝2&re＝02&dn＝1&yo＝code＋of＋criminal＋procedure&x ＝40&y＝16&ky＝&page＝1，最后访问日期：2015 年 12 月 10 日。

易贬损，基金、债券、股票等市场价格波动较大，所以相关法律法规规定了扣押物的变卖、拍卖制度。刑事诉讼法第245条第1款规定，对不宜长期保存的物品，依相关规定处理。《公安机关办理刑事案件程序规定》第236条第1款规定，对容易腐烂变质及其他不易保管的财物，可以根据案件的具体情况，经县级以上公安机关负责人批准，在拍照或录像之后，可以进行变卖、拍卖。上述规定将扣押物变卖、拍卖的适用对象都限于"鲜活易腐物品"。《公安机关涉案财物管理若干规定》第21条在此基础上还增加了两种适用对象：一种是"长期不使用容易导致机械性能下降、价值贬损的车辆、船舶等物品"；另一种是"市场价格波动大的债券、股票、基金份额等财产和有效期即将届满的汇票、本票、支票等"。通过变卖、拍卖的方式变成价款，由办案机关暂时保存，待案件终结后一并处理。

（二）我国扣押物变卖、拍卖程序中存在的问题

第一，变卖、拍卖的决定主体不具有中立性。《公安机关涉案财物管理若干规定》第21条规定，经权利人书面同意或申请，并经县级以上公安机关负责人批准的，可以依法变卖、拍卖。《公安机关办理刑事案件程序规定》第236条第1款、《人民检察院刑事诉讼规则》第211条分别规定，我国的变卖、拍卖决定权分为两部分：公安机关负责人决定侦查机关的变卖、拍卖；检察长批准决定检察院侦查部门的变卖、拍卖。它们的决定权仍然属于"自侦自批"、单方决定的模式，是否拍卖、变卖，缺乏中立的决定主体。在法治发达国家和地区，紧急变卖权一般由中立的法院决定。例如，德国刑事诉讼法典第111条e规定，对面临腐坏变质或丧失大量价值或者消耗大量保管费用的扣押物品，允许紧急变卖。在侦

查程序中，由检察院决定；在提起公诉后，由受诉法院决定。①

第二，被扣押人无知情权。德国刑事诉讼法典第 111 条 e 规定，检察院或法院在决定紧急变卖之前，要听取被扣押人、物主和其他物品权利人的意见。在征得同意后，有权机关应当将变卖、拍卖的时间、地点告知他们。我国除了《公安机关涉案财物管理若干规定》中规定的启动变卖、拍卖的条件需要经过权利人书面同意或申请外，在刑事诉讼法及其他法律解释中并无规定。在检察院系统和法院系统中，被扣押人缺乏对变卖、拍卖的知情权。如果刑事诉讼法中没有规定权利，则等同于无权利，变卖财物未经合法评估机构评估，或应当拍卖的未经依法拍卖，这又如何能保障公民的合法权利呢？

第三，变卖、拍卖价格过低，损失较大。虽然相关法律解释中要求对鲜活易腐物品进行变卖、拍卖，但是关于变卖、拍卖的操作程序和适用条件仍是法律空白，在变卖、拍卖环节易出现损害扣押物所有人、持有人或保管人合法权益的现象。

（三）完善我国扣押物变卖、拍卖程序的路径

第一，赋予法院决定变卖、拍卖权。扣押物的变卖、拍卖属于一种实体处分权，应当在权利人同意或申请的基础上，由法官决定扣押物是否变卖、拍卖，相关理由与扣押物的返还部分相同，在此不再赘述。

第二，赋予扣押物的所有人、持有人或保管人对变卖、拍卖的知情权。办案单位将扣押物变卖、拍卖前，应当及时通知扣押物的所有人、持有人或保管人，征求他们是否同意变卖、拍卖及其他意见。对于原主明确的，应当与原主通过电话等方式取得联系；对于原主不明确的，由办案单位在市级报刊上发布公告。在变卖、拍卖

---

① 《德国刑事诉讼法典》，宗玉琨译，知识产权出版社 2013 年版，第 89 页。

后，办案单位也应当将结果及时告知上述人员。侦查人员、检察官和法官应当充分尊重相关权利人的意见。为了防止变卖、拍卖价格过低，应当完善现场拍卖和网络拍卖的具体规则。变卖、拍卖前及时公告变卖、拍卖的财物简介、拍卖的时间和地点，审查变卖、拍卖组织的资质，对欲变卖、拍卖的财物进行评估。若变卖、拍卖价格过低，相关利害关系人可以向决定变卖、拍卖的法院提出异议，法院对变卖、拍卖的程序进行审查。

第三，明确变卖、拍卖的对象。除了与案件有关的财物系违禁品、危险品、无价值或价值轻微无法变卖、拍卖的之外，对于容易腐烂变质及其他不易保管的物品；应当返还的财物，通知原主或者公告后满6个月无人主张权利或无法查清权利人的；扣押了无被害人案件中的财物；其他应当变卖、拍卖的财物都可以变卖、拍卖。

第五章　刑事扣押的司法救济程序

"有权利必有救济"，刑事扣押的司法救济程序成为限制国家公权力和保障公民私权利的重要环节。本章主要通过阐述案外人异议程序、刑事扣押中非法实物证据排除规则和违法扣押的刑事司法赔偿制度，完善刑事扣押的司法救济途径。

第一节　案外人异议程序

扣押的财物可能涉及案外人，当法官在审理案件的过程中，案外人对财物权属提出异议的，法院应当依法审查。理论界对刑事扣押物处理中案外人异议程序的研究，有人比较、反思与重构了案外人对定罪没收的参与模式。[①] 也有人指出，财产利害关系人提出违法所得或其他财物属于自己的合法财产的异议，应当达到优势证据的证明标准。[②] 还有法官对《关于刑事裁判涉财产部分执行的若干规定》第14、15条在实践中的运用进行了剖析。[③] 总体而言，相

---

① 吴光升：《案外第三人定罪没收参与模式：比较、反思与重构》，载《中国刑事法杂志》2015年第4期，第79-95页。

② 王君祥：《违法所得没收特别程序问题研究》，法律出版社2015年版，第233页。

③ 袁楠：《刑事裁判涉财产部分执行中案外人异议之法条适用》，载《人民司法》2015年第10期，第105-108页。

关著述较少，研究较为薄弱。

一、我国有关案外人异议程序的规定

关于案外人对扣押物返还、没收等处理程序的异议，主要通过以下三个途径提出。

一是庭审时提出异议。2012 年《关于适用〈中华人民共和国刑事诉讼法〉的解释》第 364 条规定，在庭审过程中，法庭应当调查查封、扣押、冻结的财物及其孳息的权属，并且赋予案外人对财物、文件的权属提出异议的权利。经法院审查，财物及其孳息属于违法所得或应当追缴的涉案财物的，应当没收；财物及其孳息不能确认属于违法所得或其他追缴的财物，不得没收。新增的法律规定要求法庭应当审查涉案财物的权属，赋予案外人针对查封、扣押、冻结财物权属的异议权和程序参与权，在一定程度上保障了案外人的财物权，此乃法律的进步之处。

二是执行时提出异议。2014 年最高人民法院通过的《关于刑事裁判涉财产部分执行的若干规定》第 14 条规定，案外人对执行标的主张足以阻止执行的实体权利，向执行法院提出书面异议的，执行法院中止执行，并依据民事诉讼法第 228 条的规定，以公开听证的方式审查，异议成立的，裁定撤销或改正；异议不成立的，裁定驳回。第 236、238 条规定，案外人认为刑事裁判中对涉案财物是否属于赃款赃物认定错误或应予认定而未认定，向执行法院提出书面异议，可以通过裁定补正的，由执行机构将异议材料移送至刑事审判部门处理；无法补正的，告知异议人通过审判监督程序处理。

三是提出申诉或控告。刑事诉讼法新增的第 117 条规定，对于司法机关及其工作人员查封、扣押、冻结与案件无关的财物或违法扣押行为，案外人可以向有关机关提出申诉或控告，对处理不服的，向同级或上一级检察院申诉，该检察院及时审查，对情况属实的，提出纠正意见。然而，该条规定在刑事诉讼法第二编"立案、侦查和提起公诉"中的"侦查"一章中，仅仅适用于侦查程序，适用范围有限。为了弥补立法缺陷，《人民检察院刑事诉讼涉案财物管理规定》第 32 条规定，当事人及其法定代理人和辩护人、诉讼代理人、利害关系人对涉案财物处理不服的，可以依照刑事诉讼法和《人民检察院刑事诉讼规则》的相关规定，提起申诉或控告。赋予案外人对刑事扣押的申诉、控告权，这是刑事扣押制度改革中的一项重要举措。

二、我国案外人异议程序中存在的问题

我国法律法规虽然在侦查阶段、审判阶段和执行阶段分别赋予了案外人针对扣押物的返还、没收等处理程序提出异议的权利，但是在比较三种途径的利弊后，我们发现庭审异议的参与程序有限，执行中的异议显得滞后、无力，申诉程序缺乏刚性。

第一，案外人参与程度极其有限。一方面，案外人无参与诉讼程序的法律依据。根据刑事诉讼法的规定，诉讼主体包括专门机关、当事人和诉讼参与人。虽然案外人与涉案财物具有直接的利害关系，但是案外人并不属于上述诉讼参与主体，其并不享有参与刑事诉讼程序的法律依据。另一方面，庭审和执行中提出的异议缺乏可操作性。在庭审阶段和执行阶段，案外人有权对涉案财物及其孳息提出权属异议，法院可以通过审判监督程序纠正错误认定赃款赃物的行为。然而，如何保障案外人参与扣押物的处理程序，案外人提出异议的方式、范围、期限、处理结果，案外人参与刑事诉讼程序的身份，案外人如何在法庭上举证、质证等问题，缺乏相关明确规定，导致实务部门无法具体操作。

第二，申诉程序难保公允。一方面，案外人先向实施扣押行为的公安机关或检察院提出申诉或控告。公安机关或检察院自己审查自己的扣押行为，其对申诉的处理结果的公正性常常受到大家诟病。另一方面，不服公安机关的处理意见，向同级检察院申诉；不服检察院的处理意见，向上一级检察院申诉。无论是同级检察院还

是上一级检察院，它们与侦查机关都属于公诉案件的大控方，原办案机关与检察院本身存在共同的利益，检察院难免会偏袒侦查机关，作出对当事人不利的处理决定。根据宪法与刑事诉讼法的要求，检察院应当客观公正地行使法律监督权，但是在公检机关是利益"同盟军"的前提下，检察院能否客观公正地切实保障案外人的财物权，令人质疑。① 此外，申诉的处理程序一般通过书面审查的方式进行，很少采取公开听证的方式，程序的封闭性也难以保障案外人异议处理的公正性。当事人申请后在多长时间内作出决定，申请人对决定仍不服的是否可以继续申诉，受理机关是否应当举行听证，听取控辩双方的意见，法律对这些都没有规定。立法虽然有救济，但是救济明显缺乏实效性。

三、我国案外人异议程序的重构与完善

为了有效地保护案外人的合法权益，关键在于完善庭审中的异议程序，保障案外人有效地参与返还等处理程序中对扣押物的权属进行调查的程序。当在法庭审理定罪量刑后，法院在涉案财物的各方利害关系人（被告人、被害人、案外人）均已到场的情况下，针对处理涉案财物的权属问题，听取各方的意见，在综合辩论和相关证据的基础上，对扣押物的处理作出裁定。这不仅能保障案外人充分地参与到异议程序中，保障处理程序的公正性，还能尽可能地避免错误返还扣押物、错误没收等问题。即使出现错误，也可以通过上诉程序、审判监督程序等途径进行救济。

第一，明确案外人的范围。刑事诉讼法第 299 条规定，犯罪嫌疑人、被告人的近亲属和其他利害关系人有权申请参加未定罪没收程序。利害关系人参加未定罪没收程序的，法院应当开庭审理。《关

---

① 刘计划：《侦查监督制度的中国模式及其改革》，载《中国法学》2014 年第 1 期。

于适用〈中华人民共和国刑事诉讼法〉的解释》第 616 条进一步解释了立法，将"其他利害关系人"解释为"对申请没收的财产主张所有权的人"。犯罪嫌疑人、被告人的近亲属和其他利害关系人在公告期间和公告期满后都有权提出异议，只是提供的证明材料不同。前者要求近亲属提供与犯罪嫌疑人、被告人关系的证明材料，其他利害关系人提供财物系其所有的材料；后者要求近亲属与其他利害关系人都要提供财物系其所有的材料。然而，该条具有合理之处，但也存在不足。为了保护案外人的财物权以及承担证明责任的一致性，笔者主张，无论是近亲属还是案外人，若他们能够提供财物系其所有的材料，就可以作为案外人提出异议。如果刑事诉讼程序不涉及扣押物的返还、没收等处理程序，或者扣押物的处理没有侵犯案外人的财物权，那么案外人自然失去了参与异议程序的前提条件。

第二，建立案外人参与异议程序的告知制度。及时告知案外人对涉案财物的权属提出异议，知悉自己的财物权是否受到侵害。这不但有助于案外人对扣押的财物提出异议，尽可能地保护案外人的合法权益，而且有助于公检法机关尽早地发现与案件无关的扣押物，及时解除扣押。有学者主张，当公检法机关实施查封、扣押、冻结后，或者决定返还、没收之前，应当通过网络、报刊、媒体等方式公布扣押物的基本特征、扣押物的处理情况、异议权利的申报期限等信息。[1] 当遇到紧急情况或者因公告而影响侦查破案的，也可以推迟到审查起诉阶段再向案外人公告。

第三，限定案外人参与异议程序的范围。案外人正是基于财物权属争议才参与到刑事诉讼程序之中，如果扣押物的处理程序不涉及财物权属争议或者权属争议不可能侵犯案外人的合法权益时，案外人无须参与诉讼程序。法治发达国家既对案外人参与诉讼程序的

---

[1]　吴光升：《案外第三人定罪没收参与模式：比较、反思与重构》，载《中国刑事法杂志》2015 年第 4 期，第 94 页。

范围作了规定，也对案外人参与范围做了限制。如德国刑事诉讼法典第431条规定，在刑事诉讼程序中，法院对是否没收作出裁判时，认为没收之物属于或应当属于案外人，或案外人对没收之物存在其他可能被剥夺的权利时，法院命令案外人参与没收程序。美国刑事没收程序也作了类似规定只有案外人对没收之物主张权利时，才能参与没收程序。① 但是同条又规定案外人对程序的参加不延伸到被追诉人责任的问题。

第四，将申诉、控告的审查权赋予法院。当事人及相关案外人实现有效的申诉、控告权，关键在于实现扣押、冻结的审查机关独立于原决定机关。在法治发达国家和地区的立法中，审查机关为独立的法院。如意大利刑事诉讼法典第257条和第324条规定，被告人、物品受到扣押的人以及有权要求返还被扣押物的人有权要求针对扣押令进行复查。由作出有关决定的法官所在省府地的法院对复查要求作出裁决。② 《美国联邦刑事诉讼规则》第41条g款规定，物品被扣押的人认为发生了违法的搜查、扣押，或是财物受到了任意剥夺时，向财物扣押地的法院提起动议，要求返还扣押物。对于动议获准者，法院应当将扣押物返还给被扣押人，但可以附加合理的条件，保证该财物能用以将来的程序。③ 日本刑事诉讼法第429条规定，对于法官和检察官作出的扣押或者返还扣押物的裁判不服

---

① Stefan D. Cassella, Criminal Forfeiture Procedure in 2007: A Survey of Developments in the Case Law, 43 Criminal Law Bulletin 461 (2007), pp. 461-522.

② 《意大利刑事诉讼法典》，黄风译，中国政法大学出版社1994年版，第86、113-114页。

③ "Federal Rules of Criminal Procedure 2015", http://international. westlaw. com/Welcome/WorldJournals/default. wl? RS=imp1. 0&VR=2. 0&SP=swestupl-2000&FN=_top&MT=WorldJournals&UTid=34&SV=Splitl, 最后访问日期：2016年7月15日。

的，可以提出准抗告。① 我国台湾地区"刑事诉讼法"第 403 条和第 404 条规定，对于扣押或扣押物发还的裁定不服者，可以直接向上级法院提出抗告。②

第二节 刑事扣押中的非法实物证据排除规则

一、问题的提出

非法证据排除规则是刑事证据规则的重要组成部分，对侦查人员通过违反法律程序获取的证据，司法机关将依法予以排除。排除规则是美国最重要的宪法权利救济方式，即使它是适用最广的一种程序性制裁方式，也对它作了例外规定。根据"独立来源原则"③"最终必然发现原则""稀释原则"（污染净化理论）的限制与学理的对照，"毒树之果"下的证据是否可采？哈德孙案④中的"敲门并表明身份的例外"、利昂案⑤中的"善意例外"等表明警察通过无证行为取得的"证据"不必被排除。这些都表明非法证据并非都不具有补救的可能性，在特定情况下非法证据仍具有补救可能性；并非所有的瑕疵证据都是可以补救的，对于不具有补救可能性的瑕疵证据也应当予以排除。证据补救的根本目的是保证在侦查、

---

① "Code of Criminal Procedure 2006", http：//www. japaneselawtranslation. go. jp/law/detail/？ ft＝2&re＝02&dn＝1&yo＝code＋of＋criminal＋procedure&x＝40&y＝16&ky＝&page＝1，最后访问日期：2016 年 7 月 10 日。

② 张丽卿、林朝云：《刑事法典》，五南图书出版股份有限公司 2013 年版，第 2-200-201 页。

③ Craig M. Bradley, "Murray v. United States：The Bell Tolls for the Search Warrant Requirement", 64 Ind. L. J. 907 （1989）.

④ Hudson v. Michigan, 126 S. Ct. 2159 （2006）.

⑤ United States v. Leon, 486 U. S. 897 （1984）.

起诉和审判中精确认定事实，促进案件的真实发现。

1979 年刑事诉讼法第 32 条和 1996 年刑事诉讼法第 43 条虽然规定严禁以刑讯逼供等非法的方法收集证据，但是并未规定违反程序的法律后果。1994 年最高人民法院《关于审理刑事案件程序的具体规定》第 45 条、1998 年《关于执行〈中华人民共和国刑事诉讼法〉若干问题的解释》第 61 条和 1999 年《人民检察院刑事诉讼规则》第 265 条均规定，严禁以非法的方法收集证据，但是都强调对言词证据的排除，并未设定具体的排除程序。2010 年《关于办理刑事案件排除非法证据若干问题的规定》第 14 条和《关于办理死刑案件审查判断证据若干问题的规定》第 9 条对瑕疵证据的补正，还规定了对物证、书证的补正。2012 年《刑事诉讼法》第 54 条第 1 款对其吸收，规定"收集物证、书证不符合法定程序，可能严重影响司法公正的，应当予以补正或者作出合理解释；不能补正或者作出合理解释的，对该证据应当予以排除。"2012 年《关于适用〈中华人民共和国刑事诉讼法〉的解释》对所确立的非法证据排除规则作了详细解释。2017 年《关于办理刑事案件严格排除非法证据若干问题的规定》进一步完善了排除的对象与适用程序。我国法律法规的日益完善，对非法实物证据确立了裁量性排除规则，对瑕疵证据确立了可补正的排除规则。

2012 年刑事诉讼法实施后，有学者对司法实践的运行情况进行了调研，统计后发现，启动排除程序的案件极为有限，法院最终排除非法证据的案件比例不高，非法实物证据排除规则几乎被束之高阁。[①] 然而，广东省的陈某昊故意杀人案被陈瑞华教授称为 2012 年刑事诉讼法实施之后我国非法实物证据排除第一案，对我国践行非

---

① 左卫民：《"热"与"冷"：非法证据排除规则适用的实证研究》，载《法商研究》2015 年第 3 期，第 151-160 页；陈瑞华：《论侦查中心主义》，载《政法论坛》2017 年第 2 期，第 16 页。

法实物证据排除规则具有里程碑式的意义。该案中，侦查人员在不存在五种紧急情形的情况下，对陈某昊的住处进行无证搜查，严重违反法定程序。侦查人员在 8 个月之后补办搜查证，并将搜查证的日期倒签至搜查当天，试图隐瞒真实取证的过程。2014 年广东省高级人民法院认为，参与搜查的两名侦查人员在二审中无法对无证搜查及是否存在补办搜查证的行为作出合理解释，因而法院排除了通过搜查收集的非法实物证据。① 该案不仅展现了个案正义，还为我们提供了一个很好的分析标本，让我们能够通过陈某昊案重新审视我国实物证据排除规则的现实，并为解决问题提供新的思考路径。

证据如何取得证据能力？对证据排除规则的 "宪法规范说""威慑违法说"② "司法廉正说""成本分析说"③ 的考量以及国家

---

① 广东省高级人民法院（2014）粤高法刑一终字第 351 号刑事附带民事判决书，载陈瑞华：《刑事证据法（第 3 版）》，北京大学出版社 2018 年版，第 198-203 页。

② 基于康德、费希特、黑格尔的报应观点，公正的惩罚尊重内在于罪犯身上的人性，而不为外在的目的服务。只有罪犯该当时，才发动惩罚。参见［德］梅尔：《德国观念论与惩罚的概念》，考明凯维奇、梅尔、布朗英译，邱帅萍中译，知识产权出版社 2015 年版。［美］加尔·赫伯特：《康德论惩罚与道德存在的政治前提》，载吴彦编：《康德法哲学及其起源：德意志法哲学文选（一）》，汤沛丰、朱振等译，知识产权出版社 2015 年版，第 51-172 页。Byrd 尝试报应说和威慑说的结合（参见 B. Sharon Byrd, *Kant' s Theory of Punishment: Deterrence in Its Threat, Retribution in Its Execution*, Law and Philosophy, 1989（8），pp. 151-200.［加］李普斯坦：《强力与自由：康德的法哲学与政治哲学》，毛安翼译，知识产权出版社 2016 年版，第 318-343 页），以实现人是目的与程序工具、道德与政治/法学的融合。

③ Joshua Dressler & George C. Thomas, Ⅲ, *Criminal Procedure: Investigating Crime*, West Group 2003, p. 472. 经济学是理性选择的理论，芝加哥法学经济学派的 F. A. 哈耶克、理查德·A. 波斯纳（《法律的经济分析》《正义经济学》）、W. M. 兰德斯等是其著名的代表。这种 "创新" 同马克思政治经济学批判的道路（经济→制度）刚好相反。

司法与公民权利间的博弈，导向证据的补正、补救议题。内在于证据评价中原子主义（Atomism）和整体主义（Holism）的冲突，龙宗智、陈瑞华、左卫民等人的印证证明构想是对排除规则的理论挑战与架空。关于强制性的排除、自由裁量的排除、可补正的排除等①的讨论在所难免。陈瑞华等将瑕疵证据的补正、印证、合理解释以及证据重作统称为"证据的补正"；② 牟绿叶将证据排除规则称作"可补正的排除规则"；③ 纵博注意到"补正"一词于司法中的不及；④ 李忠勇通过对判决书的调研统计，分析了瑕疵证据补救的实务现状；⑤ 易延友通过对 799 个案例的研究，剖析了瑕疵证据的补正与合理解释在司法适用中存在的问题；⑥ 李昌林、王景龙鉴于"补正"与"补救"的差别，以"证据的补救"代替"证据的

---

① Michael Zander, *The Policeand Criminal Evidence Act* 1984, revised second edition, Sweet& Maxwell, 1990, p. 198.

② 陈瑞华：《非法证据排除规则的中国模式》，载《中国法学》2010 年第 6 期，第 33-47 页；杨宇冠：《非法证据排除规则及其在中国确立问题研究》，载《比较法研究》2010 年第 3 期，第 64-78 页；万毅：《解读"非法证据"》，载《清华法学》2011 年第 2 期，第 24-32 页；万毅：《论瑕疵证据——以"两个〈证据规定〉"为分析对象》，载《法商研究》2011 年第 5 期，第 118-125 页；陈瑞华：《论瑕疵证据补正规则》，载《法学家》2012 年第 2 期，第 66-84 页；等等。

③ 牟绿叶：《论可补正的排除规则》，载《中国刑事法杂志》2011 年第 9 期，第 43-70 页。

④ 纵博：《刑事诉讼中瑕疵证据补正的若干操作问题研究》，载《现代法学》2012 年第 2 期，第 124-129 页。

⑤ 李忠勇：《对于完善刑事瑕疵证据补救制度的思考——以某中级法院普通刑事案件判决为样本》，载《法律适用》2013 年第 2 期，第 54-59 页。

⑥ 易延友：《瑕疵证据的补正与合理解释》，载《环球法律评论》2019 年第 3 期，第 19-38 页。

补正"，将"补救"的范围拓展到瑕疵证据和非法证据。① 这些补救规则如何上升到立法的意义，波及中国刑事诉讼制度的根本变革。

对于实物证据排除而言，其适用对象包括实物证据中的非法证据与瑕疵证据；理论界对非法证据与瑕疵证据的概念需要厘清；实务界对实物证据的排除与补救慎之又慎。司法机关误将瑕疵证据作为非法证据予以排除，或将非法证据作为瑕疵证据予以补正，均扩大了非法证据的适用范围，难以遏制违法侦查行为。基于此，需要厘清非法证据与瑕疵证据的概念及表现形式，明确实物证据的排除条件和标准，以期为司法的完善提供有益的思路与方法。如果继续放任这一状况，非法实物证据排除规则就会丧失制约侦查权、保护人权的作用。

二、刑事扣押中非法证据与瑕疵证据的概念及表现形式

在立法表述上，我国刑事诉讼法第 56 条第 1 款存在着立法技术上的缺陷，将非法实物证据排除规则与瑕疵实物证据补正规则杂糅。根据这一规定，无论是非法证据还是瑕疵证据，都要先经过补正或合理解释等方式进行补救；只有在不能补救的情况下，才予以排除。这种立法思路不仅混淆了非法证据与瑕疵证据的概念，还混淆了非法实物证据与瑕疵实物证据之间进行补救与排除的顺序。因此，需要对刑事扣押中非法证据与瑕疵证据的概念及表现形式进行区分。

（一）刑事扣押中非法证据的表现形式

传统证据法理论对证据合法性的评价主要从取证主体的合法

---

① 李昌林、王景龙：《论可补救的排除规则》，载《现代法学》2013 年第 6 期，第 123–124 页。

性、取证手段的合法性以及证据表现形式的合法性三个要素进行评价。① 但理论界主要从取证手段合法性的角度来界定非法证据的概念。例如，有学者认为，"非法证据仅限于采用非法手段取得的证据"。② 还有学者根据英美法系国家和大陆法系国家仅限于非法方法取得证据的概念，认为我国应由广义地理解非法证据转向狭义地理解非法证据，并提出"非法证据是指以法律明确禁止的手段或违反法律明确规定的程序所取得之证据，仅限于通过非法定方法取得之证据"。③ 笔者认为，对非法证据概念的界定应当采用广义的解释，从取证主体的合法性、取证手段的合法性以及证据表现形式的合法性进行评价。非法证据是指侦查人员、检察人员、审判人员以违反法律明确规定的方式取得证据，致使证据形式不合法的证据。这可以通过《关于办理刑事案件排除非法证据若干问题的规定》和《关于办理死刑案件审查判断证据若干问题的规定》与刑事诉讼法中对非法证据排除规则的规定得到印证。④ 刑事扣押中的非法证据的表现形式主要有：

一是侦查人员故意违法扣押取得的假证据。出于办案压力，或

---

① 证据的"合法性是指证据只能由审判人员、检察人员、侦查人员依照法律规定的诉讼程序进行收集、固定、保全和审查认定，即运用证据的主体要合法，每个证据来源的程序要合法，证据必须具有合法形式，证据必须经法定程序查证属实。"参见樊崇义主编：《刑事诉讼法学（第二版）》，法律出版社 2009 年版，第 174 页。

② 陈光中：《刑事证据制度改革若干理论与实践问题之探讨——以两院三部〈两个证据规定〉之公布为视角》，载《中国法学》2010 年第 6 期，第 12 页。

③ 万毅：《解读"非法证据"》，载《清华法学》2011 年第 2 期，第 24-27 页。

④ 以鉴定意见的例子予以说明：（1）"鉴定人不具有法定资质，不具有相关专业技术或者职称"属于取证主体合法性的问题；（2）"送检材料、样本来源不明，或者因污染不具备鉴定条件"属于取证手段合法性的问题；（3）"鉴定文书缺少签名、盖章"则属于证据表现形式合法性的问题。

者出于包庇犯罪或者故意陷害的目的，在扣押实物证据的过程中伪造、变造、篡改、隐匿、调换或毁灭物证，或故意实施违法扣押行为，致使所扣押的实物证据的真实性大打折扣。法官通过案卷难以审查出来，最终造成冤案。

二是实物证据来源不明。侦查人员在提取、扣押物证、书证的过程中，应当当场制作扣押笔录、开列扣押清单而没有制作，或未附有其他能够证明实物证据来源的材料。侦查人员取证手段的违法性致使所扣押的物证、书证不具有证据能力，不能证明证据的来源，从而影响了证据的真实性。例如，最高人民法院的法官在死刑复核案件中曾因物证收集程序存在违法行为而不予核准死刑。因为侦查人员既未对可疑血迹做提取笔录，也未制作现场勘验笔录，以致难以知晓血迹是由何人从何处提取。[①]

（二）刑事扣押中瑕疵证据的表现形式

广义上的瑕疵证据包括内容上存在瑕疵或缺陷的证据、表现形式上存在瑕疵或缺陷的证据以及收集程序和方式上存在瑕疵或缺陷的证据。狭义上的瑕疵证据仅指在收集程序和方式上存在瑕疵或缺陷的证据。理论界基本上采取了瑕疵证据的狭义观点。例如，1998年申夫、石英首次提出"瑕疵证据"一词，认为瑕疵证据是通过违反法律规定的权限、程序或用其他非正当的方法收集的一切事实。[②] 又如，2008年韩旭教授将瑕疵证据界定为"在取证的程序、手段、方法上存在一定缺陷或轻微违法的证据材料。"[③] 再如，

---

① 罗智勇、冯黔刚：《刑事审判中实物证据的审查判断及排除》，载《证据科学》2012年第2期，第164页。

② 申夫、石英：《刑事诉讼中"瑕疵证据"的法律效力探讨》，载《法学评论》1998年第5期，第104页。

③ 韩旭：《刑事诉讼中不规范证据的处理》，载《成都大学学报》（社会科学版）2008年第2期，第8页。

2011 年万毅教授在证据两分法的基础上提出了证据类型的三分法，即"合法证据""瑕疵证据"和"无证据能力的证据"。他认为，"瑕疵证据是指在法定证据要件上存在轻微违法情节（俗称'瑕疵'或'缺陷'）的证据"。①

学者们对非法证据与瑕疵证据的概念进行了界定，主要从证据合法性的角度进行分析、比较。理论界的通说还认为瑕疵证据是存在轻微违法情节的证据，非法证据是违法情节严重的证据，但对于二者的概念界分总是含糊其词，而且总是选择如何对二者进行区分。笔者认为，瑕疵证据与非法证据都属于违法性证据，而且瑕疵证据包含了非法证据。但是，瑕疵证据的类型不仅影响证据合法性的瑕疵以及证据关联性的瑕疵，还影响证据真实性的瑕疵。刑事扣押中瑕疵证据的表现形式主要有：

一是证据笔录存在记录上的错误。侦查人员记录不详，无法证明物证来源。应当制作勘验检查笔录、搜查笔录、提取笔录的，侦查人员未做记录或者表达不清；对物品、文件的数量、名称、特征、质量等记录不详，使笔录本身存在形式上的缺陷。

二是证据笔录缺乏相关人员的签名或盖章。刑事诉讼法第 142 条、《公安机关办理刑事案件程序规定》第 229 条第 2 款和第 230-231 条要求在制作的扣押笔录或提取笔录②、扣押清单、登记保存清单上有侦查人员、物品持有人、见证人的签名。侦查人员、办案部门负责人、县级以上公安机关负责人或者检察长应当在《扣押决定书》上签名或盖章，这对保障侦查人员实施扣押活动的规范性以及所取得的实物证据的真实性具有重要作用。如果缺乏这些人

① 万毅：《论瑕疵证据——以"两个〈证据规定〉"为分析对象》，载《法商研究》2011 年第 5 期，第 118 页。
② "提取"证据实际上就是扣押。所谓提取笔录，其实是不规范的，应当称为扣押笔录。

的签名或者盖章，那么扣押笔录或扣押清单就属于瑕疵证据。

三是实物证据的来源、收集程序存在疑问。由于疏忽大意，侦查人员在笔录中遗漏了与案件有关的重要内容，使法官认为实物证据的来源、收集程序存在瑕疵，从而影响证据的真实性。例如，扣押笔录和扣押清单中没有载明财物或文件的名称、编号、数量、特征及其来源的；对于种类物，如存折、信用卡、有价证券以及现金，没有注明其特征、编号、种类、面值、张数、金额等信息的；对需要制作副本或复制件的物证、视听资料没有记载制作人关于制作过程的说明，没有复制的时间、地点、类别、文件格式、规格等信息的；对于可以作为证据使用的录音、录像带、电子数据存储介质没有记载案由、对象、内容的；等等。

四是技术性手续上的违规。技术性手续上的违规是指"侦查人员在不同程度上存在轻微的程序违规，违反法律程序不严重的行为"。① 扣押中技术性手续上的违规主要表现为扣押证据的时间、地点、步骤、方式等方面的违规，或者见证人的资格不符合规定，由侦查机关的辅警、协警担任。扣押时，财物、文件的持有人无法对扣押查点清楚，难以保障证据的来源。例如，应当有见证人到场见证扣押过程而没有见证人参加的；扣押文物、金银、珠宝、名贵字画等贵重财物时，应当拍照或录像而没有拍照或录像的；应当制作《扣押决定书》而未制作的；对于易损毁、灭失、变质以及其他不宜长期保存的物品，应当用笔录、绘图、拍照、录像等方法保全后予以封存而未按规定保全的等。

三、刑事扣押中非法实物证据的排除条件

刑事扣押中的非法实物证据主要有两种情形：一是侦查人员故意违法取得的实物证据。在扣押实物证据的过程中，侦查人员故意

---

① 陈瑞华：《刑事证据法的理论问题》，法律出版社 2015 年版，第 152 页。

伪造、变造、篡改、调换证据，这种行为虽然很少见，但在司法实践中仍然存在。二是非法扣押的实物证据为真，但是难以排除，否则会影响实体上的公正审判。出现争议最多的是第二种情形，因此我们着重对其进行讨论。我国非法证据排除规则在实践中遇"冷"。① 造成"冷"的原因有很多，但是根本原因在于法律规定的排除条件过高，用语模糊造成非法实物证据很难得到排除。2010年颁布的《关于办理死刑案件审查判断证据若干问题的规定》和《关于办理刑事案件排除非法证据若干问题的规定》以及刑事诉讼法第 56 条规定，若排除实物证据，需要同时满足"不符合法定程序"与"可能严重影响司法公正"两个条件，但是如何认定这两个条件成为实践中的一个难题。

在"不符合法定程序"方面，侦查人员违法扣押的行为可能表现为：侦查人员应当持《扣押决定书》扣押，却实施了无证扣押行为；侦查人员超出《扣押决定书》的范围实施扣押；《扣押决定书》未达到扣押的证明标准；侦查人员在执行扣押中违反扣押程序；扣押笔录或扣押清单上缺少见证人、被扣押人的签名或是记录有错误；扣押过程中无见证人见证等。

在"可能严重影响司法公正"方面，刑事诉讼法第 56 条的规定比较抽象、模糊，根据第 238 条的理解，"可能影响公正审判"是指影响"实体上"的公正审判；《关于适用〈中华人民共和国刑事诉讼法〉的解释》126 规定，应当综合考虑收集证据违反法定程序及因此所造成后果的严重程度来理解；《人民检察院刑事诉讼规

---

① 闫召华：《"名禁实允"与"虽令不行"：非法证据排除难研究》，载《法制与社会发展》2014 年第 2 期，第 181-192 页；吴宏耀：《非法证据排除的规则与实效——兼论我国非法证据排除规则的完善进路》，载《现代法学》2014 年第 4 期，第 121-130 页；王超：《排除非法证据的乌托邦》，法律出版社 2014 年版，第 16-236 页；左卫民：《"热"与"冷"：非法证据排除规则适用的实证研究》，载《法商研究》2015 年第 3 期，第 151-160 页。

则》第 70 条第 1 款规定，收集物证、书证不符合法定程序，可能严重影响司法公正的，人民检察院应当及时要求公安机关补正或者作出书面解释。但是何谓情节严重？何谓案件的公正性？不同的法官根据自身的理解会得出不同的结论。立法规定的模糊性致使应用实物证据排除规则的标准模糊，排除具有可靠性的实物证据，其效果会大打折扣。

对"不符合法定程序"条件的把握，我们可以通过列举的方式解决；对"可能严重影响司法公正"条件的把握，还依赖于刑事扣押中实物证据排除标准的确立。

四、刑事扣押中非法实物证据的排除标准

刑事扣押中实物证据的排除标准何在？一方面，应当考虑实物证据对程序正义的影响，证据是否严重侵犯了公民的基本权利；另一方面，应当考虑实物证据对实体裁判的影响，证据的真实性是否受到严重影响。

（一）实物证据严重侵犯公民的基本权利

非法证据排除规则属于一种程序性制裁规则，确立非法证据排除规则的原因在于：一是惩罚和遏制违法者，通过非法证据排除规则约束侦查人员的行为，使其遵守法定程序；二是补偿和救济违法行为的受害者，通过排除非法证据的证据能力，对非法侦查行为的相对人予以救济。[①] 但是，非法证据排除规则的最终落脚点在于保障公民的基本权利。只要是侦查人员通过严重侵犯公民基本权利的行为所获取的实物证据，无论非法实物证据真实与否，相关性如何，都应当予以排除。这从我国台湾地区"刑事诉讼法"中对实物证据排除的考量因素也能得到印证，其中三项考量因素为："违

---

① 陈瑞华：《程序性制裁理论（第二版）》，中国法制出版社 2010 年版，第 84 页。

背法定程序之情节""侵害犯罪嫌疑人或被告人权益之种类及轻重""犯罪所生之危险或实害"。①

什么样的权利才能称为基本权利呢？哪些基本权利与刑事诉讼法密切相关呢？有学者认为，基本权利是指"宪法确认的，公民享有的最主要的权利，是公民享受其他权利的基础"。② 很多法治发达国家也通过宪法来规定公民的基本权利，因为宪法从公民的角度，保护他们最起码、最基本的生存和发展的权利，所以基本权利也被称为宪法性的基本权利。宪法的基本权利究竟是一种底线性权利，还是一种列举性权利。③ 周叶中教授强调它是一种底线性权利，我国宪法列举的基本权利并非公民全部的宪法权利。④ 在刑事诉讼程序中，刑事扣押作为一种强制性措施，主要侵犯了公民的财产权、通信自由权、隐私权等基本权利。

首先，刑事扣押侵犯公民的财产权。一是扣押既可能剥夺公民的部分财产权能，又可能剥夺公民的全部财产权能。对动产的扣押，需要转移扣押物，所以会侵犯权利人对扣押物的占有权和使用权。对不动产的查封，不需要转移房屋，但是应当贴上封条，禁止权利人对该房屋的占有与使用。二是扣押作为一种强制性措施，本身具有物理强制性。扣押既可以直接侵犯公民的财产权，又可以间

---

① 林俊益：《刑事诉讼法概论（上）》，新学林出版股份有限公司 2009 年版，第 404 页。

② 齐小力主编：《宪法学导论》，群众出版社 2006 年版，第 125 页。

③ 所谓底线性权利，就是说宪法中对公民权利不作详细的规定，只概括地写出几条原则性的条文，而细节则留给法律或者判例按照当时社会情况再加以补充。所谓列举性权利，是指基本权利的内容——列举于宪法文本之中，公民只能行使为宪法所明确规定的权利。周叶中：《公民基本权利的性质》，载《深圳大学学报》（人文社会科学版）2004 年第 1 期，第 24 页。

④ 周叶中：《公民基本权利的性质》，载《深圳大学学报》（人文社会科学版）2004 年第 1 期，第 24 页。

接侵犯公民的财产权。

其次，刑事扣押侵犯公民的隐私权。"隐私权是自然人对于私人信息自我控制、不被非法利用，私人事务自主支配、不受侵扰和私人活动自主决定、不被侵犯秘密的自由权。"① 第一，扣押侵犯公民的人身隐私。人身隐私强调对个人身体权利的保护，它是一种与人格尊严密切联系的隐私。扣押行为对人身隐私的侵犯主要表现在干预犯罪嫌疑人的身体完整性。第二，扣押侵犯公民的信息隐私。这些可以识别本人的私人信息，涉及个人经济、文化、生理、心理、生活等各个方面，具体包括名誉、财物状况、身体状况、个人交往等信息。随着科学技术的发展，以纸质为载体的传统个人信息逐步发展成以网络为载体的数据信息，电子邮箱、微博、微信、QQ、网名、经常访问的网址等包含了大量的个人信息，扣押行为会不可避免地侵犯公民个人的隐私和商业秘密。

最后，刑事扣押侵犯公民的通信自由权。为了保护公民的通信自由权，我国宪法和刑法作出了明确规定。宪法第 40 条规定，除非法律规定，任何组织或个人不得以任何理由侵犯公民的通信自由和通信秘密。刑法第 252 条对此进一步细化，该条规定，对隐匿、毁弃或非法开拆他人信件的行为，情节严重的，予以处罚。第 284 条还规定，对非法使用窃听、窃照专用器材，侵犯公民通信自由权，造成严重后果的，予以处罚。在刑事扣押中，主要基于邮件、电报、电子邮件内容本身与犯罪有关，或者邮件、电报、电子邮件的形式或内容对证明案件中的部分事实具有作用。随着互联网的普及，对电子邮件扣押的整个过程往往发生在虚拟环境中，更应当引起重视。侦查人员既可以通过远程技术操作，又可以通过相对人的电脑操作。由于操作过程的隐蔽性，侦查人员实施扣押行为，相对

---

① 王秀哲：《隐私权的宪法保护》，社会科学文献出版社 2007 年版，第35 页。

人难以知晓自己的通信自由权是否被侵犯，更难以取得相关证据来获得救济。

从上述可以看出，扣押实物证据会影响公民的基本权利，对实物证据的扣押也反映出打击犯罪与保护人权的关系。然而，不是侵犯公民基本权利的实物证据都会被排除，只有严重侵犯公民基本权利的实物证据才会被排除，对于一般性侵权但存在违法或瑕疵的实物证据，则允许其被补救后作为定案依据。这不仅符合非法证据排除规则的内在规律，还能在一定程度上消除实务部门的抵触情绪。

（二）实物证据的真实性受到严重影响

实物证据的真实性是指为保证实物证据客观地来源于案件，没有受到人为因素或自然因素的改变或破坏，保证在法庭上出示的实物证据与侦查人员扣押的实物证据具有同一性，还原实物证据本来面目，准确反映案件事实。实物证据的真实性对保障证据的证据能力、证明力、关联性以及准确地认定案件事实具有重要作用。虽然实物证据具有客观性、特定性的特征，但是其只能间接地证明案件，并容易失去真实性。如果实物证据本身来源不明、收集程序不规范、保管程序不完善，那么很难保证实物证据的真实性和同一性，容易造成罪与非罪、此罪与彼罪、罪重与罪轻的错误，甚至酿成冤假错案。

对实物证据真实性进行审查，主要对实物证据在提取、扣押、移送、保管和出示等各个环节所处的状况进行判断，包括：有无侦查人员、见证人、扣押物持有人的签名或盖章；卷宗中是否附有扣押笔录、扣押清单；扣押笔录、扣押清单中的记录是否完整、准确；扣押物在扣押、运输、保管等过程中有无被调换、污染、伪造、变造、篡改、添加、破坏、改造、拼凑、保管链条中断等情形。如果能确保法庭上所出示的物证、书证、视听资料、电子数据就是侦查人员所扣押的那份证据，那么证据的同一性和真实性就能够得到保障。如果实物证据来源不明，或者存在侦查人员故意违法行为，那么它们将实质性地影响实物证据的真实性。一旦法官采纳这些证据，可能会发生错误认定案件事实的现象。然而，侦查人员在《扣押决定书》、扣押笔录、扣押清单上存在的笔误、错误记录或遗漏等问题不会实质性地影响证据的真实性。一些技术性手续上的违规行为虽然会削弱证明证据真实性的作用，但是还有其他证据印证该证据的真实性，因此技术性手续上的违规行为也不属于被排除的范畴。

与言词证据相比，实物证据具有很强的客观性，它不因扣押程序与方法的违法而失去证据的客观性及关联性。如果因为扣押程序违法而排除尚未丧失客观性与关联性的瑕疵实物证据，显然与惩罚犯罪的刑事诉讼目的背道而驰。但是，证据补救并不与惩罚侦查人员相冲突。若实物证据的真实性受到严重影响，应当排除。排除不等于无视惩罚，对侦查人员故意违法扣押或者造成严重后果的违法行为，则要追究相关办案人员的民事责任、行政责任或者刑事责任，促使侦查人员严格遵守扣押程序。

第三节　违法扣押的司法赔偿制度

从 1994 年国家赔偿法的颁布，到 2010 年和 2012 年两次修改，立法对国家赔偿的范围、标准、程序等方面进行了逐步详尽的规范与完善，立法上的进步对司法实践起着一定的积极意义。在刑事扣押中，针对公检法机关因为违法扣押，扣押与案件无关的财物，因保管不善造成财物毁损、灭失、调换、变价处理或低价拍卖等，严重侵犯公民、法人或其他组织的财产权、隐私权等行为，公民、法人或其他组织有权依法取得赔偿，从而缓解国家与个人之间的矛盾。然而，国家赔偿法的有些规定仍然较为粗疏，致使实践中因刑事扣押导致赔偿的适用范围、赔偿标准等方面存有局限性。学者们主要对司法赔偿的性质、赔偿主体、赔偿范围、归责原则、审理方式等内容进行阐述,[1] 但是现有的著述侧重于研究人身权遭受损害的司法赔偿,财产权方面的司法赔偿成果不多,对刑事扣押中的司法赔偿的研究更是薄弱。鉴于此,本书对刑事扣押的司法赔偿制度作出理论上和实践上的探讨与反思,对违法扣押程序中刑事司法赔偿的范围、标准、程序、追偿等问题进行探讨。

一、违法扣押的刑事司法赔偿范围

司法赔偿范围,是指"司法机关及其工作人员在行使司法权的过程中,违法给公民、法人和其他组织的合法权益造成何等损害国家予以赔偿,造成何等损害不予赔偿的法律界定"。[2] 1994 年国家赔偿法第 16 条规定,行使侦查、检察、审判、监狱管理职权的机关及其工作人员在行使职权时,违法对财产采取查封、扣押、冻结、追缴等措施的,受害人有权获得国家赔偿。此规定一直到2010 年国家赔偿法、2012 年国家赔偿法第 18 条都没有改变。上述规定仅适用于国家机关及其工作人员因为违法扣押、查封、冻结、追缴等侵犯公民财产权的行为,在司法赔偿的适用范围内仅限于上述规定的几种情形,适用刑事司法赔偿的范围非常有限。主要表现为:

首先,立法技术存在缺陷,缺少兜底条款。国家赔偿法第 19

---

[1] 姚天冲主编:《国家赔偿法律制度专论》,东北大学出版社 2005 年版,第 45-79 页;张红:《司法赔偿研究》,北京大学出版社 2007 年版,第 78-201 页;陈光中、赵琳琳:《国家刑事赔偿制度改革若干问题探讨》,载《中国社会科学》2008 年第 2 期,第 103-116 页;林喜芬:《我国刑事司法赔偿的制度困境与转型进路》,载《四川师范大学学报》(社会科学版) 2009 年第 5 期,第 189-198 页。

[2] 陈春龙:《中国司法赔偿》,法律出版社 2002 年版,第 94 页。

条对国家免责条款采取了兜底条款，而第 18 条对侵犯财产权的刑事赔偿范围采取了封闭式、列举式的规定，没有类似于"法律规定的其他情形"的兜底条款。也就是说，国家机关承担责任的范围有限，免责情形无限。由于违法形态变化多端，不可能被单一的列举所穷尽，而且已列举出的违法形态也只是立法者在一定范围内的认识，所以在确立刑事司法赔偿范围方面，列举违法行为的立法技术具有一定的局限性。因此，立法技术在一定程度上限制了刑事司法赔偿的范围，其他侵犯公民、法人或其他组织财产权的行为均被排除在赔偿范围之外。

其次，赔偿权益范围过窄。国家赔偿法第 17、18、36 条将刑事司法赔偿的范围仅限于人身权与财产权，对于公民人身权与财产权之外的基本权利，如通信自由权、隐私权等基本权利的侵害，则不在刑事司法赔偿的保护范围之中。在刑事扣押中，就财产权的赔偿也不是针对全部的财产权而言的，国家赔偿法第 36 条只是针对查封、扣押、冻结的财产造成损坏、灭失或变卖价款明显低于财产价值的，才予以适当性的赔偿。《关于办理刑事赔偿案件适用法律若干问题的解释》第 3 条第 7 项规定，未依法解除查封、扣押、冻结或返还财物的，也是对财产权的侵犯。对于因上述行为导致公民、法人和其他组织无法生产经营、办公，并因此导致合同违约、资金链断裂、运营中断、工厂倒闭等其他实际利益损失的，该条则没有规定对这些损失予以赔偿，而且这些损失远远超过了相应的赔偿金数额与停业期间所造成的经营性费用开支（见表 3）。

表 3　30 个样本案例中因刑事扣押提起司法赔偿的基本情况

序号	赔偿请求人	赔偿理由	申请人赔偿请求	赔偿义务机关	复议机关决定	赔偿委员会决定	是否质证
1	曾某涵	刑事违法扣押	赔偿稀土损失款 2400 万元及其利息	韶关市公安局 Z 分局	不予受理	指令复议机关作出决定	公开质证

续表

序号	赔偿请求人	赔偿理由	申请人赔偿请求	赔偿义务机关	复议机关决定	赔偿委员会决定	是否质证
2	北京某科技有限公司	刑事违法扣押	赔偿必要的经常性开支，违约金，交通、食宿费用，打印、复印、邮寄费用，律师费，电脑主机维修费共计652万元，房屋损失305万元	长沙市公安局W分局	赔偿利息损失48459元；驳回其他请求	返还扣押物、赔偿损失、驳回其他申请	公开质证
3	北京某蓄电池有限公司	刑事违法扣押	返还蓄电池灭失赔偿金、给付蓄电池损坏报废赔偿金442332.15元，共计551895元	北京市公安局C分局	返还电池，不赔偿电池损坏费用	维持复议决定	公开质证
4	曹某华	刑事违法追缴赔偿	违法将曹某华的合法现金20万元追缴至今未做处理，返还追缴款20万元及其利息	衡阳市Z区人民检察院	不予赔偿；将违法追缴的20万元返还给申请人所在单位	撤销返还决定；赔偿请求人申请返还合法财产20万元及其利息	公开质证
5	付某	错误拘留、违法追缴、违法扣押	赔偿因违法扣押付某母亲王某俊150万元还贷资金而导致其房屋损失1374万元（拍卖差价与房租），精神抚慰金100万元；赔偿扣押的电脑损失	延边朝鲜族自治州H市公安局	对错误拘留作出赔偿，不赔偿其他	返还笔记本，并支付1000元修理费；不支持房屋损失	公开质证

续表

序号	赔偿请求人	赔偿理由	申请人赔偿请求	赔偿义务机关	复议机关决定	赔偿委员会决定	是否质证
6	郭某贤	刑事违法扣押	返还个人存款169万元，赔偿利息损失270.4万元	H市公安局	不予受理	撤销复议机关决定，并指令复议机关作出决定	审理查明
7	某大学财税远程教育中心	刑事违法扣押	返还财税中心500万元并支付利息、3台轿车及66份协议书	H省公安厅直属公安局	不予受理，超过申请时效	驳回国家赔偿申请	公开质证
8	李某	刑事违法扣押	返还现金1955943元，并支付利息	益阳市A县人民检察院	超过法定时效，不予立案	维持复议决定	公开质证
9	李某建	刑事违法扣押	赔偿扣押的人民币31万元及其利息	昆明市公安局P分局	公安局扣押的31万元无法证明是否属本案涉案财物，决定不予赔偿	维持复议决定	公开听证
10	廖某平	刑事违法扣押	赔偿复印费、交通费、邮寄费、律师费、误工费等，共计7.7万元；赔偿保证金及5000元利息	衡阳市C市公安局	返还暂扣款7万元及其利息4788元	维持复议决定	审理查明
11	马某尧	刑事违法扣押	赔偿价值4万余元的欧米茄手表1块及损失5000元	哈尔滨市公安局D分局	不予赔偿	维持复议决定	审理查明

续表

序号	赔偿请求人	赔偿理由	申请人赔偿请求	赔偿义务机关	复议机关决定	赔偿委员会决定	是否质证
12	泸州某电子科技公司	刑事违法查封、扣押、冻结、追缴	解除扣押或返还被扣押的企业及个人银行存款、现金161.2万元，并支付同期存款利息	L市人民检察院	逾期未作出决定	将扣押的161.2万元返还给公司，并支付利息	公开质证
13	山东某外事服务有限公司	刑事违法扣押	非法扣押车辆所造成的损失	德州市D区人民检察院	在法定期限内未作出决定	赔偿公司经济损失28万元，驳回其他请求	审理查明
14	徐某、贾某蓉	刑事违法扣押	赔偿小轿车，折合19.08万元	长治市公安局J分局	不予赔偿	维持复议决定	公开质证
15	张某瑞、张某兰	刑事违法扣押	要求检察院解除对相关财产的扣押并退还	沧州市H人民检察院	已将扣押的6幅画和追缴黄某的24万元全部退还黄骅港务局；确定每幅画的赔偿数额为33万元，共165万元，属于以合理方式计算损失	驳回申诉	公开质证

续表

序号	赔偿请求人	赔偿理由	申请人赔偿请求	赔偿义务机关	复议机关决定	赔偿委员会决定	是否质证
16	James Sun（孙某龙）	刑事扣押错误	退还违法扣押的孙某龙合法所有的吴昌硕画作《梅花》和李苦禅画作《鹰》各一幅	珠海市公安局G分局	已超过法律规定的两年时限，作出不赔偿决定	维持复议决定	审理查明
17	陈某姿	刑事违法扣押	赔偿违法扣押仍未返还的财物，包括：2个手提包、1台笔记本电脑、1块手表、1枚戒指、1辆奔驰汽车及2把车钥匙、2部手机；奔驰汽车已不能恢复原来的状态，要求赔偿损失，如不能按原样归还上述物品，折价赔偿损失737100元	玉林市B县人民检察院	不予支持	赔偿义务机关选择错误，应为实施扣押的行为的机关，所以维持复议决定	公开质证
18	程某彬	刑事违法扣押	退还公安机关扣押的45万元，支付扣押款的利息72456.60元	T自治州公安局	未做处理	支付赔偿金15.8万元及利息31646元，合计189646元；驳回其他赔偿申请	审理查明

序号	赔偿请求人	赔偿理由	申请人赔偿请求	赔偿义务机关	复议机关决定	赔偿委员会决定	是否质证
19	底某	刑事违法扣押	要求 H 县公安局将轿车及车钥匙退还给底某或赔偿其购车款 30 万元	眉山市 H 县公安局	不予受理	因其提供的证据不足以证实其对该车具有主张的"所有权",不能认定某县公安局将该车返还给付某的职权行为侵害了底某的合法权益,故维持复议决定	公开质证
20	江苏某投资有限公司	刑事违法扣押	赔偿某公司因违法扣押涉案车辆所造成的损失 408700 元及违法扣押期间的利息损失	常州市 X 区人民检察院	不予受理	申诉时效届满,维持复议决定	审理查明
21	刘某平	刑事违法扣押	将扣押的涉案财物归还	L 市公安局	公安局向其返还被扣押的 186 万元,以及利息 12.83 万元,驳回其他赔偿请求	维持复议决定	公开质证

序号	赔偿请求人	赔偿理由	申请人赔偿请求	赔偿义务机关	复议机关决定	赔偿委员会决定	是否质证
22	百某	违法扣押	要求返还扣押的30组物品，包括二级文物、一般文物和新工艺品；如无法返还原物，要求支付赔偿金人民币2000万元	武威市公安局L分局	未作出复议决定	L区公安局对扣押赔偿请求人百某的财产予以返还	审查查明
23	唐某松	刑事违法扣押	返还扣押的现金6700元及其孳息和物品	内江市D区人民法院		赔偿义务机关选择错误，驳回诉讼请求	公开质证
24	某非食用植物油加工有限责任公司	刑事违法查封、扣押、追缴	赔偿收缴违法所得97276元的利息7295元，停产停业期间水电费2.4万元，查封米糠油造成的损失30万元，职工基本工资82万元，设备厂房的腐烂损失60万元，质量技术监督局设备检验费7万元，贷款利息及个人贷款51万元，公司及个人精神损害抚慰金10万元，信访费10万元	双鸭山市B县公安局	对米糠油解除扣押、返还违法所得	赔偿停产停业期间必要的经常性费用开支，米糠油损失，电费损失；违法收缴非法所得9.77万元的利息损失；设备及厂房腐烂损失、贷款及贷款利息损失、信访费等不在赔偿范围内，请求被驳回	审理查明

续表

序号	赔偿请求人	赔偿理由	申请人赔偿请求	赔偿义务机关	复议机关决定	赔偿委员会决定	是否质证
25	曹某松	重审无罪	按实际车损（168000元）赔偿，而非鉴定价格（153200元）赔偿，并支付利息	T市中级人民法院	以该车在扣押时的鉴定价格赔偿	不属于赔偿范围，依法不予支持；部分维持复议决定	审理查明
26	陈某军	违法查封、扣押	赔偿汽车、砖、设备等财产损失及其他合法权益损害，共计7591150元	周口市L县公安局	解除扣押，依法返还陈某军；砖厂各项经济损失属于间接损失，不属于国家赔偿的范围；某县公安局扣押的砖厂名下10项手续应当依法解除扣押，返还申请人	赔偿汽车损失196672元，两名工人自2009年10月起至本决定作出之日的工资（按1500元/月计算）；其他请求不属于赔偿范围，被驳回	公开质证
27	高某洪、张某	刑事违法查封、扣押、冻结	赔偿购车款61800元，车辆租赁费自2011年8月起至支付车款之日止，每月按5000元计算	莱芜市公安局L分局	未予答复	赔偿装载机购车款61800元；驳回其他请求	公开质证

续表

序号	赔偿请求人	赔偿理由	申请人赔偿请求	赔偿义务机关	复议机关决定	赔偿委员会决定	是否质证
28	刘某稳	无罪逮捕	请求退还办案机关超期扣押的财物，并补偿造成的损失；赔偿维权费用200万元	Z市人民检察院	不予赔偿	因对损失情况未能举证证明，不予支持	公开质证
29	李某亮	刑事违法扣押	赔偿违法扣押造成的损失90.11万元	彬州市L县公安局	逾期未作出决定	撤销公安局不受理通知；驳回赔偿申请	审理查明
30	许某龙	刑事违法扣押、追缴	返还申请人被扣押的合法财产（图书、教学光盘、各种机器）；赔偿申请人被非法处置的房产损失157万元；返还购房合同及交款收据；返还折抵法院判决的罚金和非法所得之后追缴的申请人现金25.83万元及其利息	H市公安局	逾期未给出答复	公安局支付被扣押物的赔偿金797982.40元；驳回其他赔偿请求	公开质证

最后，财产赔偿范围偏颇。在侵犯财产权案件中，赔偿范围存在缺陷。2010年国家赔偿法第36条第7款虽然新增赔付利息，对于追缴的金钱，冻结的存款、汇款，应当支付同期存款利息。2012年国家赔偿法予以保留。该条虽然具有一定的进步意义，但是也存

在不足之处。立法者可能基于计算的便利，仅仅规定了赔偿金钱性损害的利息，没有规定非金钱性财产损害的利息是否应当赔偿。而且，利息标准也并不明确。"同期存款利息"有定期活期之分、时间长短之分、价格高低之分，究竟应采用何种同期存款利息标准，立法未明确规定。实践中的赔偿按定期存款 1 年期的基准利率计算。

虽然学者们一致认为应当拓宽刑事司法赔偿范围，但是如何拓宽？应当如何规范违法扣押的司法赔偿范围呢？

第一，采取概括式的立法技术。通过概括式的立法技术来规定，因违法扣押造成财产权、通信自由权、隐私权方面的损害，赔偿请求人有取得司法赔偿的权利，在一定程度上扩大了刑事司法赔偿的范围。适当扩大刑事司法赔偿的范围不仅有助于受害人更好地实现自己获得赔偿的权利，还有助于督促赔偿义务机关依法行使职权，减少扣押中的违法、不规范行为。

第二，赔偿全部的直接损失。法治发达国家和地区坚持损害赔偿标准，即"损害决定赔偿，损害有多少就应当赔偿多少"。[1] 对于扣押物的所有人、持有人或保管人直接遭受的实际损失应当全部赔偿。无论是平等主体之间造成的损害，还是不平等主体之间（国家对公民）造成的损害，都应当根据损害决定赔偿，而不能在刑事司法赔偿中违背"损害赔偿标准"，实行例外性做法，人为地确定一个赔偿的标准。

第三，赔偿合理的间接损失。所谓间接损失，是指可得利益的丧失。其主要包括：法定或天然孳息的丧失、生产经营利润等的丧失、可获得收入的丧失、可挣钱能力的丧失或降低。[2] 虽然间接损

---

① 应松年、杨小君：《国家赔偿若干理论与实践问题》，载《中国法学》2005 年第 1 期，第 8 页。

② 江平主编：《民法学》，中国政法大学出版社 2003 年版，第 760 页；张新宝：《中国侵权行为法》，中国社会科学出版社 1998 年版，第 98 页。

失在计算方法与数量上的认定确实存在一定困难，但是决定赔偿或不赔偿、赔偿的标准是立法的职责，至于具体标准的操作则属于司法部门的职责。我国法律规定应当赔偿间接损失。赔偿间接损失可以积极预防侵权行为的发生，如果增加国家机关的侵权成本，那么国家机关在实施扣押行为时会慎重选择扣押对象，依法定程序实施扣押。如果违法扣押的成本很低，只赔偿有限的直接损失而不赔偿间接损失，那么对侦查人员没有多大的威慑力，更多的侦查人员可能会因为获得更大的利益而实施违法扣押行为。

二、违法扣押的刑事司法赔偿标准

"赔偿标准是指当损害发生后，国家用以计算向受害者赔付的金额额度的标准。"[1] 国家司法赔偿的标准原则主要有三种：(1) 惩罚性原则，即赔偿的数额对赔偿责任方具有惩罚性。除了使赔偿责任方弥补赔偿请求方的损失外，还必须支付侵害他人合法权益的惩罚性费用。(2) 补偿性原则，即赔偿数额与赔偿请求方所受损失基本一致。赔偿责任方所赔偿的是受害方所遭受的实际损失。(3) 抚慰性原则，即赔偿数额远远低于赔偿请求方遭受的实际损失。赔偿责任方只是象征性地赔偿因自己的违法行为所造成的损失，以抚慰当事人。[2]

关于财产损害赔偿标准，法治发达国家和地区一律适用民事赔偿标准。例如，德国民法典第 249 条第 1 款规定："负损害赔偿义务者，应恢复至如同使赔偿义务发生之情事未发生时之状态。"第252 条还规定，应赔偿的财产权益既包括可得利益损害，又包括财产权益的减损赔偿。"根据所做的准备和所采用的预防措施，可以

① 林喜芬：《我国刑事司法赔偿的制度困境与转型进路》，载《四川师范大学学报》(社会科学版) 2009 年第 5 期，第 44 页。
② 张红：《司法赔偿研究》，北京大学出版社 2007 年版，第 235 页。

极大的可能性期待得到的利益，视为所失利益。"① 又如，德国刑事追诉措施赔偿法第7条规定："赔偿标的物可以是由刑事追诉措施造成的财产损失。" 再如，美国联邦侵权法第2674条也规定："美国联邦政府依据本法关于侵权行为求偿之规定，应予同等方式与限度内，与私人一样地负担民事责任。"

刑事司法赔偿标准的高低主要受到几个因素的影响：第一，国家财力的充裕程度。受到国家财力的限制，国家不会对所有违法扣押行为承担赔偿责任，而是对其中给公民的财产权、隐私权、通信自由权造成严重损害的扣押行为予以赔偿。侵犯程度越严重，赔偿数额越高；国家财力越充裕，刑事司法赔偿的标准越高。第二，国家违法侵权的案件数量。案件数量的多寡也是决定刑事司法赔偿标准的一个重要因素，在我国司法执法队伍没有实现专业化、执法办案素质不高、权力监督机制不健全的环境下，刑事诉讼中的违法扣押行为、非法处置扣押物以及其他因为保管扣押物不当的行为给刑事司法赔偿带来很大压力。第三，受到间接损失计算的影响。间接损失是指可得利益的损失。可得利益是当事人尚未实际取得的利益。虽然一般情形下都能取得，但是也不排除不能取得的情形。当事人对于可得利益损失的计算也是无穷的，从表面上看金额貌似很高，但能获得实际赔偿的却并不多。

我国违法扣押中司法赔偿的标准过低，采取的是抚慰性原则，适用了与民事赔偿标准不同的标准。与法治发达国家和地区相比，我国的赔偿标准非常低。我国的刑事司法赔偿既不包括精神性赔偿，也不包括惩罚性赔偿，连刑事附带民事诉讼中"物质损失"的标准也难以达到，至多算是具有象征性的"抚慰性赔偿"。这种过低标准的赔偿既难以弥补当事人所遭受的财产损失，又无法有效遏制侦查人员违法扣押。国家赔偿法第36条规定了财产权的赔偿

---

① 台大法学基金会编译：《德国民法典》，北京大学出版社2017年版，第233-235页。

方式与标准，但是存在以下几个方面的问题：

首先，只赔偿直接损失，不赔偿间接损失。与民事案件中的足额性赔偿不同的是，刑事司法中财产权的赔偿标准采取抚慰性原则，因为国家赔偿法第36条第8项规定"对财产权造成其他损害的，按照直接损失给予赔偿"。间接损失包括可得利益损失和适当的预期利益损失。对于"直接损失"做何理解？其范围有多大？国家赔偿法没有作出进一步规定。2000年最高人民法院颁布的《关于民事、行政诉讼中司法赔偿若干问题的解释》第12条将直接损失理解为利息、工资、税金、水电费等必要的经常性费用等。① 但是"对于受害人在诉讼程序和请求赔偿过程中支出的交通费、住宿费、律师费、鉴定费等费用损失是否属于直接损失，争议较大，做法不一。"② 大部分学者认为经常性费用是停产停业期间的水电费、基本工资、房租、利息。③ 但也有学者主张，经常性费用应当是指停产停业前的经常性费用开支。除此之外，还应当包括广告宣传费用、行政管理费用、设备维修维护费用等必要费用。④ 此外，有些生产经营的设备、工具、材料等关系到被扣押人的生产

---

① 有学者认为，直接损失包括："（1）保全、执行过程中造成财物灭失、毁损、霉变、腐烂等损坏的。（2）违约使用保全、执行的财物造成损坏的。（3）保全的财产系国家批准的金融贷款的，当事人应支付的该贷款借贷状态下的贷款利息。执行上述款项的，贷款本金及当事人应支付的该贷款借贷状态下的贷款利息。（4）保全、执行造成停产停业的，停产停业期间的职工工资、税金、水电费等必要的经常性费用。（5）法律规定的其他直接损失。"参见陈春龙：《中国司法赔偿》，法律出版社2002年版，第388—389页。

② 张红：《司法赔偿研究》，北京大学出版社2007年版，第241页。

③ 房绍坤、丁乐超、苗生明：《国家赔偿法原理与实务》，北京大学出版社1998年版，第279页；马怀德主编：《国家赔偿法学》，中国政法大学出版社2001年版，第260页。

④ 杨小君：《国家赔偿法律问题研究》，北京大学出版社2005年版，第171—172页。

经营活动。在这些财物被扣押期间，可能影响被扣押人的生产经营损失，即实际损失，应当予以赔偿。可是，实践中往往除了返还被扣押的设备、工具外，不赔偿停产停业期间的损失（见表3）。实践中对于因案件产生的交通食宿费、打印费、邮寄费、律师费、停产停业期间的损失、可预期收益等都不予以赔偿。[①]

其次，刑事司法赔偿标准低。国家赔偿法第36条第2-5项规定，因查封、扣押、冻结造成财产损坏或灭失的，给付相应的赔偿金；已经拍卖或变卖的，给付拍卖或变卖所得的价款；变卖价款明显低于财产价值的，支付相应的赔偿金。[②]何谓相应的赔偿金？赔偿金的数额标准如何确定？立法没有作出明确规定，实务部门也难以把握。如果赔偿金数额与变卖价款明显低于财产价值的，对扣押物的所有人、持有人或保管人如何予以救济？立法仍没有规定。在实践中，变卖、拍卖的价款往往较大幅度地低于财产本身的价值，而这种差价损失是因为国家机关的违法行为导致的，并非因当事人自身的行为所致，所以不能由当事人自己承担这种损失。此外，该条第6项中对于扣押许可证、执照，冻结资金、证券、股票，或者查封公司、厂房等造成当事人的经营损失、材料损失、资金链断裂、生产损失等，国家只规定赔偿必要的经常性费用开支，对上述损失的赔偿只字未提，显然不合理。

长期的司法实践表明，我国国家赔偿法过多关注中国的经济实力，忽视对公民合法权益的有效保护，导致大量的司法侵权行为被排除在赔偿范围之外，大量的诉讼请求被驳回。过低的刑事司法赔

---

① 参见湖南省高级人民法院（2017）湘委赔提1号。

② 例如，在李某轩诉某市公安局违法扣押财产赔偿一案中，某市公安局在请求人李某轩被采取强制措施期间，未随案移送请求人用于银行抵押贷款的14吨羊绒（880万元），并强行变卖39万元，冲抵某供销集团公司在某支行的贷款。参见宁夏回族自治区吴忠市中级人民法院（原宁夏回族自治区银南地区中级人民法院）（2000）吴法委赔字第4号。

偿标准使公民对最后一道希望的"国家赔偿"失去信心。赔偿请求人难以获得国家赔偿，求偿胜诉率较低。在 30 个样本案例中，①赔偿请求人获得赔偿的案件有 14 个（包括获得部分赔偿的案件），占总案件数的 46.67%（见表 3）。能够获得全部赔偿的案件更是少之又少。

造成赔偿请求人难以胜诉的原因主要有：第一，赔偿义务机关选择错误。国家赔偿义务机关以公安机关为主，检察院次之，法院最末。在 30 个样本案例中，申请赔偿的主体既有自然人，又有法人。以公安机关为赔偿义务机关的有 20 件，占总案件数的 66.67%；以检察院为赔偿义务机关的有 8 件，占总案件数的 26.67%；以法院为赔偿义务机关的有 2 件，占总案件数的 6.67%（见表 3）。本应当由公安机关作为赔偿义务机关的，申请人却选择检察院作为赔偿对象；本应当由检察院作为赔偿义务机关的，申请人却选择法院作为赔偿对象。第二，超过法定赔偿时效。赔偿请求人未在其知道或应当知道其财产权受到侵犯之日起 2 年内提出赔偿请求。第三，赔偿请求不在国家赔偿法规定的范围内。

据实务部门法官介绍，从 2012 年比较典型的几个地方受理的国家赔偿案件数量在一定程度上有所反映。北京市全年共受理 86 件国家赔偿案件，其中刑事司法赔偿案件 34 件，占全年案件的 39.5%；上海市全年共受理 28 件国家赔偿案件，其中刑事司法赔偿案件 24 件，占全年案件的 85.7%；广东省全年共受理 53 件国家赔偿案件，其中刑事司法赔偿案件 25 件，占全年案件的 47.2%；重庆市全年共受理 67 件国家赔偿案件，其中刑事司法赔偿案件 32 件，占全年案件的 47.8%。② 因违法扣押申请司法赔偿的案件数量

---

① 适用以下标准：赔偿委员会撤销或变更复议机关决定的，以赔偿委员会的决定为准；赔偿委员会维持复议机关决定的，以复议机关的决定为准。

② 肖志雄：《非刑事司法赔偿中因执行行为错误之赔偿的若干问题研究》，载《湖北社会科学》2014 年第 6 期，第 142 页。

较少，并没有立法者想的那么多。很少的案件数量也增大了提高司法赔偿标准的可能性。

随着我国经济水平的迅速发展，我国的抚慰性赔偿标准难以适应社会的需求，应适当提高刑事司法赔偿标准。因此，我国也有学者主张国家赔偿标准应当与民事赔偿标准保持一致，[①] 不必采取不同的赔偿标准；也有学者主张确立补偿性赔偿原则；[②] 还有学者主张提高刑事司法赔偿标准。[③] 理由在于：民事赔偿实行足额性赔偿原则，或返还财产、折价赔偿，或恢复原状，既赔偿实际利益损失，又赔偿必得利益损失。在刑事案件中，应当将民事平等法律主体的赔偿标准应用于刑事中非平等法律主体的赔偿标准，但是大家的共同目的是维护公民的合法权益，实现设立刑事司法赔偿制度的最初目的，让国家机关弥补因自己的违法扣押行为所造成的损害。

为了使扣押物的所有人、持有人或保管人的财产权得到应有的保护，我们应当根据市场价格确定"相应的赔偿金"标准。应当返还的财物损坏，且不能恢复原状的，根据市场价格给付赔偿金；应当返还的财物灭失的，根据市场价格给付相应的赔偿金；变卖价格明显低于财产价值的，应根据市场价格给付赔偿金。

三、违法扣押的刑事司法赔偿程序

1994 年国家赔偿法没有对赔偿委员会审理案件的方式作出规定，2010 年国家赔偿法对此进行了完善，其第 27 条规定了赔偿委员会采取书面审查的方式审理案件，必要时可以调查证据、听取陈述申辩或组织质证。2012 年国家赔偿法第 27 条保留了上述规定。从立法的规定看，要求大部分案件实行书面审理，只有在必要时，少数案件

---

① 应松年、杨小君：《国家赔偿若干理论与实践问题》，载《中国法学》2005 年第 1 期，第 9 页。

② 张红：《司法赔偿研究》，北京大学出版社 2007 年版，第 235 页。

③ 陈春龙：《中国司法赔偿》，法律出版社 2002 年版，第 194 页。

才组织赔偿请求人与赔偿义务机关进行质证。所谓的"必要时"，仅限于赔偿双方对损害事实及因果关系争议较大时才予以适用，对于赔偿方式、赔偿数额、赔偿项目，是否承担赔偿责任，是否应当组织双方进行陈述、申辩、质证等问题，立法则缺乏规定。

根据1996年《人民法院赔偿委员会审理赔偿案件程序的暂行规定》的规定，赔偿委员会不公开审理案件。这种不公开、不透明的审理方式给审理工作带来困难。如果赔偿委员会向赔偿请求人、赔偿义务机关或复议机关调查取证，需要分别进行，这可能造成赔偿请求人往往不服决定的情形。为了克服这种弊端，1998年以后我国有些法院开始试行将听证引入赔偿委员会的审理程序之中，赔偿请求人、赔偿义务机关共同到场，控辩双方进行陈述、质证，审理法官在质证的基础上作出决定。2002年最高人民法院提出"实行国家赔偿听证"，之后在全国推行开来。[1] 听证一般公开进行，并在实践中收到了良好的效果，如北京市高级人民法院制定的《关于人民法院赔偿委员会审理司法赔偿案件听证程序的暂行规定（试行）》、广东省高级人民法院制定的《广东省法院司法赔偿案件办案规程（暂行）》、四川省高级人民法院制定的《关于审理司法赔偿案件听证程序的规定》。[2]

刑事司法赔偿程序没有采用审判程序，这更多地考虑到具体赔偿请求具有明确、简单、容易操作的特点。赔偿委员会审理的刑事赔偿案件不适用诉讼化程序，不开庭、不辩论，赔偿委员会根据自己审理案件的需要，可以通知赔偿请求人、赔偿义务机关的有关人员或相关证人提供有关案件材料、证明材料，或到人民法院接受

① 江必新：《适用修改后的〈国家赔偿法〉应当着重把握的若干问题》，载《法律适用》2011年第6期，第10页。
② 陈光中、赵琳琳：《国家刑事赔偿制度改革若干问题探讨》，载《中国社会科学》2008年第2期，第116页；张红：《司法赔偿研究》，北京大学出版社2007年版，第222页。

调查。

首先，当事人无法参与刑事司法赔偿程序。刑事司法赔偿程序在本质上属于一种诉讼程序，赔偿委员会相当于裁判者，被扣押人与侦查机关（被指控对象）是具有平等地位的诉讼双方，形成控辩审三方诉讼结构。但是《国家赔偿法》与《关于人民法院赔偿委员会审理国家赔偿案件程序的规定》都没有规定刑事司法赔偿程序的当事人及其他诉讼参与人参与赔偿程序。

其次，刑事司法赔偿案件的审理程序具有封闭性。刑事司法赔偿的审理程序既没有双方当事人的参与，又坚持"依法不公开审理"，仅仅由赔偿委员会通过书面审理的方式，单方面地作出裁决，具有很强的行政化色彩。这很容易给被扣押人（赔偿请求人）留下程序"暗箱操作"的印象。在 30 个样本案例中，有 19 个案件的审理程序采取了公开质证的方式，占到了案件总数的63.33%；有 11 个案件的审理程序则由赔偿委员会通过书面审理的方式审理查明案件（见表3）。

最后，听证程序的适用范围不统一。许多地方都在司法赔偿程序中引入听证程序，是否适用听证程序，有些地方根据争议数额或损害后果的大小来决定；有些地方根据程序复杂程度来决定，若案件经过了复议程序或涉及共同赔偿的，才适用听证程序。①

针对刑事赔偿程序行政化的弊端，有必要对刑事司法赔偿程序司法化，让赔偿委员会在控辩双方对抗的基础上作出裁判，充分保障控辩双方参与诉讼程序的权利。

关于司法赔偿程序具有行政化的特点，有学者提出对现行的司法赔偿程序进行改造，② 也有学者提出将现行的司法赔偿程序改造

---

① 张红：《司法赔偿研究》，北京大学出版社 2007 年版，第 223 页。

② 万玲妮、傅先艳：《我国司法赔偿案件中引入听证制度的构想》，载《甘肃行政学院学报》2004 年第 3 期，第 79-81 页；谢立新：《司法赔偿案件设置听证程序初探》，载《成都行政学院学报》2004 年第 4 期，第 28-29 页。

为诉讼化程序，或进行司法化改造，以增强对抗性。[1] 但也有学者提出相反观点，建议保留非诉讼审理程序。[2] 理由主要有：一是诉讼程序本身具有诸多不足之处。诉讼作为一种成本高昂的纠纷解决机制，让赔偿请求人去对抗强大的公检法机关胜算率可想而知。二是法治发达国家和地区也都未必全部通过诉讼方式解决司法赔偿纠纷。笔者赞同司法赔偿案件适用非诉讼程序，但这种非诉讼程序应当逐步完善，尽量实现司法化。

首先，赔偿委员会的审理程序应当公开。赔偿委员会在审理程序上，应当公开审理案件，允许控辩双方通过言词辩论，针对案件的争点以及关键事实或证据进行质证，必要情况下举行听证。其次，完善适用听证程序的范围。笔者认为，刑事司法赔偿案件是否适用听证程序，关键在于是否存在赔偿争议。如果有争议，则适用听证；反之，则不适用。赔偿请求人认为需要适用听证程序的，可以向赔偿委员会提出申请，是否适用由赔偿委员会决定。法院赔偿委员会也可以根据案件具体情况自行决定是否举行听证。

---

[1] 高家伟：《国家赔偿法》，商务印书馆 2004 年版，第 241 页；杨宇冠：《我国刑事赔偿制度之改革》，载《法学研究》2004 年第 1 期，第 139 页。

[2] 张红：《司法赔偿研究》，北京大学出版社 2007 年版，第 214 - 215 页。

结　语

刑事扣押是指国家机关对与案件有关的可为证据之物或应当没收之物，依法扣留、查封、冻结和提存，予以暂时强行占有的措施。刑事扣押制度研究立足于我国刑事扣押的立法与司法实践，运用规范研究、比较研究与实证研究相结合的方法，反思我国刑事扣押由侦查机关自我授权—决定的行政体制及其弊端，分疏刑事扣押启动程序虚置、客体范围宽泛、司法实践中违法扣押、扣押物的保管与处理程序不规范、救济程序难以落实等问题。主张建立强制扣押的司法审查制度，明确刑事扣押"相当理由"的证明标准，贯彻刑事扣押的决定权与执行权相分离的原则，确立法院的审判中心地位；规范和拓展刑事扣押的客体范围，将扣押客体范围分为可为证据之物与应当没收之物，并作出限制性规定；完善刑事扣押的执行程序，落实扣押物的保管、移送、返还等处理程序，发挥实物证据排除规则与违法扣押司法赔偿制度的作用。

刑事扣押制度研究即刑事扣押概念本身的厘定及其中国刑事诉讼模式自身的定位。刑事扣押概念的厘定是刑事扣押制度研究的基础工作。该概念的内核由扣押的决定主体、启动条件、证明标准、扣押的客体范围、执行程序等要素组成；同时，该程序的规制也将推进刑事扣押概念本身的厘定。本书围绕刑事扣押的启动程序、刑事扣押的客体范围、刑事扣押的执行、扣押物的保管与处理、刑事扣押的司法救济程序等方面展开阐述，一定程度上揭示了刑事扣押的本质特征。即刑事扣押具有行为的强制性，占有时间的短暂性，占有的无偿性，记载、保管的特定性，扣押程序的限定性和扣押主体的多元性六个特征。从以国家利益为本位的旨向来看，刑事扣押会侵犯公民的财产权、通信自由权、隐私权等基本权利；就以公民为本位的旨向要求而言，刑事扣押宜设置严格的适用条件。虽然刑事扣押处在诉讼活动的准备阶段，但是"谁扣押（决定或执行）、按什么标准扣押、扣押什么、怎么扣押、扣押后怎么办"等则涉及公权力与私权利的较量、侦查中心主义向审判中心主义诉讼模式的转型。刑事扣押自身厘定的模棱两可（如决定权的归属等）源自社会结构本身的转型。这些张力将体现在刑事扣押有关广义扣押与狭义扣押，证据保全扣押、财产保全扣押和社会保全扣押，有证扣押与无证扣押，强制扣押与任意扣押，有形物扣押与无形物扣押，独立扣押与附带扣押等分类中。刑事扣押的分类固然为立法和司法实践提供理论支撑，有助于实务部门的人员从不同角度掌握刑事扣押的要求。

　　基于刑事扣押概念的厘定，刑事扣押制度研究旨在为优化司法职权配置、实现刑事扣押程序的正当化、切实保护公民的合法权益提供理论支持。其中，关于本书的章节安排，"刑事扣押的启动程序"与"刑事扣押的客体范围"二者究竟谁在前？一种观点认为，"刑事扣押启动程序"一章应放在前面。因为根据启动程序—"谁决定"导向扣押的客体范围—"扣什么"的逻辑，扣押执行主体先行作出扣押的决定，继而到现场实施扣押行为，方才涉及对扣押客体范围的厘清。但是，这种扣押实践论述的逻辑在先无视扣押客体范围等法律规制的时间在先性，从而对扣押证的制作、审批、决定程序带来根本性的挑战。另外一种观点认为，"刑事扣押的客体范围"一章应放在前面。其核心论点在于只有在立法上完善扣押的客体范围，侦查人员才能知道扣什么，审批者才能知道在扣押证中审查什么。对于中国的立法现状而言，刑事诉讼法对刑事扣押客体范围规定宽泛的问题已经给司法实务部门的扣押带来困扰。然而，先完善立法规定有利于做到有法可依，但是"法有限而情无穷"，扣押客体范围的拟定忽视了刑事扣押实务的复杂性、容错性，法律自身的滞后性等弊端。权衡"刑事扣押启动程序"和"刑事扣押的客体范围"再三，扣押程序是否规范，不仅在于法律是否完备，还在于司法人员能否规范地执行。即使扣押范围的规制再明确，执行人员笼统应用，也无法对扣押行为进行规制，反之亦然。因而二者的悖论与辩证内在于主客观模式的阐释学循环及其法治体制的演进。

程序规制受到政治、经济、风俗等社会因素的制约，而时代精神、人文价值又能动于程序的完善。程序规制显精神，方为"制度"。鉴于此，刑事扣押制度立法的完善有助于推动依法治国，彰显制度文明。

参考文献

一、中文参考文献

（一）著作

1. 蔡定剑：《历史与变革——新中国法制建设的历程》，中国政法大学出版社 1999 年版。

2. 陈光中主编：《21 世纪域外刑事诉讼立法最新发展》，中国政法大学出版社 2004 年版。

3. 陈光中主编：《非法证据排除规则实施问题研究》，北京大学出版社 2014 年版。

4. 陈弘毅、梁治平：《法治、启蒙与现代法的精神》，中国政法大学出版社 1998 年版。

5. 陈瑞华：《程序性制裁理论（第二版）》，中国法制出版社 2010 年版。

6. 陈瑞华：《刑事审判原理论》，北京大学出版社 1997 年版。

7. 陈瑞华：《刑事诉讼的前沿问题（第三版）》，中国人民大学出版社 2011 年版。

8. 陈瑞华：《刑事诉讼中的问题与主义（第二版）》，中国人民大学出版社 2013 年版。

9. 陈瑞华：《刑事证据法的理论问题》，法律出版社 2015 年版。

10. 陈永生：《侦查程序原理》，法律出版社 2003 年版。

11. 陈子平：《刑法总论（上）》，元照出版有限公司 2005 年版。

12. 戴长林主编：《刑事案件涉案财物处理程序：以违法所得特别没收程序为重点的分析》，法律出版社 2014 年版。

13. 刁荣华主编：《刑事诉讼法释论（上册）》，汉苑出版社 1976 年版。

14. 杜国栋：《论证据的完整性》，中国政法大学出版社 2012 年版。

15. 樊学勇：《犯罪侦查程序与证据的前沿问题》，中国人民公安大学出版社 2006 年版。

16. 高峰：《刑事侦查中的令状制度研究》，中国法制出版社 2008 年版。

17. 高家伟：《国家赔偿法》，商务印书馆 2004 年版。

18. 高咏：《非法证据排除程序研究》，中国法制出版社 2014 年版。

19. 郭欣阳：《刑事错案评析》，中国人民公安大学出版社 2011 年版。

20. 韩忠谟：《刑法原理》，北京大学出版社 2009 年版。

21. 何帆：《刑事没收研究——国际法与比较法的视角》，法律出版社 2007 年版。

22. 何家弘、刘品新主编：《电子证据法研究》，法律出版社 2002 年版。

23. 贺卫方：《司法的理念与制度》，中国政法大学出版社 1998 年版。

24. 洪福增：《刑法之理论与实践》，五南图书出版股份有限公司 1988 年版。

25. 胡铭：《刑事司法民主论》，中国人民公安大学出版社 2007 年版。

26. 黄东熊、吴景芳：《刑事诉讼法论（第 7 版）（上）》，三民书局 2010 年版。

27. 江礼华：《外国刑事诉讼制度探微》，法律出版社 2000 年版。

28. 柯耀程：《刑事程序理念与重建》，元照出版有限公司 2009 年版。

29. 李昌林：《从制度上保证审判独立——以刑事裁判权的归属为视角》，法律出版社 2006 年版。

30. 李杰清：《没收犯罪所得程序法制与实务》，中国检察出版社 2016 年版。

31. 李学军：《论实物证据——从实物证据技术学层面及诉讼法学的视角》，中国人民大学出版社 2010 年版。

32. 李玉华、周军、钱志健：《警察出庭作证指南》，中国人民公安大学出版社 2014 年版。

33. 李长坤：《刑事涉案财物处理制度研究》，上海交通大学出版社 2012 年版。

34. 林辉煌：《论证据排除——美国法之理论与实务》，北京大学出版社 2006 年版。

35. 林俊益：《刑事诉讼法概论（上）》，新学林出版股份有限公司 2009 年版。

36. 林孟皇：《金融犯罪与刑事审判》，元照出版有限公司 2010 年版。

37. 林山田：《刑法通论（下册）（第 10 版）》，北京大学出版社 2012 年版。

38. 林山田：《刑事程序法（第三版）》，五南图书出版股份有限公司 2000 年版。

39. 林山田：《刑法各罪论（上）（第五版）》，北京大学出版社 2012 年版。

40. 林喜芬：《两个证据规定与证据排除规则》，中国人民大学出版社 2011 年版。

41. 林钰雄：《搜索扣押注释书》，元照出版有限公司 2001 年版。

42. 林钰雄：《新刑法总则》，中国人民大学出版社 2009 年版。

43. 林钰雄：《刑事法理论与实践》，中国人民大学出版社 2008 年版。

44. 林钰雄：《刑事诉讼法（上）》，元照出版有限公司 2013 年版。

45. 林钰雄：《严格证明与刑事证据》，法律出版社 2008 年版。

46. 刘计划：《控审分离论》，法律出版社 2013 年版。

47. 刘静坤：《美国侦查制度研究》，群众出版社 2009 年版。

48. 刘梅香：《刑事侦查程序理论与改革研究》，中国法制出版社 2006 年版。

49. 刘品新：《中国电子证据立法研究》，中国人民大学出版社 2005 年版。

50. 刘品新主编：《电子取证的法律规制》，中国法制出版社 2010 年版。

51. 龙宗智：《检察官客观义务论》，法律出版社 2014 年版。

52. 龙宗智：《相对合理主义》，中国政法大学出版社 1999 年版。

53. 龙宗智：《证据法的理念、制度与方法》，法律出版社 2008 年版。

54. 马登民、徐安住：《财产刑研究》，中国检察出版社 2004 年版。

55. 彭勃：《日本刑事诉讼法通论》，中国政法大学出版社 2002 年版。

56. 皮勇：《刑事诉讼中的电子证据规则研究》，中国人民公安大学出版社 2005 年版。

57. 强世功：《法制与治理——国家转型中的法律》，中国政法大学出版社 2003 年版。

58. 全国人大常委会法制工作委员会刑法室编：《关于修改中华人民共和国刑事诉讼法的决定：条文说明、立法理由及相关规定》，北京大学出版社 2012 年版。

59. 日本刑事法学研究会主编：《日本刑事判例研究（一）侦查篇》，元照出版有限公司 2012 年版。

60. 苏力：《送法下乡——中国基层司法制度研究》，北京大学出版社 2011 年版。

61. 孙长永等：《犯罪嫌疑人的权利保障研究》，中国法制出版社 2011 年版。

62. 孙长永：《探索正当程序——比较刑事诉讼法专论》，中国法制出版社 2005 年版。

63. 孙长永：《侦查程序与人权——比较法考察》，中国方正出版社 2000 年版。

64. 孙长永主编：《侦查程序与人权保障：中国侦查程序的改革和完善》，中国法制出版社 2009 年版。

65. 万志鹏：《没收财产刑研究》，法律出版社 2013 年版。

66. 王超：《排除非法证据的乌托邦》，法律出版社 2014 年版。

67. 王进喜：《美国〈联邦证据规则〉（2011 年重塑版）条解》，中国法制出版社 2012 年版。

68. 王尚新、李寿伟主编：《〈关于修改刑事诉讼法的决定〉解释与适用》，人民法院出版社 2012 年版。

69. 王秀哲：《隐私权的宪法保护》，社会科学文献出版社 2007 年版。

70. 王兆鹏：《路检、盘查与人权》，元照出版有限公司 2003 年版。

71. 王兆鹏：《美国刑事诉讼法》，北京大学出版社 2005 年版。

72. 王兆鹏：《刑事诉讼讲义》，元照出版有限公司 2009 年版。

73. 吴丹红：《特免权制度研究》，北京大学出版社 2008 年版。

74. 吴宏耀、苏凌：《刑事搜查扣押制度改革与完善》，中国人民公安大学出版社 2011 年版。

75. 向燕：《刑事经济性处分研究——以被追诉人财产权保障为视角》，经济管理出版社 2012 年版。

76. 谢佑平、万毅：《刑事侦查制度原理》，中国人民公安大学出版社 2003 年版。

77. 徐静村：《中国刑事诉讼法（第二修正案）学者拟制稿及立法理由》，法律出版社 2005 年版。

78. 徐美君：《侦查权的运行与控制》，法律出版社 2009 年版。

79. 徐亚文：《程序正义论》，山东人民出版社 2004 年版。

80. 闫永黎：《侦查程序与财产权保障》，中国人民公安大学出版社 2016 年版。

81. 杨小君：《国家赔偿法律问题研究》，北京大学出版社 2005 年版。

82. 杨宇冠等：《非法证据排除规则在中国的实施问题研究》，中国检察出版社 2015 年版。

83. 易延友：《证据法的体系与精神——以英美法为特别参照》，北京大学出版社 2010 年版。

84. 袁坦中：《刑事扣押研究》，湖南大学出版社 2012 年版。

85. 曾正一：《侦查法制专题研究》，台湾警察大学出版社 2006 年版。

86. 张红：《司法赔偿研究》，北京大学出版社 2007 年版。

87. 张丽卿：《验证刑诉改革脉动》，五南图书出版股份有限公司 2008 年版。

88. 张丽卿、林朝云：《刑事法典》，五南图书出版股份有限公司 2013 年版。

89. 周欣：《侦查权配置问题研究》，中国人民公安大学出版社 2010 年版。

90. 最高人民检察院外事局编：《中国与欧盟刑事司法制度比较研究》，中国检察出版社 2003 年版。

91. ［美］安吉娜·J. 戴维斯：《专横的正义——美国检察官的权利》，李昌林、陈川陵译，中国法制出版社 2012 年版。

92. ［法］贝尔纳·布洛克：《法国刑事诉讼法》，罗结珍译，中国政法大学出版社 2009 年版。

93. ［美］贝勒斯：《法律的原则———一个规范的分析》，中国大百科全书出版社 1996 年版。

94. ［日］大谷实：《刑法讲义各论（第二版）》，黎宏译，中国人民大学出版社 2008 年版。

95. ［美］达马斯卡：《漂移的证据法》，李学军、刘晓丹、姚永吉、刘为军译，何家弘审校，中国政法大学出版社 2003 年版。

96. ［美］丹尼尔·J. 凯普罗：《美国联邦宪法第四修正案：搜查与扣押》，吴宏耀、向燕、刘静、高翡译，中国人民公安大学出版社 2010 年版。

97. ［英］丹宁勋爵：《法律的正当程序》，李克强、杨百揆、刘庸安译，法律出版社 1999 年版。

98. ［美］弗洛伊德·菲尼、［德］约阿希姆·赫尔曼、岳礼玲：《一个案例两种制度——美德刑事司法比较》，郭志媛译（英文部分），中国法制出版社 2006 年版。

99. ［德］汉斯·海因里希·耶塞克、托马斯·魏根特：《德国刑法教科书（总论）》，徐久生译，中国法制出版社 2001 年版。

100. ［英］霍尔主编：《牛津美国联邦最高法院指南》，许明月、夏登峻译，北京大学出版社 2009 年版。

101. ［德］克劳思·罗科信：《刑事诉讼法》，吴丽琪译，法律出版社 2003 年版。

102. ［德］拉德布鲁赫：《法学导论》，米健、朱林译，中国大百科全书出版社 1997 年版。

103. ［美］罗纳德·J. 艾伦、理查德·B. 库恩斯、埃莉诺·斯威夫特：《证据法：文本、问题和案例（第三版）》，张保生、王进喜、赵滢译，满运龙校，高等教育出版社 2006 年版。

104. ［美］罗纳尔多·V. 戴尔卡门：《美国刑事诉讼——法律和实践（第六版）》，张鸿巍等译，莫洪宪审校，武汉大学出版社 2006 年版。

105. ［英］M. J. C. 维尔：《宪政与分权》，苏力译，生活·读书·新知三联书店 1997 年版。

106. ［加］马歇尔·麦克卢汉：《理解媒介：论人的延伸》，何道宽译，译林出版社 2011 年版。

107. ［法］孟德斯鸠：《论法的精神》，张雁深译，商务印书馆 2007 年版。

108. ［法］米海依尔·戴尔玛斯·马蒂：《刑事政策的主要体系》，卢建平译，法律出版社 2000 年版。

109. ［日］松尾浩也：《日本刑事诉讼法（上卷）》，丁相顺译，金光旭校，中国人民大学出版社 2005 年版。

110. ［日］田口守一：《刑事诉讼法（第五版）》，张凌、于秀峰译，中国政法大学出版社 2010 年版。

111. ［德］托马斯·魏根特：《德国刑事诉讼程序》，岳礼玲、温小洁译，中国政法大学出版社 2004 年版。

112. ［英］维克托·迈尔-舍恩伯格、肯尼思·库克耶：《大数据时代：生活、工作与思维的大变革》，盛杨燕、周涛译，浙江人民出版社 2013 年版。

113. ［德］约翰内斯·韦塞尔斯：《德国刑法总论》，李昌珂译，法律出版社 2008 年版。

114. ［美］约书亚·德雷斯勒、艾伦·C. 迈克尔斯：《美国刑事诉讼法精解（刑事侦查）》，吴宏耀译，北京大学出版社 2009 年版。

115.《德国刑法典（2002 年修订）》，徐久生、庄敬华译，中国方正出版社 2004 年版。

116.《德国刑事诉讼法典》，宗玉琨译，知识产权出版社 2013 年版。

117.《俄罗斯联邦刑事法典》，赵路译，中国人民公安大学出版社 2009 年版。

118.《俄罗斯联邦刑事诉讼法典》，黄道秀译，中国人民公安大学出版社 2006 年版。

119.《法国新刑法典》，罗结珍译，中国法制出版社 2003 年版。

120.《法国刑事诉讼法典》，罗结珍译，中国法制出版社 2006 年版。

121.《意大利刑事诉讼法典》，黄风译，中国政法大学出版社 1994 年版。

122. 中国政法大学刑事法律研究中心组织编译：《英国刑事诉讼法（选编）》，中国政法大学出版社 2001 年版。

（二）论文

1. 常玉海：《检察机关扣押冻结款物的内部监督》，载《人民检察》2009 年第 19 期。

2. 陈光中、赵琳琳：《国家刑事赔偿制度改革若干问题探讨》，载《中国社会科学》2008 年第 2 期。

3. 陈光中：《刑事证据制度改革若干理论与实践问题之探讨——以两院三部〈两个证据规定〉之公布为视角》，载《中国法学》2010 年第 6 期。

4. 陈瑞华：《从"流水作业"走向"以裁判为中心"——对中国刑事司法改革的一种思考》，载《法学》2000 年第 3 期。

5. 陈瑞华：《非法证据排除规则的中国模式》，载《中国法学》2010 年第 6 期。

6. 陈瑞华：《论瑕疵证据补正规则》，载《法学家》2012 年第 2 期。

7. 陈瑞华：《论证据相互印证规则》，载《法商研究》2012 年第 1 期。

8. 陈瑞华：《实物证据的鉴真问题》，载《法学研究》2011 年第 5 期。

9. 陈瑞华：《司法权的性质——以刑事司法为范例的分析》，载《法学研究》2000 年第 5 期。

10. 陈旭、杨国良、李文仲：《刑事诉讼中扣押款物移送处理的实务困境及制度完善》，载《北京政法职业学院学报》2010 年第 4 期。

11. 陈永生：《电子数据搜查、扣押的法律规制》，载《现代法学》2014 年第 5 期。

12. 陈永生：《证据保管链条制度研究》，载《法学研究》2014 年第 5 期。

13. 陈志龙：《法治国检察官之侦查制度与检察制度》，载《台大法学论丛》1998 年第 3 期。

14. 程明修：《基本权抛弃》，载《月旦法学教室》2005 年第 35 期。

15. 高一飞：《从部门本位回归到基本理性——对检察机关职权配置的思考》，载《山西大学学报》（哲学社会科学版）2008 年第 6 期。

16. 龚举文：《论扣押、冻结款物强制性措施的司法控制》，载《中国刑事法杂志》2009 年第 8 期。

17. 韩旭：《完善我国刑事见证制度立法的思考》，载《法商研究》2008 年第 6 期。

18. 雷小政：《扣押程序的立法完善建议》，载《人民检察》2009 年第 23 期。

19. 黎亚薇、黄捷：《论我国侦查权的性质》，载《求索》2007 年第 12 期。

20. 李昌林：《论刑事诉讼中的权力制约——以赋予法院形式裁判权为核心》，载《甘肃社会科学》2007 年第 1 期。

21. 李昌林：《刑事证据排除的范围、阶段和机制》，载《广东社会科学》2013 年第 6 期。

22. 李建明:《强制性侦查措施的法律规制与法律监督》,载《法学研究》2011 年第 4 期。

23. 李明:《我国见证制度中的三个问题研究》,载《河北法学》2007 年第 11 期。

24. 李荣根:《电磁记录的搜索及扣押》,载《台大法学论丛》2012 年第 3 期。

25. 李玉华:《论独立统一涉案财物管理中心的建立》,载《法制与社会发展》2016 年第 3 期。

26. 林喜芬:《刑事侦查扣押程序的缺陷与制度重塑》,载《法治论丛》2008 年第 3 期。

27. 林钰雄:《发还优先原则及贿款之没收——评最高法院相关刑事判决》,载《月旦裁判时报》2015 年第 1 期。

28. 刘计划:《侦查监督制度的中国模式及其改革》,载《中国法学》2014 年第 1 期。

29. 刘品新:《论电子证据的原件理论》,载《法律科学》2009 年第 5 期。

30. 龙宗智:《两个证据规定的规范与执行若干问题研究》,载《中国法学》2010 年第 6 期。

31. 龙宗智:《强制侦查司法审查制度的完善》,载《中国法学》2011 年第 6 期。

32. 龙宗智:《中国法语境中的检察官客观义务》,载《法学研究》2009 年第 4 期。

33. 潘金贵:《我国刑事诉讼中的非法证据排除问题探析》,载《贵州社会科学》2008 年第 4 期。

34. 骆绪刚:《电子数据搜查扣押程序的立法构建》,载《政治与法律》2015 年第 6 期。

35. 申夫、石英:《刑事诉讼中"瑕疵证据"的法律效力探讨》,载《法学评论》1998 年第 5 期。

36. 孙长永:《强制侦查的法律控制与司法审查》,载《现代法学》2005 年第 5 期。

37. 孙长永：《审判中心主义及其对刑事程序的影响》，载《现代法学》1999 年第 4 期。

38. 孙长永：《通过中立的司法权力制约侦查权力——建立侦查行为司法审查制度之管见》，载《环球法律评论》2006 年第 5 期。

39. 谭秀云：《公权力与私权利视域下的程序法定原则》，载《辽宁师范大学学报》（社会科学版）2016 年第 2 期。

40. 谭秀云：《刑事扣押决定权归属的三种模式及其批判》，载《河北法学》2018 年第 3 期。

41. 谭秀云：《刑事诉讼中物证真实性的保障机制研究》，载《武陵学刊》2016 年第 3 期。

42. 万毅：《解读"非法证据"》，载《清华法学》2011 年第 2 期。

43. 万毅：《论瑕疵证据——以"两个〈证据规定〉"为分析对象》，载《法商研究》2011 年第 5 期。

44. 万毅：《同意搜查若干法律问题研究》，载《法商研究》2009 年第 3 期。

45. 万毅：《刑事诉讼中的扣押：规范分析与法律解释——以两个关键词为例》，载《法学》2008 年第 7 期。

46. 王士帆：《犯罪所得优先发还被害人——简析新刑法之发还条款》，载《月旦法学杂志》2016 年第 4 期。

47. 吴光升：《案外第三人定罪没收参与模式：比较、反思与重构》，载《中国刑事法杂志》2015 年第 4 期。

48. 吴宏耀：《非法证据排除的规则与实效——兼论我国非法证据排除规则的完善进路》，载《现代法学》2014 年第 4 期。

49. 吴四江：《构建刑事见证人制度探讨》，载《宁夏社会科学》2010 年第 5 期。

50. 萧宏宜：《同意搜索的自愿性判断标准——评最高法院 100

年度台上字第 376 号刑事判决》，载《法令月刊》2012 年第 8 期。

51. 徐静村：《法检两院的宪法定位与司法改革》，载《法学》2017 年第 2 期。

52. 徐静村：《侦查程序改革要论》，载《中国刑事法杂志》2010 年第 6 期。

53. 徐静村：《中国司法改革的动态、展望与挑战》，载《甘肃政法学院学报》2017 年第 1 期。

54. 徐静村、潘金贵：《我国刑事强制措施制度改革的基本构想》，载《甘肃社会科学》2006 年第 2 期。

55. 闫召华：《"名禁实允"与"虽令不行"：非法证据排除难研究》，载《法制与社会发展》2014 年第 2 期。

56. 杨宇冠：《非法证据排除规则及其在中国确立问题研究》，载《比较法研究》2010 年第 3 期。

57. 杨宇冠：《我国刑事赔偿制度之改革》，载《法学研究》2004 年第 1 期。

58. 杨宗辉：《论我国侦查权的本质——驳"行政权本质说"》，载《法学》2005 年第 9 期。

59. 应松年、杨小君：《国家赔偿若干理论与实践问题》，载《中国法学》2005 年第 1 期。

60. 袁坦中：《论刑事扣押物品的保管规则》，载《求索》2008 年第 11 期。

61. 袁坦中：《试论我国刑事扣押的定义和类型》，载《社会科学家》2008 年第 7 期。

62. 张保生：《事实、证据与事实认定》，载《中国社会科学》2017 年第 8 期。

63. 张栋：《刑事诉讼法中对物的强制措施之构建》，载《政治与法律》2012 年第 1 期。

64. 张曙：《错位与归位：公安侦查权与行政权关系研究》，载《政治与法律》2009 年第 4 期。

65. 周国均：《试论增补"追缴赃款赃物"作为侦查措施》，载《法学研究》1993 年第 4 期。

66. 周叶中：《公民基本权利的性质》，载《深圳大学学报》（人文社会科学版）2004 年第 1 期。

67. 纵博：《刑事诉讼中瑕疵证据补正的若干操作问题研究》，载《现代法学》2012 年第 2 期。

68. 左卫民、万毅：《我国刑事诉讼制度改革若干基本理论问题研究》，载《中国法学》2003 年第 4 期。

69. 左卫民：《"热"与"冷"：非法证据排除规则适用的实证研究》，载《法商研究》2015 年第 3 期。

（三）其他

1. 卢美慧：《李怀亮案的另一面》，http：//www. bjnews. com. cn/opinion/2013/05/18/264299. html。

2. 《吉林商人牟洋两千余万被扣押十余年最高法要求省公安厅返还 2020 万元》，http：//news. 365jilin. com/html/20160902/2258093. shtml。

3. 《可可西里国家级自然保护区管理局公开销毁 2282 张藏羚羊皮》，http：//pic. people. com. cn/GB/73696/10244620. html。

4. 《中国重拳整治三聚氰胺奶粉再现市场凸显监管决心》，http：//news. xinhuanet. com/politics/2010-02/10/content_12963734. htm。

5. 《快播案时隔八个月再开庭 CEO 王欣认罪》，http：//news. sohu. com/20160910/n468125822. shtml。

6. 中国互联网络信息中心：《中国互联网络信息中心第 37 次〈中国互联网络发展状况统计报〉》，http：//www. cnnic. net. cn/hlwfzyj/hlwxzbg/hlwtjbg/201601/t20160122_53271. htm。

7. 《快播案判决回应四大焦点问题种下"黄毒"终获苦果》，http：//media. people. com. cn/BIG5/n1/2016/0923/c40606 - 28734485. html。

8. 《毒品销毁引发浪费和污染专家呼吁还原药物功能》，ht-

tp：//www. chinanews. com/gn/news/2010/06-24/2361428. shtml。

9.《吉林回应查扣 46 公斤黄金案：按当时价格赔 384 万》，http：//news. sina. com. cn/c/2015-02-02/141431471938. shtml。

二、外文参考文献

（一）著作

1. Caig M. Bradley, *Criminal Procedure：A Worldwide Study*, Durham NC：Carolina Academic Press, 2007.

2. Charles H. Whitebread, *Criminal Procedure——An Analysis of Constitutional Case and Concepts*, New York：the Foundation Press, 1980.

3. Guy Stesens, *Money Laundering：A New International Law Enforcement Model*, London：Cambridge University Press, 2000.

4. H. W. R. Wade, *Administrative Law*, London：Oxford University press, 1984, 5th ed.

5. Joshua Dressler, *Understanding Criminal Procedure*, New Province：Matthew Bender & Company, 1997.

6. Joshua Dressle&George C. Thomas, *Criminal Procedure：Investigating Crime*, Minnesota：West Group, 2003.

7. K. Lee Lerner & Brenda Wilmoth Lerner (eds.), *World of Forensic Science*, Kentucky：Gale Press, 2005.

8. Keith Inman& Norah Rudin, *Principle and Practice of Criminalistic：the Profession of Forensic Science*, Baca Raton：CRC Press, 2001.

9. Marc L. Miller & Ronald F. Wright, *Criminal Procedures：The Police*, Frederick：Wolters Kluwer, 2015, 5th ed.

10. Stephen A. Saltzburg & Daniel J. Capra, *American Criminal Procedure：Cases and Commentary*, Minnesota：Thomson/West, 2007, 8th ed.

11. Stephen Mason, *Electronic Evidence*, Butlerworths：LexisNex-

is, 2012.

(二) 论文

1. Christopher Slobogin, "an Empirically Based Comparison of A-merican and European Regulatory Approaches to Police Investigation," 22 *Mich. J. Int' l L.* 2001.

2. Courtney A. Nelson, "Criminal Procedure – Seizure under the Fourth Amendment," *Arkansas Law Review*, Vol. 60, no. 2, May 2007.

3. Debra Livingston, "Police, Community Caretaking, and the Fourth Amendment," *University of Chicago Legal Forum*, Vol. 261, 1998.

4. Daniel R. Williams, "Misplaced Angst: Another Look at Consent–Search Jurisprudence," 82 *Ind. L. J.*, 2007.

5. George E. Dix, "Means of Executing Searches and Seizures as Fourth Amendment Issues," 67 *Minn. L. Rev.*, 1982.

6. Jason Tashea, "Net Search and Seizure," *ABA Journal*, Vol. 103, no. 5, May 2017.

7. Jeremy M. Christiansen, "State Search and Seizure: The Original Meaning," *University of Hawai ' i Law Review*, Vol. 38, no. 1, May 2015.

8. Marcy Strauss, "Criminal Law: Reconstructing Consent," 92 *J. Crime. L. & Criminology*, 2001.

9. Thomas Y. Davies, "Recovering the Original Fourth Amend-ment," *Michigan Law Review* 98, 1999.

10. Orin S. Kerr, "Searches and seizures in a digital world," *Harv. L. Rev.*, Vol. 119, December 2005.

11. Orin S. Kerr, "Search Warrants in an Era of Digital Evidence," 75*Miss. L. J.* 85, Fall 2005.

12. Orin S. Kerr, "An Economic Understanding of Search and Sei-zure Law," *University of Pennsylvania Law Review*, Vol. 164, no. 3,

February 2016.

13. Paul Sanderson, "Mass Image Classification," *Digital Investigation* vol. 3, no. 4, 2006.

14. Stefan D. Cassella, "Criminal Forfeiture Procedure: An Analysis of Developments in the Law Regarding the Inclusion of a Forfeiture Judgment in the Sentence Imposed in a Criminal Case," *American Journal Law*, 2004.

15. Stefan D. Cassella, "Criminal Forfeiture Procedure in 2007: A Survey of Developments in the Case Law," 43 *Criminal Law Bulletin* 461, 2007.

16. Stefan D. Cassella, "The Uniform Innocent Owner Defense to Civil Asset Forfeiture: The Civil Asset Forfeiture Reform Act of 2000 Creates a Uniform Innocent Owner Defense to Most Civil Forfeiture Cases Filed by the Federal Government," *Kentucky Law Journal*, Vol. 89, Issue 3, 2000-2001.

17. Wayne R. LaFave, "Being Frank about the Fourth: On Allen's Process of Factualization in the Search and Seizure Cases," *Michigan Law Review*, Vol. 85, no. 3, December 1986.

18. William J. Stuntz, "Warrants and Fourth Amendment Remedies," *Va. L. Rev.*, Vol. 77, 1991.

(三) 其他

1. Arizona v. Hicks, 480 U. S. 321 (1987).

2. Beck &. Ohio, 379 U. S. 89, 96 (1964).

3. Boyd v. United States, 116 U. S. 616, 6 s. Ct. 524 (1886).

4. Chimel v. California, 395 U. S. 752 (1969).

5. Davis v. Gracey, 111 F. 3d 1472 (10th Cir. 1997).

6. Davis v. United States, 131 S. Ct. 2419 (2011).

7. Elkins v. U. S., 364 U. S. 206, 80 S. Ct. 1437, 4 L. Ed. 2d 1669 (1960).

8. Florida v. Jimeno, 500 U. S. 248 (1991).

9. Herring v. United States, 555 U. S. 137, 144 (2009).

10. Hudson v. Michigan, 547 U. S. 586, 126 S. Ct. 2159 (2006).

11. Illinois v. Rodriguez, 497 U. S. 177 (1990).

12. Johnson v. United States, 333 U. S. 10, 13 (1948).

13. Katz v. U. S. , 389 U. S. 347 (1967).

14. Kentucky v. King, 131 S. Ct. 1849, 1860 (2011).

15. Mapp v. Ohio, 367 U. S. 643, 81 S. Ct. 1684, 6 L. Ed. 2d 1081 (1961).

16. Maruland v. Macon, 472 U. S. 463 (1985).

17. Preston v. U. S. 376 U. S. 364 (1964).

18. Schneckloth v. Bustamobte, 412 U. S. 227 (1973).

19. Texas v. Brown, 460 U. S. 730 (1983).

20. United States v. Edward, 415 U. S. 800 (1974).

21. United States v. Jacobsen, 466 U. S. 109, 113 (1984).

22. Warden v. Hayden, 387 U. S. 294 (1967).

23. Weeks v. U. S. , 232 U. S. 383 (1914).

24. Wolf v. Colorado, 338 U. S. 25 (1949).

致　谢

　　我想在西政与你相遇。交错，是为开始。

　　是那歌乐山高，嘉陵水长，西政矗立，谁为国光？是那"导师见面会"、学术研讨会，是那黄卷青灯的图书馆，漫漫爬行的"绝望坡"、被我磨破的双肩包……晨钟暮鼓、朝迎夕送，西政精神孕育在日常里。在 20 世纪 50 年代的发黄照片里，风里的青春，火中的凤凰，心里的既往；在定期由导师召集、指导的"见面会"里，鲜活的日常。在每次见面会上，大家一起对自己写的论文或根据专题做的文献综述进行质疑、诘问、证实、证伪等。这是时下少有的、奢侈的论辩精神。在导师见面会上，李老师对我进行了严格的指导，使我在论文的写作思路、谋篇布局、写作方法、文献收集、学术规范等方面有了很大的进步。

　　云山苍苍，江水泱泱，先生之风，山高水长。恩师李昌林教授以其严谨的治学态度、兢兢业业的工作精神和朴实正直的行事风范深深地影响着我。对于本议题从论文选题到提纲拟定，从观点的阐释到谋篇布局，从初稿甫成到实证调研，李老师都详细审阅并提出独到、深刻的忠告和建议。在论文写作期间，李老师还源源不断地为我提供许多外文资料，甚至凌晨 4 时还在从 Heinonline 数据库中下载资料，并通过电子邮件发送给我。这些资料极大地拓宽了我的学术视野，更从精神道德上熏陶着我。何物动人，二月杏花八月桂；有谁催我，三更灯火五更鸣。沐风澡雪，警人醒己。师母陈川陵女士以其谦和的待人品格和温文尔雅的言谈为我提供了学习的典范。

非常感谢平易近人的徐静村教授，80 多岁高龄的徐老匡词济语、补偏救弊。他不辞辛苦，非常认真地对我的论文的选题、开题报告和写作给予指导。

非常感谢孙长永教授，孙老师从我入学时起就教导我把做人放在第一位、踏踏实实读书、打好基本功。孙老师严谨求实的态度，通过每一堂课、每一场讲座，让我耳濡目染，深受教诲。

非常感谢龙宗智教授，从 2013 年年底在敬业楼 3031 会议室我第一次见到龙老师时，就被他那种平易近人的态度所吸引。在他的教诲下，我深深地记住了"红线"两个字。所谓的红线就是主题，无论是小论文，还是大论文，都要有理论红线。

非常感谢高一飞教授，在读书期间，高老师不仅给了我们很多他自己整理的资料，而且毫无保留地向我们传授写作方法与投稿经验。一有机会见到高老师，他就不断地鼓励我多写文章、多投稿。更需要感谢的是他让我发现自己的缺点，并帮助我努力改正。

非常感谢潘金贵教授传道授业，对论文写作提供宝贵的建议。他向我们传授了许多与司法实践密切相关的知识，而且在百忙之中带领我们到重庆市第一中级人民法院旁听审判。

非常感谢刘梅湘教授对"刑事扣押"这个题目的首肯，以此给我非常大的鼓励。非常感谢西北政法大学的冯卫国教授对我四年的成长不断给予关怀，先生仁心、师母慈怀，在此深表谢意！非常感谢高维俭教授、李昌盛副教授、付其运副教授对我的帮助与鼓励！

在论文实证调研过程中得到了重庆市、陕西省西安市公检法机关诸位领导和同仁以及律师朋友的大力帮助与支持。他们是西北政法大学的闫小军副教授、冉炬火副教授、廉花睿老师以及实务部门的张庆安、梁顺为、崔健峰、袁鹏涛、田力、王泽、任江、李博、韩秋杰、郑艳玲、樊晖等。

感谢同窗的博士同学，汪友海博士的真诚、曹贡辉博士的谦虚、武晓琳博士的坚强、马婷婷博士的果敢、王晨辰博士的勤奋、王景龙博士的毅力、张妤婕博士的活泼、卢野博士的洒脱、车云霞博士的坚韧、郑志峰博士的幽默，陪伴我一起走过了求学路上最美好的几年，我们建立了深厚的西政情谊。感谢刑法专业的李晓磊博士，在这几年里我们一起创办了"金桥读书会"，并举办了 12 期。在读书会上我们秉承西政论辩精神，不仅收获了精神食粮，还有幸结识了刑法、法理、民事诉讼法、法制史、宪法等专业的邱可嘉、马党库、张佐国、杜坤、王远伟等博士和安洲、古世文、江凌云等硕士，以及有着丰富经验的法官、检察官和警官。

感谢我的师弟、师妹们，黄琪、孙潇琳、李一莎、夏晗、李振明、林倩、班玉兰、王天琪等给我带来了许多美好的回忆，我们一起学习、相互鼓励；一起去学林街榕树下吃火锅、论天下。英雄是胆，舍吾其谁？

非常感谢西北政法大学对本书出版的大力资助！非常感谢西北政法大学教育发展基金会对本书的资助！非常感谢中国人民公安大学出版社编辑为此书的辛勤付出。他认真细致地对本书进行编辑，为稿件提出高质量的修改意见，保障了本书的如期出版。

感谢生我、养我的父亲、母亲，是他们用辛苦的劳动教会我不怕吃苦的精神，是他们给了哥哥、姐姐和我一个和睦的家庭。我能在渝安心读书，是他们默默地帮我分担了家庭重担。感谢不善于表达内心情感的公公、婆婆，他们每次都是用最简短的语言——"好好学习"四个字来表达对我最好的鼓励和问候。感谢姐姐谭秀丽，她是我内心深处的灯塔，不断激励我不要存有惰性。感谢外子李河成，在我低谷的时候，他能对我悉心呵护；在我焦虑的时候，他能让我心静如水；在我迷茫的时候，他能让我充满希望！

"鸟欲高飞先振翅，人欲进步先读书。"这是我最喜欢的一句话。愿初心不忘，但得始终。

谭秀云

2024 年 7 月 5 日于西安